이스라엘의 지혜

이스라엘의 지혜

언어의 대가, 백성의 지도자, 삶의 원천

이스라엘의 지혜

뤼디거 룩스 지음 / 구자용 옮김

한국학술정보[주]

DIE WEISEN ISRAELS
by Rüdiger Lux

 # 머리말

성서의 지혜를 다루는 이 책의 목표는 단 한 가지이다. 그것은 독자들 스스로가 잠언, 시, 연설, 이야기의 매혹적인 세계 속에서 의미와 가치를 찾을 수 있도록 돕는 것이다. 그래서 전체를 개관할 수 있도록 책의 분량을 조절하였고, 복잡한 신학적 논쟁들은 가급적 생략하였다. 참고문헌 목록은 독일어권에서 중요한 책들만 엄선하여 복잡한 주석적 논쟁에 빠지지 않도록 하였다. 특히 프로이스(Horst Dietrich Preuß)의 『구약 지혜문학 입문』[1]은 지혜에 관한 다양한 견해와 함께 학문적 논의에 대한 확실한 통찰력을 주고 있다(참고문헌을 보라). 필자는 또 성서주석에 사용되는 전문 용어들을 가급적 사용하지 않으려 애를 썼으나 필요시에는 그 개념들을 설명하였다. '지혜'의 개념 자체가 특별한 문제점을 드러낸다. 이와 관련된 학술적 저서에는 아주 광범위한 의미로 사용된다. 지혜의 전반적인 현상을 설명하기도 하고, 종종 여인의 모습으로 인격화되어 소개된다. 또는 지혜자 자신, 그들의 가르침과 글, 그리고 전반적인 삶의 방식을 의미하기도 한다. 필자는 원칙적으로 이렇게 다양한 지혜의 개념을 섬세하게 구분해서 사용하려고 노력하였지만 단순히 '지혜'가 언급될 때는 지혜

---

1) 역자 주: 원제는 Einführung in die alttestamentliche Weisheitsliteratur.

의 전반적인 현상을 가리킨다. 그리고 '지혜'에 대해 정의를 내리는 것은 의도적으로 배제했다. 지혜를 무엇으로 정의한다는 것은 이미 지혜롭지 못한 것이며, 성서 지혜자들의 사상, 충고 그리고 행동의 전반적인 방식에 어긋날 것이다. 그들에게 있어 지혜는 모든 설득력 있는 짧은 명제나 개념 정의가 아니라 하나의 삶의 양식이다. 그들은 현상에 대해서 어떤 개념을 정의하는 것이 아니라, 오히려 인간의 다채로운 경험에서 오는 관찰, 수집, 정리 그리고 전승을 통해서 파악하려고 노력했다. 이러한 작업을 통해 발견한 지혜의 현상들은 언제나, 부분적으로 서로 상충되고 모순되기도 하지만 그 안에서 일정한 질서와 규칙을 발견할 수 있다. 그렇기 때문에 우리는 지혜를 통해 현명하게 행동하는 자세를 배울 수 있고 지혜는 우리에게 지혜의 말을 무시하지 말고 따를 것을 경고하는 것이다.

필자는 이 글의 학문적 토대를 세우기 위해 심혈을 기울였다. 그러나 더 중요한 것은 지혜의 집에 있는 각각의 방들을 독자들에게 보여주어, 그들이 감동을 받는 대로 이 방 혹은 저 방에 머물며 거주할 수 있도록 안내하는 것이었다. 성서에 관심이 있는 모든 독자들에게 지혜의 현상을 처음 대면시킬 때, 반드시 설명이 필요하다. 그래서 때로는 몇 개의 성서구절들은 매우 상세하게 해석해 놓았다. 지혜가 스스로 말하도록 놔두기도 했다. 지혜가 외치는 소리가 더 멀리 전달되도록 하여야 할 때도 있었다. 모든 저자들이 이상적으로 바라나 결국 도달하지 못하는 것은, 이스라엘의 지혜자들과 그들의 가르침에 대해서 말하는 것이 아니라, 오히려 그들의 언어와 목소리를 빌려서 그것을 수단으로 하여 (독자들과) 함께 대화하고, 그들의 위로와 비판이 (독자들에게) 경험되도록 했기 때문이다.

지혜가 스스로 말하도록 하기 위해 선행되어야 할 것은, '지혜의 부름'에 우리의 귀를 여는 것이다(제1장). 들으면 결과적으로 말하는 것에 신중한 주의를 기울이게 된다. 성서의 지혜자를 우리는 '언어의 대가'로서 만날 수 있다(제2장과 제3장). 모든 화자는 예외 없이 말할 기회를 얻게 되고, 함께 대화할 공동체와 연결되어 있다. 이스라엘의 지혜자들은 자기들끼리만 이해하는 언어로 소통하는 배타적인 무리들에 속하지 않았다. 그들은 엄밀히 말해서 '백성의 교사'이었다. 그러나 그들이 말해야 했던 것은 단지 교육받은 부유한 계층에게만 유효한 것은 아니다. 비록 그것이 이들에 의해서 특별히 보존되었고 수집되었지만 말이다. 그들은 백성의 경험으로부터 지혜를 얻어서 그 지혜로 다시 백성을 인도하되, 그들로 하여금 새로운 경험을 그 옛 경험과 비교할 수 있게 하였다(제4장). 그런데 왜 지혜는 외치는가? 무엇이 지혜자들을 말하게 하고 행동하게 만들었는가? 그것은 '지혜의 한계들'(제6장)이 하나같이 고통스러운 것임에도 불구하고, 동시에 이것이 '삶의 원천'(잠 13:14)이 됨을 확신하였기 때문이었다(제5장과 제7장).

이런 지혜는 대부분의 기독교인과 비기독교인에게 제대로 알려지지 않았다. 많은 사람이 지혜는 성서의 중심보다는 가장자리에 머물러 있다고 생각하고, 소수의 사람들은 이 가장자리마저도 배려하지 않으려고 한다. 필자는 지혜에게 우리의 현대 과학문명의 일상 속에 끼어들 수 있는 기회를 주어야 한다고 생각한다(제7장). 만일 지혜가 우리의 망각이나 신학자들의 검열에 의해 희생되지만 않는다면, 지혜는 자기 스스로를 대변할 것이며 우리의 거드는 말 따윈 필요로 하지도 않을 것이란 확신을 가져도 된다.

성서구절들은 원칙적으로 학문적으로도 신뢰할 만한 번역인 St. Benno 출판사의 예루살렘 성서(Jerusalemer Bibel, 라이프치히 1969년판)를 인용했다. 개정된 루터 판이나 공동번역을 신뢰하는 성서 독자들에게 이 번역은 단순하지 않고 때로는 이해하기도 어려워서 걸림돌이 될 수도 있다. 그러나 가끔은 너무 잘 알려져 있어서 순식간에 읽을 수 있는 구절들만을 읽기보다는 다른 번역판을 읽는 것도 좋은 일이다. 그러면 다시 한번 새롭게 귀를 기울여 듣게 되고, 익숙하지 않은 어투들을 깨닫게 되고, 다시 한번 성서구절들을 유심히 보게 되어 그것을 신뢰하던 성서구절과 비교하기 때문이다. 그럼으로써 단어들에 대해 새로운 주의를 기울이게 되고, 모든 번역들이 단지 두 언어 간의 타협일 뿐이란 사실과 그 타협에서 어떤 매끄러움과 신속한 이해만이 추구되지는 않는다는 사실을 알게 된다. 좀 서툰 구절들은 다듬어진 구절들보다 더 많이 생각하게 되기 마련이다. 이와 관련하여 필자는 구약성서의 하나님의 이름을 이른바 테트라그람(=네 글자)의 형태, 즉 JHWH로 표기했다. 이 명칭은 유대인이 하나님의 이름을 모욕하지 않도록 하기 위해(출 20:7; 신 5:11) 그것을 입으로 말하는 것을 꺼렸었다는 사실을 우리들에게 상기시켜 줄 것이다. 필자는 하나님과의 대화에서 우리가 종종 잘못 알고 사용하는 친밀성이 우리의 상황에 언제나 잘 맞는 것은 아니라고 생각한다. 만약 'JHWH를 경외하는 것이 지혜의 시작'(잠 1:7)이라면, 우리가 하나님에 대해서 말하고 하나님과 함께 말하는 것에 있어서도 시종일관 그러해야 할 것이다.

글의 명료함을 더하기 위해 몇 개의 그림들을 삽입하였다. 그림들의 모사(模寫)에 대해 필자의 아들인 프리드리히 야곱(Friedrich Jakob)에게 감사한다. 인용된 책은 저자명, 간략한 제목 그리고 페이지로만 표기했다. 완전한 참고문헌은 참고문헌 목록에 확인할 수 있다. 성서 구절 색인과 교정을 봐 준 신학생 안드레아스 쿤츠(Andreas Kunz)에게 감사하며, 출판사와 인쇄소의 직원들에게, 출판사 자체와 함께 거의 과도기적 희생양2)이 될 뻔한 책을 맡아 준 것에 대해 감사한다. 여러 해 동안 미루어지다가 지금 결국 출판될 수 있었다는 것은, 우리에게 과도기를 극복하는 삶의 지혜가 또한 그 어느 때보다 더 절실하였음을 독자들에게 상기시켜 줄 수 있었다.

1991년 12월에 Naumburg에서 뤼디거 룩스(Rüdiger Lux)

---

2) 역자 주: 1990년의 독일 통일을 말함.

목차

1장

지혜의 부름

1장 지혜의 부름

순진함에 대한 조그만 찬사

지혜자가 자신을 누구에게 드러내는가? 지위와 명예를 가진 사람들? 통치하면서 백성의 칭송을 얻고자 애쓰는 사람들? 학자들? 예술가들? 아니면 철학자들 중에서? 랍비 나흐만(Nachman von Bratzlaw, 1772~1810)은 다음과 같이 말했다.

> 옛날에 한 순진한 구두수선공이 있었다. 그의 점심은 마르고 딱딱해진 빵 한 조각뿐이었다. 그러나 그가 보자기를 펼쳤을 때, 그 안에는 빵이 마술처럼 잘 보존되어 있었고, 그가 빵에 대한 감사 기도를 했을 때, 그는 왕의 만찬 자리에 앉게 되었다. 그가 떼어 먹은 첫 한 입은 마치 영양이 아주 풍부한 수프와 같았다. 그 다음 나머지 조각을 입에 넣었는데, 그것은 그에게 마치 혀 위에 놓인 부드러운 스테이크 같았다. 마지막으로 부스러기를 쓸어 모아서 털어 넣었을 때, 그 부스러기들은 마치 방금 그가 아주 기막힌 건포도 케이크를 먹은 것 같은 맛의 여운을 남겼다. 그 구두수선공은 천상의 빵에 대해서 신에게 감사했다. 그리고서 그 구두수선공은 다시 일을 시작하였다. 그에게 모자라는 것은 아무 것도 없었다.

랍비 나흐만에게 이 구두수선공은 한 명의 지혜자였다. 그의 순진함이 그의 눈을 열게 했고, 혀를 녹게 했고, 배부르게 했고 그리고 마음을 넓게 했다. 구둣방의 의자 위에 놓인 빵에서 그는 최고의 음식을 발견했던 것이다. 하나님이 인간에게 주려고 한 모든 것이 그 안에 숨겨져 있었고 포함되어 있었다. 그 구두수선공이 눈을 감았다면, 그는 왕들이나 귀족들보다 더 많은 것을 보았을 것이다. 왕들이나 귀족들의 시선은 종종 이 세상의 보물들에 의해 가려지지 않는가? 그들의 혀는 단 것을 너무 먹어서 말라 버렸고, 위는 식탐에 의해 과도하게 늘어졌고, 마음은 자신에 대한 이기적인 사랑으로 협소해지지는 않았나? 이 순진한 구두수선공은 빵 하나에서 모든 양식을 주시는 분(시 104:27)을 발견하였고, 척박한 땅의 곡식 한 알에서 창조자의 다정함(시 65:9~13)을 혀로 맛보았다.

그는 너무 배고픈 나머지 생겨난 환상에 농락된 것인가? 아니다! 그의 순진함은 공중누각들을 뒤에서 멍하니 바라보고 있는 어리석은 자의 모습이 아니었다. 그의 순진함은 일상의 것들을 대할 때 겉으로 보이는 것 이상을 꿰뚫어 보는, 수수하고 단순한 성실함의 표현이었던 것이다. 지혜자들의 순진함, 즉 멍청이의 둔감함이 아니라 순종과 겸손이, 그의 안에 있었다. "왜냐하면 빵 하나에서 이 세상의 모든 좋은 맛을 느끼는 그것이 참된 지혜이고, 또 결핍되고 척박한 땅에서 하늘 문을 분별해 내는 것이 참된 지혜이기 때문이다."(M. Buber, Werke III, 932쪽)

지혜가 벌이는 잔치

구두수선공의 지혜를 무시하지 않는 사람은 지혜를 도시의 거리와 광장에서 그 목소리를 높이는 여인의 모습으로 만나게 된다. 생동감

이 넘치고 번잡한 성문과 네거리들 그리고 공공건물 앞에 서서 지혜
는 외친다(잠 1:20~21; 8:1~3).

> "남자들아, 너희에게 나의 부름(외침)이 이르며,
> 나의 목소리는 너희들을 위한 것이다, 사람들아!
> 영리함을 얻으라, 너희 생각이 없는 자들아.
> 너희 어리석은 자들아, 깨닫는 마음을 얻으라!"
>
> 잠언 8장 4~5절

자신의 말에 귀를 기울이도록 하는 것, 그것은 지혜로운 여인에게
확실히 어려운 일이다. 어느 누구도 그녀에게 다가가지 않는다. 그녀
는 공공장소로 찾아가야 하고 사람들에게 다가서야 한다. 그녀는 거
의 가두극장에서 하듯이 자신을 홍보해야만 할 것 같다. 그리고 아직
지혜의 맛을 보지 못한 그 많은 사람에게 그녀는 잔치를 열어 후하
게 베풀어야 할 것이다. 그녀는 일곱 기둥의 집을 세우고, 짐승을 잡
고, 포도주를 섞고, 식탁을 베풀었다. 그리고 여종들을 보내 잔치에
초대한다.

> "오라! 나의 (준비한) 빵을 먹으라!
> 그리고 내가 혼합한 포도주를 마시라!"
>
> 잠언 9장 5절

이러한 장면들에서 금방 알아챌 수 있는 것은 지혜는 수집된 지식
이나 어느 백발의 노인에게 있는 일련의 경험 이상이란 사실이다. 지
혜는 의로우며 하나님을 경외하는 시인이자 왕으로 사람들로부터 존
경받는(왕상 3:5~28; 4:29~34; 잠 1:1; 전 1:1) 솔로몬의 통치술에서도
이러저러한 것으로 명확히 드러나지는 않는다.

잠언의 지혜시(1~9장)는 지혜가 인간에게서 나오는 것이 아니라 오히려 인간에게로 다가간다는 것을 반복해서 지적한다. 그것도 인간이 지혜로 하여금 자신에게 다가오게 할 준비가 되어 있을 때만 말이다. 지혜는 사실상 한 번도 환영을 받지는 못했다. 지혜가 도대체 분별력 있는 귀를 가진 사람들을 만나 본 적이 있었던가? 지혜, 그것은 우리의 특성이 그렇듯, 소유라기보다는 결핍이었고 지금도 그렇다. 지혜의 행동방식은 감춰진 곳에서 나와서 공공연히 모습을 드러내며, 마치 떠버리 장사치같이 사람들로 하여금 자신에게 주목하도록 하여야 하는 것이었다. 이것은 우리가 오래 전 과거의 잃어버린 지혜를 단지 말로만 간단하게 설명하고 마는 것은 속이는 것과 별반 다르지 않다는 것을 깨닫게 한다. 지혜에게는 한 번도 자신을 드러낼 만한 시간이 할애된 적이 없었다. 지혜가 베푼 잔치의 초대장은 항상 거절당했다.

[그림 1] 오흐리드(Ohrid, Makedonien)의 Sv. Kliment의 프레스코화
(잠 9:5에 대한 삽화)

13세기에 그려진 이 프레스코화에는 의인화된 지혜가 차려진 식탁 옆에 잔치의 여주인의 모습으로 고독하게 앉아 있다. 밖으로 파송된 여종들이 돌아온다. 그러나 그들은 초대할 손님 없이 홀로 돌아온다. 교회의 현관홀에 그려진 이 그림은 다양한 해석을 가능케 한다. 이 교회를 프레스코화의 배경에 그려진 지혜의 성전으로 알고 들어선 경건한 순례자들과 기도자들은 스스로를 그림 속에 묘사된 사건의 등장인물로서 이해하여야 하는가? 그들 스스로가 지혜의 여종들의 초청에 응하여 기꺼이 따라왔던 성만찬의 참여자들은 아니었던가? 이런 해석은 기독교 역사에 있어 아주 이른 시기에 이미 에클레시아(Ekklesia)와 소피아(Sophia), 즉 교회와 지혜가 서로 연관되어 있었고, 아니 동일시되었을 가능성을 추정하게 한다. 이 그림은 또한 아주 강렬한 고독의 여운을 남긴다. 마치 나사렛 출신의 지혜의 선생이 이야기해 주었던 성대한 잔치(눅 14:15~24)의 초대에서와 같이 소수의 사람들만이 초대에 응한 것처럼 보인다.

지혜와 지식

우리가 잠언 9장에 나오는 지혜의 잔치에 대한 그림을 정확하게 읽고 이해한다면 지혜의 본질에 대해 더 많은 것을 알 수 있다. 지혜는 지식 이상의 것이다. 지혜는 사고와 이해만을 통해서가 아니라 육체적인 모든 느낌과 감각을 통해서 우리에게 스스로를 보여 준다. 지혜는 전인격적인 인간과 대면하기 원한다. 지혜를 나타내는 라틴어 단어 sapientia에서 그것이 더 분명해진다. 이 단어는 동사 sapio에서 파생되었는데, 이 동사는 '맛보다, 냄새 맡다' 또는 '이해하다'로 번역될 수 있다. 즉, 지혜는 머리로뿐만 아니라 혀와 코를 통해서도 그리고 생의 모든 감각들을 통해서 인간을 일깨우기 원한다.

그런데 원래는 함께 있었고 서로 뒤엉켜 있었던 것이 이미 오래전에 두 영역으로 나뉘었다. 고대 그리고 중세 독일어에는 그나마 지혜와 지식이 일치했었음이 확실하다. 그래서 13세기의 시인인 루돌프 폰 엠스(Rudolf von Ems)나 볼프람 폰 에셴바흐(Wolfram von Eschenbach)는 wîsheit[3]를 신의 선물일 뿐만 아니라 우리 주변에서 쉽게 접할 수 있는 매우 실제적인 삶의 모습들에 대한 지식으로 노래했다. 지혜로운(wîse) 사람은 어떤 일의 실태에 대해서, 그것이 어떤 종류의 것이든지 상관없이, 언제나 잘 아는 사람이었다. 그러나 얼마 지나지 않아 사람들은 지혜로운 사람과 지식인을 구분하기 시작했다. 지혜로운 사람은 이제 삶에 관계된 사람이 되었고 지식인은 가르침과 관계있는 사람을 의미하게 되었다. '삶으로부터 학문의 독립'은 서양 문화의 역사에 있어 '지혜와 학문의 분리'를 촉진시켰다(J. u. W. Grimm, Wörterbuch XIV, 1013쪽).

고도의 기술로 특징지어진 현대 과학문명이 승승장구했지만 우리는 행복하기는커녕 오히려 여러 분야에서 고통을 겪고 있다. 왜냐하면 이 문명 자체가 이전에는 결코 찾아볼 수 없었던 위기에 봉착했기 때문이다. 그 위기는 바로 삶을 소홀히 하는 것이다. 원자력을 군사적인 목적과 더불어 평화적으로 이용하는 것, 인간의 '유전질'에 대한 유전자조작, 일방적으로 필요를 우선하는 사회로부터 빚어진 생태학적 결과, 이 모든 것들은 학문적인 면에서뿐만 아니라 윤리적인 면에서도 지혜를 통해 극복되어야 할 도전들이다. 우리는 지혜의 부름에

---

3) 역자 주: 지혜를 나타내는 독일어 Weisheit의 고대 형태.

대해 각자가 처한 삶의 자리에서 응답할 준비가 되어 있는가?

이런 중대한 시험에 직면하여 파리의 과학사학자인 빌헬름 베른하르트(Wilhelm Bernhard)는 다음과 같이 질문한다: "우리는 무엇을 할 수 있는가?" 곰곰이 생각해 볼 만한 그의 대답들 중에 하나는 "윤리적인 토대 위에 있지 않은 학문은 인간에게 이로울 것이 없다는 점을 분명히 하는 것"이다. "윤리는 그 깊은 근원을 종교에 두고 있고, 고대 문명의 지혜에 두고 있다. 그리고 여러 세대를 거치면서도 살아남은 최고의 전승에 뿌리를 두고 있으며, 또한 인간의 영혼 그 자체에 있는, 우리가 쉽게 알 수 없는, 신비스러운 필요에 두고 있다."(W. Berhard, Wissenschaft, 33~36쪽) 이러한 지혜의 윤리를 다시 얻는 것이 우리에게 가능할까?

2장

지혜의
근원들

2장 지혜의 근원들

> "(마치) 은 쟁반 위의 금 사과같이,
> 경우에 맞는 말이 그러하다."
>
> 잠언 25장 11절

경우에 맞는 말의 중요성을 아는 사람은 스스로 언어를 책임감 있게 사용할 뿐 아니라 신뢰할 만한 사람으로 인정받게 된다. 이스라엘의 지혜자가 바로 그런 사람이었다. 지혜자 자신들과 그들의 제자들이 언어를 신중하고 조심스럽게 사용할 줄 아는 사람들이었음은 많은 잠언들을 통해 알려져 있다.

> "말이 많으면 죄지음을 피하기 어렵다.
> 그러나 그 입술에 재갈을 물리는 사람은 현명하게 행동한다."
>
> 잠언 10장 19절

그러므로 무엇보다도 먼저 지혜자의 언어를 통해서 성서의 지혜와 친근해지는 것이 좋다. 그것을 위해서는 지혜가 공공연히 말하는 곳은 어디인지, 어떤 자료들이 있는지, 성서에서는 어떤 책들이 지혜문학에 속하는지를 반드시 알아야 한다. 우리가 이런 것들을 본격적으로 알아보기 전에 이스라엘의 울타리 너머를 살펴보는 것이 필요하다. 왜냐하면 이스라엘 지혜의 상당 부분이 다른 민족들의 지혜로부터 전수받은 것이기 때문이다.

이스라엘 주변의 지혜로운 이웃들

히브리 성서, 즉 우리가 가진 구약성서의 지혜는 마치 땅속의 뿌리들이 서로 뒤엉켜 있듯이 고대 근동의 지혜와 엉켜 있다. 성서 자체도 '동방의 아들들'의 지혜 그리고 '이집트인들의 지혜'(왕상 4:30; 사 19:12), '바벨론의 지혜자들'(렘 50:35; 51:57), 페니키아의 지혜 도시들인 두로와 시돈(슥 9:2) 그리고 '에돔의 지혜자들'(욥 8)을 소개한다. 그러므로 우리는 이스라엘의 지혜자들을 홀로 존재한 위대한 한 사상가가 아니라 고대 근동에 폭넓게 존재했었던, 어떤 특정한 '지식층'에 속한 자들로 이해해야 할 것이다. 다음 장에서 우리에게 성서 지혜의 자료들을 제공하는, 지혜문학에 속하는 성서의 책들을 언급하고 또 간략하게 소개할 때에 우리는 이것들이 동방 지혜의 거대한 저수지의 단지 한 부분만을 보여 주고 있다는 사실을 항상 염두에 두어야 한다.

우리는 이집트로부터 아멘엠오페(Amenemope, 주전 1100년)의 교훈이나 그와 동시대에 나온 아니(Ani)의 교훈 같은 일련의 지혜문서들을 알고 있다. 우리가 성서 외의 기록에서 이스라엘 민족을 마침내 독립적인 규모의 단위로 처음 만나게 되는 메르네프타 석주(Merneptah－Stele, 주전 1230년)의 시대에 이집트의 지혜는 벌써 천 년이 넘는 고대 전통 위에 서 있었음을 파라오 메리카레(Merikare, 주전 약 2200~2100년)와 프타호텝(Ptahhotep, 주전 약 2500년)이 남긴 지혜의 교훈들을 통해 알 수 있다.

메소포타미아 지역도 성서의 지혜문학이 생겨나기 이미 오래 전에 지혜문학에 있어서 주목할 만한 다양성을 보여 주었다. 사람들은 대략 솔로몬의 전도서(코헬렛)와 사상적인 측면에서 가깝다는 이유로 그렇게 명명된, '바벨론의 코헬렛'(주전 1500년)이나 욥기와 유사하면서 그보다 훨씬 오래된 '수메르의 욥'(주전 1700년)을 생각한다. 또한 아히칼(Achikar, 주전 680년경)의 잠언들이나 슈루팍(Šurrupak, 주전 18~17세기)의 교훈도 언급한다.

성서 외에서 볼 수 있는 고대 근동의 지혜 학교들의 거점들은 이집트와 메소포타미아 이 두 곳에서만 발견된다. 후대의 이스라엘은 가나안의 도시국가문화와 시리아의 거점도시들—예를 들면 우가리트(Ugarit)—을 매개로 해서, 동방 지혜자들의 두 거대한 본산과의 직접적 접촉은 없었음에도, 가깝거나 혹은 먼 이웃들로부터 지혜의 교훈들을 전수받았던 것이다. 이 작은 책에서 성서 외의 지혜문서들에 대해 상세히 설명할 수는 없다. 뒤에 오는 장에서 필요한 대로 그것에 대해 설명할 것이다. 이런 짤막한 논외 설명은 이스라엘의 지혜가 고대 근동의 지혜자들에 의해 자라난 지식의 나무에 비교적 늦은 시기에 열린 열매란 사실을 우리에게 상기시켜 주기 때문에 필요하다. 이스라엘의 지혜자들의 지식은 단지 그들 자신에게서나 그들의 경험에서부터만 얻어 낸 것은 아니었다. 그 근원지는 언제나 이웃들의 지혜였던 것이다. 그들은 그 이웃들로부터 배웠고 영감을 얻었다.

> "다혈질인 사람(울분을 참지 못하는 사람)과 함께하지 말고
> 말을 걸려고 그에게 다가가지도 말아라."
>
> H. Greβmann, Texte, 41쪽

이집트의 지혜에 속하는 이 말은 잠언 22장 24절을 떠오르게 하지
않는가?

> "노를 품는 자와 한자리에 있지 말며
> 울분한 자와 어울리지 말지니"

경고의 내용을 담고 있는 이 두 잠언의 주제는 거의 비슷하다. 그러
나 그것은 우리에게 잠언 22장 24절의 저자가 아멘엠오페(Amenemope)
의 교훈에 나오는 잠언을 그대로 인용했고, 그러므로 상호 간에 직접
적인 문학적 의존성이 있다고 결론짓도록 강요하지는 않는다. 이 경
고는 일반적인 인간의 경험에 기초하고 있는데, 그것은 분을 오래 품
고 쉽게 흥분하는 사람과 어울리면 화나는 일 밖에는 없다는 것이다.
이것은 시간과 문화권에 상관없이 경험 가능한 교훈이다. 그러나 구
약학적 연구는 단지 이 두 잠언 사이에 관계성만이 아니라 잠언 22장
17절~24장 22절 전체가 아멘엠오페(Amenemope)의 교훈과 어떻게 관
련되어 있는지를 설명하고자 하는 것임에 유념한다면, 그 의존 가능
성을 우리가 쉽사리 부인하지는 못할 것이다. 아마도 두 잠언 모음집
은 공통적으로 이집트의 더 오래된 문서에 귀결될 수도 있을 것이다.
그렇다면 공통점들과 차이점들을 더 쉽게 설명해 낼 수 있을 것이다.
이렇게 해서 고대 근동과 성서 지혜 사이의 다양한 접촉점들에 대
해서 우리는 먼저 솔로몬의 잠언, 솔로몬의 전도서(코헬렛) 그리고 욥
기에서 발견할 수 있는 한 가지 예를 언급했다.

솔로몬의 잠언

어떤 종류의 문학양식이 잠언서에서 중요시되고 있는가는 잠언서를 히브리어로 읽을 때 만나게 되는 첫 두 단어에서 드러난다. 잠언서에는 마샬(maschal=잠언)이라는 문학양식이 주로 등장한다. 누군가가 장황하게 말을 떠벌린다(잠언을 말한다)[4]고 해도, 그 말(잠언)이 언제나 통하는 것은 아니라는 사실을 볼 때, 여기서 취급되는 잠언은 의심의 여지없이 존귀한 자(Adel)에게서 그 출처를 찾게 된다. 그것은 다윗의 아들 이스라엘 왕(잠 1:1) 솔로몬의 잠언들이다. 하지만 사려가 깊은 독자들은 곧바로 모든 잠언들이 솔로몬의 것만은 아니란 사실을 발견하게 될 것이다. 솔로몬이 뛰어난 시인이자 왕이었던 것은 틀림없는 사실이나(왕상 4:32~34), 그의 이름이 붙어 있는 잠언서에서 우리는 무명의 지혜자들의 잠언(22:17~24:22, 23~34) 또는 유다 왕 히스기야의 신하들에 의해 편찬된 솔로몬의 잠언들(?, 잠 25~29장)도 역시 보게 된다. 히스기야(주전 725~697년)가 솔로몬(주전 965~926년)의 사후 족히 200년이 지난 시기의 예루살렘 왕이었다는 사실은 이 다섯 장의 모든 잠언들이 진정 솔로몬의 지혜로부터 나온 것인지 의문을 갖게 만든다. 끝으로 확실하게 솔로몬 외의 다른 지혜자들에게 귀속되는 작은 모음집이 있다. '마싸 사람 야게의 아들 아굴의 잠언'(잠 30:1~14) 또는 '마싸의 왕 르므엘의 잠언, 곧 그의 어머니가 아들에게 경고한 교훈'(잠 31:1~9)이 그러한 것이다.

이러한 지적은 이미 잠언서 전체가 솔로몬 왕의 손에서 나온 것이

---

4) 역자 주: '떠벌린다'의 독일어 표현이 Sprüche klopfen인데, 이것은 저자가 잠언(Sprüche)을 말하는 문맥이므로 의도적으로 사용한 것으로 보인다.

라든지 또는 그의 서기관들과 궁의 연대기 편자에 의해 편찬된 것이 결코 아님을 알게 한다. 그보다는 잠언서에 여러 세대의 지혜와 여러 인물들의 지혜가 들어 있음을 인식해야 한다. 그것은 몇 개의 잠언 모음집들의 결합을 보여 준다.

주 모음집 Ⅰ
잠언 1~9장
(솔로몬)

주 모음집 Ⅱ
잠언 10:1~22:16

부록 1
잠언 22:17~24:22
(지혜자)

부록 2
잠언 24:23~34

주 모음집 Ⅲ
잠언 25~29장
(솔로몬—히스기야의 신하들)

부록 1
잠 30:1~14   잠 30:15~33
(아굴의 잠언)   (수잠언들)

부록 2
잠 31:1~9   잠 31:10~31
(르무엘의 잠언)   (알파벳순의 시)

　　주 모음집 Ⅰ(잠 1~9장)은 벌써 그 형태상 다른 모음집들이나 부록들과 눈에 띄게 구별된다. 이 모음집은 여러 개의 긴 훈사들과 교훈시들의 연속으로 되어 있다(잠 2:1~22; 3:1~12, 21~35; 4; 5:1~23; 6:20~35; 7:1~27; 8; 9). 언어적으로나 내용적으로 볼 때 이 모음집은 잠언서 중 가장 늦은 시기의 모음집임이 넌지시 암시되고 있다. 이 모음집은 아마도 초기 포로기 후 시대(주전 6~5세기)에 잠언서의 대문 격으로 맨 앞에 놓였을 것이다. 그러면서 필요에 따라 솔로몬의 권위가 이용되기도 했지만, 그를 저자로 내세운 것은 아니었다.

주 모음집 Ⅱ(10:1~22:16)와 Ⅲ(25~29장)부터는 양상이 좀 다르게 나타난다. 이 모음집들은 이스라엘의 가장 오래된 잠언들을 포함하고 있다. 이 잠언들 전부는 아니지만 한두 개는 확실히 지혜로운 솔로몬의 창작일 수 있다. 하지만 현실적으로 어떤 하나의 잠언을 권위 있는 '솔로몬의 말'로 증명해 낼 방법은 없다. 그에 반해 이 모음집들에 포함되어 있는 다량의 잠언들이 후대의 시기에 속한 것이란 사실은 비교적 분명하다. 예를 들어서 '의인'과 '악인'의 대조가 등장하는 잠언들(잠 10:3, 6, 7, 11, 16, 20, 21, 24 등)은 포로기 후 시대의 지혜에서 나온 것으로 보아야 한다. 이런저런 후대 추가들에도 불구하고 우리는 어떻든 모음집 Ⅱ와 Ⅲ에서 포로기 이전 이스라엘 왕정시대(주전 10~7세기)의 지혜사상을 가장 잘 접하게 된다.

이 외에 주 모음집들의 부록들은 다양한 시대와 전통에서 나온 것인데, 주 모음집들과는 벌써 분량에서부터 구별된다. 이 부록들 또한 확실히 고대 잠언을 포함하고 있으며, 이스라엘의 지혜로운 이웃들에 대해 많은 정보를 제공해 준다.

잠언서의 구성이 주 모음집들과 부록들로 이루어졌다는 이 간략한 설명에서 벌써 우리는 지혜문학이 갖고 있는 몇몇 현상들과 독특성에 대해 주의를 기울이게 된다.

한 권의 지혜서에 수록된 잠언들, 연설들 그리고 시들은 여러 단계를 거쳐서 생성되고 전승되었다. 처음에는 대개 개별적인 잠언, 연설 그리고 시의 형태였다. 이것을 저자들 또는 후대의 수집가들이 어떤 특정한 관점하에 정리하여 작은 단위의 모음집으로 편찬했다. 이 하위모음집은 최종적으로 어떤 한 권의 지혜서에 편입되었는데, 그 과정에서 이 하위모음집은 다시 한번 정리되었고, 부분적이지만 새로운 형태를 갖거나 또는 변형되기도 하였으며, 제목이 붙고(잠 1:1~7), 의미를 더 명확히 밝히기 위해 추가문들이 붙기도 하였다. 잠언서의 형성과정은 그러니까 잠언(연설, 시) → 하위모음집 → 책의 순서로 생각할 수 있다.

이런 식으로 지혜서가 형성된 것이라면 그 자료는 여러 시대에 걸쳐 형성되었음을 쉽게 추측할 수 있다. 그러므로 하나의 잠언에 설정 가능한 연대와 수집의 연대 그리고 전체로서의 책에 설정될 수 있는 연대는 구별되어야 한다. 그러면 우리는 반세기 동안(주전 10~5세기)에 걸쳐 수집된 지혜가 왜 잠언서에는 결합되어 있는지 혹은 그럼에도 각각의 지혜로부터 목소리와 의견을 직접 듣게도 되는지를 곧 이해하게 된다.

이 하위모음집들(잠 1:1; 10:1; 25:1)을 편찬한 지혜자들뿐만 아니라 잠언서 전체의 편집에 관계했던 지혜자들 역시 공공연히 지혜로운 왕 솔로몬의 전통하에서 그 작업을 하려고 하였다. 마지막 부록(잠 31:1)도 마치 왕이 지혜를 장려하는 일에 관심을 가진 것처럼 보이게 한다. 마지막으로 잠언 25장 1절에서 우리는 지혜로운 신하들이 솔로몬의 죽음 이후 한참 뒤이긴 하나 예루살렘의 왕궁에 터전을 잡고 있었음을 알게 된다.

지혜자들은 스스로를 위해 왕의 권위를 도용하려고 한 것일까? 그들이 왕의 지혜의 그림자 아래에 그들의 지혜를 둔 것은 단지 청중들이 좀 더 주의를 기울여 듣고 권위에 순종하게 하려는 것이었을까? 그렇게 생각하는 것도 분명히 터무니없는 것은 아니다. 모음집 Ⅱ(잠 10:1~22:16)에 포함되어 있는 잠언의 수가 그 증거이다. 375! 이것은 정확하게 솔로몬이란 이름의 숫자 값과 일치한다. 고대 이스라엘 사람들은 숫자를 나타내는 표시를 알지 못했고 대신 히브리어의 자음 알파벳 철자들(모음은 함께 기록되지 않았음!)에 특정한 숫자 값을 매겼는데, 솔로몬이란 이름의 히브리어 네 글자를 합하면 아래와 같은 합이 산출된다.

$$S^{(e)} \quad L^{(o)} \quad M^{(o)} \quad H$$
$$300 \;+\; 30 \;+\; 40 \;+\; 5 \;=\; 375$$

수집자들과 편집자들은 그런 세밀한 부분에 이르기까지 솔로몬의 지혜 전통에 자신들을 연관시키고자 했던 것이다. 지혜자들과 왕들의 활동 사이의 이런 밀접한 연결은 좀 더 넓은 의미에서의 중요성을 지니고 있는가? 이것으로 이미 지혜자가 그 지혜와 함께 속해 있는 사회적 위치가 드러나는 것인가?

이제까지 얻어진 관점들과 질문들은 성서의 다른 지혜문학서에 대해 간단히 설명할 때 반드시 염두에 두어야 한다.

솔로몬의 전도서(코헬렛)

두 번째 책은 '전도자 솔로몬'의 책이다. 독일어 성서들은 그의 이름이 책 제목에 직접적으로 나타나지는 않음에도 불구하고 책명을 솔로몬과 결부시켜 그렇게 부른다.

> "다윗의 아들 예루살렘 왕 전도자(코헬렛)의 말씀이라."
>
> 전도서 1장 1절

전도서를 만든 지혜교사를 우리는 코헬렛5)이라고 부른다. 그러므로 많은 번역서들과 성서들은 이 책에 이런 이름을 붙인다. 그러나 이것은 고유명사가 아니라 직위명이라고 할 수 있다. 코헬렛은 히브리어 동사 카할(qahal=모이다)에서 파생되었다. 그는 아마도 집회 인도자나 회중 지도자 같은 사람이었던 것 같다. 어떤 인물이 이 직위 뒤에 숨겨져 있는지 우리는 더 이상 알 수 없다. 청중들이나 제자들은 아마도 간단히 회중 지도자라고 불렀을 것이다. 마치 오늘날 우리가 어떤 한 지역의 목사나 시장을 이름 없이 통칭해서 부르듯이 말이다. 이 회중 지도자에 대해서는 단지 책의 맨 끝에서 언급된다.

> "전도자 자신이 지혜자였을 뿐 아니라, 그는 또한 백성에게 지식을 가르쳤다. 그는 깊이 생각하고 연구하였으며 잠언을 많이 지었다. 전도자는 아름다운 말들을 찾아내는 일과 진리의 말씀들을 바르게 기록하려고 노력했다."
>
> 전도서 12장 9~10절

만약 전도자가 회중 지도자였다면, 그에게 있어서 지도란 본질적으로 교육과 관련된 것이었다. 그는 사적인 학자가 아니었으며, 오히려 공적 권위를 지닌 백성의 교사였다.

이 지혜로운 백성의 교사는 후대에 이르러서야 솔로몬 외에 다른

---

5) 역자 주: 동사 카할을 설명하기 위해 이 단락에서만 전도자를 코헬렛으로 지칭한다.

사람을 생각할 수 없는 다윗의 아들, 예루살렘의 왕으로 제시되었다. 사실 솔로몬은 백성들 가운데 지혜자의 원형으로 인정받았다. 그도 때때로 집회 지도자의 역할을 어떻게 감당해야 하는지 이해하고 있었다(왕상 8:1). 전도자를 솔로몬과 동일인으로 보게 되는 결정적인 원인은 의심할 여지없이 왕의 트라베스티6)(전 1:12~2:26)이다. 거기서 전도자는 왕의 복장을 하고 상념에 잠긴다. 그는 이 배역을 연기하면서 과연 왕이란 자리를 통해서 그의 삶에 권력, 명망 그리고 재산을 지속적으로 소유할 수 있는가를 알아보고자 한다. 내가 만약 왕이라면 어떻게 될까라는 가정하에 진행되는 상상 실험에서 비롯하여 후대의 편집자들은 그를 솔로몬 왕으로 설명할 수 있었다. 그리고 그것은 아주 잘한 일이었다! 왜냐하면 그들이 그렇게 하지 않았다면, 지나치게 도발적이고 자극적인 그의 증언은 확실히 성서의 지혜문학에서 사라져 버리고 말았을 것이다. 지혜로운 랍비들이 때때로 신앙과 이성의 경계선에서 왔다갔다하는 이 책을 성서의 경전목록 속에 포함시킬 것인가의 여부를 놓고 오랫동안 논쟁하였다. 바벨론 탈무드에 그 논쟁의 일면이 기록되어 있다. "지혜자들은 전도서를 감추길 원했다. 왜냐하면 내용이 서로 상충되기 때문이다. 그러나 그들이 그 책을 감추지 못했던 것은 그 책이 토라의 말씀들로 시작해서 토라의 말씀들로 끝을 맺기 때문이었다."(Schabbat 30b) 이것이 바로 이 책이 성서의 경전목록에 남게 된 신학적 근거가 되었다. 시작과 끝이 토라에 일치한다는 것은 모세의 다섯 권의 책의 제일선에 일관되게 고정되어 있는 하나님의 명령에 부합한다는 것이다. 이러한 신학적인 논거 외에 전도서가 경전목록에 남게 된 중요한 근거는 솔로몬의 이름

---

6) 역자 주: Königstravestie, 왕으로 가장하여 행세하며 벌이는 역할극.

이었다. 어떤 권위에 귀속될 수 있는 문서를 쉽게 버리지는 못하기 때문이다. 그러나 솔로몬 저작설은 이 책이 생긴 이래 수세기 동안 반신반의되었다. 그래서 탈무드의 전통에는 이 책이 히스기야와 그의 신하들에 의해 생겨났다고 보는 의견도 있다(Baba Batra 15a). 그것이 옳다면 이 책은 잠언서의 주 모음집 III을 편집한 그룹과 동일한 그룹의 작품이라고 할 수 있겠다.

구약학의 큰 틀에서 언어적으로나 내용적으로 살펴볼 때 전도서가 주전 3세기 이전에는 결코 생겨나지 않았을 것이라는 확신을 가질 수 있다. 페르시아어로부터의 차용어와 무엇보다도 아람어 차용어들은 성서 이후 시대까지도 사용되던 후대 히브리어의 모습을 보여 준다. 그러나 보다 더 결정적인 증거는 전도서가 헬레니즘과 그 시대의 통속철학에 사상적으로 근접해 있다는 사실이다. 이것은 전도서의 연대를 알렉산더 대왕의 팔레스타인 정복(주전 333~331년) 이후로 보는 견해와 그와 연관해서 전도서 내에 점점 더 분명해지는 헬레니즘화 현상과 일치한다.

전도서는 형태상 솔로몬의 잠언서와는 확연히 구별된다. 이 책은 여러 개의 하위모음집들로 구성되지 않고 처음부터 한 저자의 손에서 나왔다. 편집자는 그것에 '제목'(1:1)과 두 개의 짧은 추가문(12:9~11, 12~14)만 더했을 뿐이다. 물론 그 외에도 후대의 이런저런 편집적인 손질을 고려해야 할 것이다.

언어형식에 있어서도 전도서는 잠언과 구별된다. 개별적 잠언(전 7:1~9)이 있기는 하나 그것이 주를 이루지 않고 오히려 교훈시 (1:3~11; 3:1~9; 12:1~7), 이야기체 산문(1:12~2:26), 경험 보고서 (3:16~22; 4:1~12; 7:25~29; 9:11~12, 13~16), 사례 연구(4:13~16)가 주

표지: 전 1:1

틀: 전 1:2

서문: 전 1:3~11

본문 Ⅰ: 전 1:12~3:15
왕의 트라베스티7)와 그 결론

본문 Ⅱ: 전 3:16~11:8
그 외의 관찰들과
사례 연구들

에필로그: 전 11:9~12:7

틀: 전 12:8

추가문 Ⅰ: 전 12:9~11

추가문 Ⅱ: 전 12:12~14

를 이룬다. 이 책은 연관된 주제들에 대한 일련의 잠언들, 시문들 그리고 보고들을 집약하거나 또는 전체적인 틀을 의도적으로 구성한 것(1:2; 12:8)을 보여 준다. 그러나 이러한 틀 구성에 대한 원칙을 꿰뚫어 보고 설득력 있게 설명해 내는 시도는 최근까지도 이루어지지 못했다. 그것은 곧 우리가 이스라엘 지혜자들의 문학 활동을 그들의 입장에서 느끼고, 그 표현 기법, 동기들 그리고 의도하는 것들을 발견해 내는 것이 최종적으로 얼마나 어려운지를 알게 한다.

게다가 한 문서가 장기간의 성장과정을 거쳤고, 처음에는 더 작은 단위였었다면 그 어려움이 더해질 것이다. 이 문서 전체(1:2~12:8)가 여전히 이름을 알 수 없는 전도자에 의해 편찬되었는지, 또는 발행인에 의한 언급(1:1; 12:9)에서처럼 후대의 제자들 그룹에 의해서 그렇게 되었는지를 결론 내리기가 매우 어렵다.

---

7) 역자 주: Königstravestie, 왕으로 가장하여 행세하며 벌이는 역할극.

중요한 것은 당시의 사회적 환경인데, 그 환경 속에서 사람들이 전도자를 매우 신뢰했거나 적어도 그에게서 영향을 받았을 것이란 사실이다. 솔로몬 왕에게 근접되어 있는 듯 암시를 주거나, 또는 자신을 왕으로서 소개하는 표현은 지혜에 대한 교훈이 이 계층에서 집중적으로 장려되고 있었음을 의미한다. 전도서 12장 9절 역시 그것을 보여 준다. 주전 3세기에는 이스라엘에 더 이상 독립 왕조가 존재하지 않았고, 프톨레미 왕조 아래에 있었으므로, 우리는 지혜교사인 전도자와 그의 제자들을 왕궁 근처에서 찾을 수는 없지만, 대신 그들이 귀족적이고 부유한 상류층에 속했을 것으로 추측하거나(5:10~6:3; 7:11~12; 9:7~9 참고) 또는 적어도 과거의 좋았던 시절들에 대한 기억이 그들 가운데 여전히 살아 있는 것으로 볼 수는 있다(10:4~7; 7:10).

욥기

욥기는 지혜문학서 중 세 번째 책이다. 비판적 시각을 지니고 있지 않은 독자들도 욥기가 다양한 문학적 단편들로 구성되어 있다는 사실을 알게 된다. 욥기에 대한 분석은 이 문학적 양식들에 대한 관찰과 구분에서부터 시작된다. 이 책은 문학적 산문[8] 형태로 된 서술 부분과 아주 광범위한 시적 대화 부분으로 구성되었다.

연설 부분을 둘러싸고 있는 일명 틀을 이루는 이야기는 욥기 1:1~2:10과 42:10~17에 걸쳐 있다. 틀을 이루는 이 이야기에는 부유하면서도 정직하게 살아가는 한 경건한 사람이 소개된다. 하나님은 천

---

8) 역자 주: 독일어로만 쓰이는 전문용어로 Kunstprosa라고 하며, 수사학적으로나 운율적으로 세밀하게 구성된 고대 산문을 말하는데, 대략 산문과 운문의 중간적인 형태로 볼 수 있다.

상회의의 결정에 따라 욥의 경건에 대해 시험할 것을 허락한다. 그 천상회의는 욥이 참여할 수 없는 것이었고, 그 결정은 하나님과 사탄9) 사이의 토론 결과일 뿐이었다. 욥은 시험의 과정에서 그가 이전에 누렸던 모든 행복을 하나씩 차례대로 빼앗긴다. 그의 소유, 자녀들 그리고 결국에는 자신의 건강까지. 욥은 이 모든 시험에서 하나님에 대한 신뢰를 저버리지 않고 오히려 다음과 같이 고백한다.

> "우리가 하나님께 좋은 것을 받았으니
> 나쁜 것이라고 받지 못하겠느냐?"
>
> 욥기 2장 10절

이후 하나님은 시험을 완벽하게 통과한 욥의 운명을 바꾸어 놓으시고(42:10 이하), 그에게 전에 소유했던 것보다 2배로 보상해 주었다. 그는 죽기 전에 다시 한번 7명의 아들과 3명의 아름다운 딸(여미마 = 작은 비둘기, 굿시아 = 계피꽃, 게렌-합북 = 화장품 상자, 욥 42:14)을 둘 수 있었다. 이에 대해서 틀을 이루는 이야기에 간략하게 소개된다.

---

9) 역자 주: 직역하면 '그 사탄'이라고 번역해야 하는데, 이것은 사탄이 고유명사로 사용된다고 할 때 허용되지 않는 문법 현상이다. 욥기의, 그리고 이 책의 저자가 관사를 사용하여 사탄을 표시한 것은 사탄이 구약 성서에서 원래는 '대적자'란 일반적인 의미의 보통명사로 사용되다가 후대에 점차 하나님의 대적자인 고유명사 '사탄'으로 그 의미가 발전해 가는 과정에 있음을 간접적으로 보여 주고자 한 것이라고 볼 수 있다.

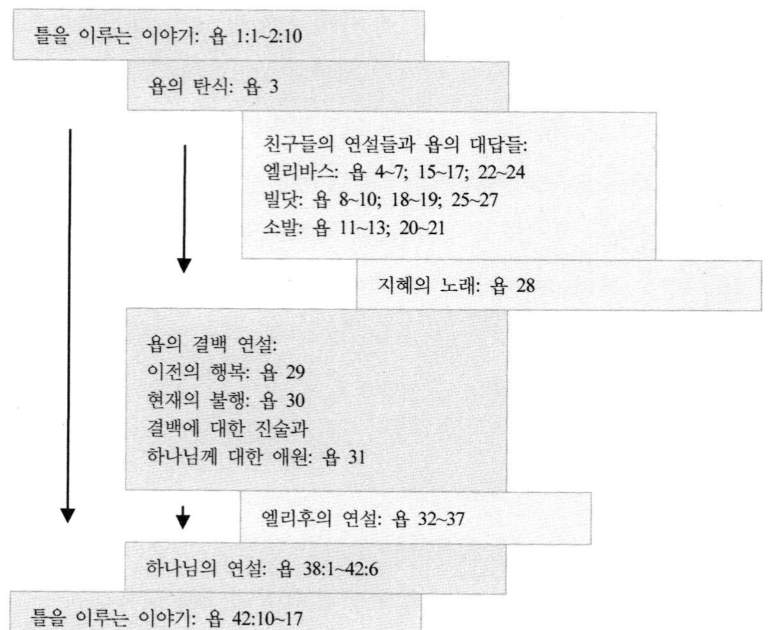

위의 도표에서 앞뒤로 둘러싸여 있는 부분은 광범위한 대화와 연설 부분인데, 여기서 우리는 완전히 다른 욥을 만나게 된다. 아무런 저항 없이 하나님의 손으로부터 고난을 받아들이는 사람은 없다. 오히려 자신의 운명에 반항하고, 그것을 수용할 수도 없는데, 그것은 그에게 고난의 이유가 완전히 숨겨져 있기 때문이다. 연설 부분은 욥의 탄식과 자신의 태어난 날에 대한 저주로 시작된다(욥 3). 우리는 아마도 그것과 밀접한 관련성을 가지고 결백 연설(욥 29~31)을 읽어야 할 것이다. 과거의 행복했던 삶에 대한 폭넓은 서술(욥 29) 이후에 욥의 운명에 있어서의 전환점을 표시하기도 하는, 불행에 대한 통렬한 묵상(욥 30)이 뒤따른다. 그 다음에는 고난당하는 이의 결백 선언이 이

어지는데, 이 선언에서 그는 그의 존재에 있어서 자신을 유혹에 빠지게 할 수도 있었을 삶의 중요한 영역들을 차례대로 점검한다. 그는 모든 유혹들에 대항해 단호히 싸웠다는 확고한 신념을 가진 후, 하나님께서 그에게 말씀해 주시고 대답해 주실 것을 간청한다(욥 31). 그 대답은 욥이 기대했던 것과는 완전히 다른 것이었고 대부분 질문들로 구성된 것으로, 아주 유명한 하나님의 연설(욥 38:1~42:6) 가운데 주어진다.

이 세 개의 블록들 사이에 친구들의 연설이 끼여 있다. 먼저 엘리바스, 빌닷 그리고 소발과 주고받는 형식으로 된 세 번에 걸친 연설 과정(욥 4~27)이 있다. 욥기 2장 11~13절에 따르면 이 친구들은 욥의 불행에 대해 전해 듣고 욥을 방문하고 7일 동안 침묵하며 그의 옆에서 함께 머문다. 그 후 대화를 시작하는데, 친구들은 욥을 위로한 후 죄 없는 사람이나 의인은 결코 죽지 않는다는 견해(욥 4:7)를 그에게 관철시키고자 한다. 그들에 의하면 의식적으로든 혹은 무의식적으로든 욥도 역시 죄를 범했어야 했다(욥 15:5~6; 22:5~10). 그러므로 그도 하나님께로 돌아서서(욥 8:5; 22:23~30), 그의 죄악을 던져 버린다면(욥 11:13~14), 하나님께서 그의 편이 되셔서 그를 다시 일으켜 주실 것이다(욥 11:16~19). 욥의 친구들은 여기서 널리 알려진 삶의 지혜의 일반적인 입장들을 대변한다.

아마도 후대의 저자로부터 나왔을 엘리후의 연설(욥 32~37)은 친구들의 연설들보다 두드러져 보인다. 엘리후의 연설들은 그의 선배들의 연설과는 구별되는데, 그것은 기본신념의 변화에서라기보다는 오히려 욥의 운명에 접근하는 방식에 있어서 구별되는 것이다.

양식적인 면에서 매우 독특한 한 본문은 아마도 가장 후대에 삽입되었을 것으로 추정되는데, 그것은 인간에게 최종적으로 접근불가 상태로 머물고 있는, 숨겨진 지혜에 대한 노래(욥 28)이다. 이 노래를 통해 암시되는 것은 욥의 고난에 대한 문제가 우리 인간의 통찰력과 지혜에는 여전히 숨겨진 채로 남아 있다는 것인가?

여기서 가장 눈에 띄는 구조들만 언급한 이 책의 구성에서 이미 이 책은 장기간의 형성과정을 거쳤음을 알게 되는데, 그 과정에 대한 구약학적 재구성에 대한 문제들은 오늘날까지 해결되지 않고 있다. 틀을 구성하는 이야기들은 대화 부분들과 어떤 관계 속에 있는가? 책의 서두(욥 2:11)와 말미(욥 42:7~9)에 전혀 언급되지 않는 엘리후의 연설은 누구에게서 나온 것인가?

언어적인 증거들(다수의 아람어 차용어들)과 내용적인 면면들(페르시아의 종교로부터 알려진 사탄에 대한 소개)은 이 책이 포로기 이후(주전 5세기)에 생겨난 것임을 알게 한다. 거기에 고대 자료들에 대한 참고와 인용을 배제하지 않으면서 말이다.

이 책의 (한 명의) 저자 또는 (복수의) 저자들에 대해서 우리는 아무 것도 알지 못한다. 그러나 욥의 친구들이 철저히 지혜교사들과 같이 묘사되고(욥 11:5~7; 12:2, 12; 15:2~4; 20:3; 22:2; 26:3; 32:6~8), 그들이 다른 지혜 문헌들과 매우 가까운 언어와 주제들을 사용하고 있으므로, 욥기의 저자들을 포로기 이후의 지혜자들 가운데서 찾아도 될 것이다. 그들의 주연급 '영웅'인 욥은 부유한 상류층 출신의 인물이다. 그것은 틀을 이루는 이야기(욥 1:3)에, 그러나 연설 부분에서도 확인된다(욥 31:13, 16~17, 19~20, 24~25, 31~32, 38~39). 만약 전도서 2장 9절과 욥기 1장 3절을 서로 비교해 보면, 욥과 코헬렛(Kohelet)은 누구보다도 부유했었던 것을 강조하기 때문에 다음과 같은 질문을 던지게 된다. 왜 포로기 이후 이스라엘의 지혜자들은 부유한 사람들의 운명에 그렇게 지대한 관심을 가졌었는가? 그것은 우연일까? 아니면 그들 자신들의 사회적 위치가 거기에 간접적으로 드러나는 것인가?

이상으로써 성서 지혜에 있어 가장 중요한 책들을 언급했다. 그러나 이스라엘의 지혜자들과 그들의 사상이 지금 우리가 살펴본 성서의 지혜문학서들에서만 발견되는 것은 아니란 사실을 반드시 지적해야 한다. 지혜자의 흔적이나 그들의 지혜를 성서의 다른 책들에서는 발견할 수 없을 것이라고 단언한다면 그것이 오히려 매우 놀라운 일이 될 것이다.

같은 맥락에서 종종 요셉의 이야기(창 37; 39~50)는 지혜문학적 경향을 띠고 있다는 주장이 제기된다. 그 이야기는 타국에 거주하는 한 젊은이의 운명을 그리고 있는데, 그는 총명함, 신중함 그리고 하나님에 대한 경외심을 통해 최고의 지위에 오른다. 또한 다윗의 왕위계승에 대한 역사(삼하 9~왕상 2)도 지혜자들의 손에 의해 창작된 것이다. 이 역사는 부분적으로 잠언과 전도서의 개별적인 문장들이 이야기식으로 서술된 것처럼 읽혀진다. 게다가 아모스나 이사야 같은 몇몇 예언자들도 지혜적 사상에 젖어 있다. 마지막으로 몇몇 시편들(시 37; 49; 73; 90; 139 등)이 바로 지혜의 노래로 인정된다.

이 장의 마지막에 성서 지혜의 샘들이 지혜가 문학적 형태 속에 우선적으로 드러난 잠언, 욥기 그리고 전도서에서만 솟아나는 것은 아니라는 사실을 암시하는 예들이 많이 제시되지 못했다. 지혜의 교훈은 이스라엘에만 독립적으로 나타난 현상이 결코 아니었다. 그것은 소수 지식층의 엘리트적인 활동만도 아니었다. 그것은 모든 삶의 영역에 침투하여 영향을 주는 것이었고, 모든 사람에게 적용되는 삶의 지혜였다. 그러나 그것에 관해서는 우리가 지혜의 소유계층에 대한 문제를 다루면서 더 자세히 이야기할 수 있을 것이다.

초기 유대 지혜문학

이스라엘의 지혜문학은 결코 성서의 지혜문학서들에서 끝나지 않는다. 우리에게 소위 신구약 중간기 시대에 나온 많은 외경 지혜문학서들이 또한 알려져 있다.

우선 철저히 구약성서의 지혜 전통에 서 있는 예수 시락서(Jesus Sirach, 주전 약 190년)[10]와 주전 1세기에 알렉산드리아에서 그리스어로 저술되었을 것으로 추정되는 솔로몬의 지혜서가 있다. 잠언이나 전도서와 같이 이 책 역시 가짜 이름의 위서로서 솔로몬 왕에게 귀속되었다. 이 두 책은 구약성서 그리스어 번역(칠십인역, Septuaginta)과 라틴어 번역(벌게이트, Vulgata)에 수록되었다. 초기 기독교가 회당으로부터 분리된 후 원 히브리어 성서가 아니라 칠십인역, 즉 그리스어 번역이 교회의 '구약성서'가 되었으므로, 예수 시락서와 솔로몬의 지혜서가 오늘날까지도 정교회와 로마 가톨릭 교회의 구속력이 있는 성서의 경전목록에 속하게 되었다. 마틴 루터(Martin Luther)에 이르러서 이 두 지혜문학서들은 개신교 성서의 경전목록에서 밀려나 부록에 편성되었는데, 그것은 유대 회당에서 여전히 통용되고 있었던 히브리어 성서의 경전목록으로 다시 돌아간 것이다. 루터는 외경에 대해서 다음과 같이 말한다. "외경들: 이것이 성서와 동일하게 인정될 수는 없지만 읽기에 유용하고 좋은 책들이다."(1534년 판 성서의

---

10) 역자 주: 공동번역의 집회서.

외경들에 대한 표제어가 그렇게 되어 있음)

'선조들의 잠언들'(Pirqe Abot)은 성서와 외경에도 포함되지 못했다. 그러나 이 잠언들은 우리에게 탈무드 단편(Talmudtraktat)으로 보존되어 전해지며 성서 이후의 시대에도 이스라엘의 지혜에 대한 관심이 얼마나 컸었는지를 보여 준다. 그러므로 누군가 성서 지혜에 대한 탐구를 시작한 사람은 고대 근동의 이스라엘 주변 민족의 지혜에만 눈을 돌리지 말고, 반드시 초기 유대문학에 생존하고 지속된 지혜도 또한 신중하게 고려해야 한다.

> "조마(Soma)의 아들이 말했다: 누가 지혜자인가?
> 모든 사람에게서 배우는 사람이 바로 그이다. 왜냐하면 그것은
> '나를 가르치는 모든 사람들로부터 내가 지혜를 얻는다'는 뜻이니
> 까."
>
> Abot IV, 1

3장

지혜의
언어

3장 지혜의 언어

전도자의 제자들에 따르면 지혜자들이 중요시했던 것이 무엇이었는지를 알 수 있다. 그것은 그들이 무엇을 말했는지, 즉 그들의 가르침뿐 아니라, 그것을 어떻게 말했는지, 즉 그들이 말할 것에 대한 수사학적 그리고 시적 표현기법이었다. 전도자는 모든 편집자가 그러하듯 마음에 드는[11] 표현들과 진리의 말씀들을 찾아내고자 노력했다(전 12:10). 그것은 까다로우며 수수께끼를 푸는 것과 같이 매우 어려운 작업이었다. 왜냐하면 진리는 종종 아름다움을 추구하려는 노력에 자리를 내줄 수밖에 없었기 때문이다. 이러한 노력에는 언어에 대한 특별한 관심, 즉 언어가 오로지 정보전달의 수단으로 전락되면 안 된다는 신중함이 들어 있다. 여기서 언어는 이해시키는 역할만 하지 않고, 화자와 청중이 서로 깊은 교감을 갖도록 했다. 즉, 언어의 감성적인 모습이 진지하게 다루어진 것이다.

언어는 한편으로는 육체적 속성을 지니고 있다. 언어는 어떤 특정한 의미를 지닌 음향신호들의 집합에 불과하지 않다. 거기에는 듣기

---

11) 역자 주: 우리말 성경에는 '아름다운'으로 번역됨.

좋은 소리 또는 듣기 싫은 소리, 화음 또는 불협화음을 만들어 낼 수 있는 철자와 철자의 조합으로 가득 차 있다. 이런 것들을 통해서 단어가 만들어지고 언어의 선율이 만들어진다. 연설에 이러한 '언어 음악'을 사용하면 언어가 연사로부터 청중에게로 인식적이고 지적인 정보들만 실어 나를 수 있는 것이 아니란 사실을 지금까지보다 더 분명하게 경험하게 될 것이다. 언어는 또한 인상과 느낌 같은 감성을 그리고 안락함과 안락하지 않음과 같은 분위기들도 전달한다. 소리로 표현되는 말 속에는, 행간에 숨어 있는, 그래서 글로 표현하기가 불가능해 보이는 것이 다시 들리게 된다. 글로 표현하기가 불가능해 보이는 그것을 문자화하는 것이 매우 어렵지만, 그럼에도 불구하고 (그 문자 속에) 항상 그것이 함축되어 있음을 잊어서는 안 된다.

오늘날 우리는 언어의 이러한 차원을 지나칠 정도로 연극, 시 그리고 모든 종류의 언어 예술과 같은 영역에 넘겨주었다. 언어의 이런 차원은 당연히 삶의 다른 영역에서도 작용한다. 사랑하는 사람들의 속삭임에, 엄마와 젖먹이 사이의 옹알거림에, 설교 중의 고함치는 맹비난의 소리(Gepolter einer Standpauke) 속에서 말이다. 그러나 우리는 의도적으로 여러 가지 삶의 경험을 전수하고, 지식이나 또는 알 가치가 있는 것들을 단순히 전달하는 일과 관련해서는 언어의 이런 면을 고려하지 않는다. 지혜자들은 바로 이 점을 간파하지만, 그렇다고 그들이 단지 언어 예술 영역에만 책임감을 느끼고 있었던 것은 아니다. 그들은 삶의 모든 영역에서 관계의 언어(Beziehungssprache)에 심혈을 기울이는데, 이 언어는 지식과 경험의 전달만을 위해 쓰이는 것이 아니며, 그와 더불어 지혜자가 자신의 지식에 대하여 가지고 있었던 관계에 대한 무엇인가를 동시에 담아내는 그런 언어였다.

이런 관점에서 봐야 편집자격인 전도자의 제자들이 스승의 '마음에 드는' 말에 관해 적은 짧은 글을 이해하게 된다. 전도자의 말은 마치 소리가 음악을 만든다는 것과 같은 진부한 지식에 관한 것이 아니다. 비록 전도자도 그런 지식을 알고 있었지만 말이다(전 9:17). 마음에 드는 아름다운 말을 가지려는 그의 노력에는 심오한 이유가 있었다. 그것은 그에게 있어서 언어는 그가 어떻게 세계와 삶에 대해 관계하는지를 보여 주는 거울이었기 때문이다.

그러므로 쓰는 것과 말하는 것은 지혜자들에게 있어서 단지 미학적 문제뿐만이 아니라 윤리의 문제였다. 전도자의 제자들도 역시 이 점을 '솔직하게 적어 놓은 진리의 말'이란 표현을 통해 분명히 하였다. 지혜자들은 그러니까 말하는 사람의 모습과 정직성 그리고 진리가 혼연일체가 되는 말과 언어의 형태들을 찾아내고자 했다. 말함의 겉모습과 내용, 그것의 미와 윤리가 녹아 어우러질 때에만 '진실한' 말이 '검증된' 말이 되고, 삶을 인지하고 형성하는 말이 될 수 있다. 도대체 어떻게 말하는 것이 입증되길 바라는 행위를 목표할 수 있는지(잠 4:4, 20~22; 13:3; 21:23, 28; 22:17~19; 31:8~9), 또는 어떻게 생각 없이 그리고 무책임하게 뱉은 말이 삶을 그르치게 하는지(잠 12:6, 17, 18; 14:23; 18:6; 19:7; 22:14), 그것을 지혜자들은 항상 새로운 변형 형태들 안에서 주제화시켰다. 그러므로 아마도 그 시대에 잘 알려진 잠언을 통해 전도자의 말에 대한 특징을 부여하는 것만이 논리적으로 보인다.

"지혜자의 말은 가시와 같고 그리고 박힌 말뚝과 같다."
전도서 12장 11절

가시나 막대기로 떼 지어 사는 가축들을 몰거나 인도한다. 이것(가시
나 막대기)이 사용될 때 거기에는 항상 고통이 따른다. 그러나 사람
은 또한 올바른 길에 머물게 된다. 박힌 말뚝은 어떤 물건을 고정하
고 붙잡아 준다. 지혜자의 말은 이와 비슷한 기능을 할 수 있다. 그것
은 박차이며 길 안내이다.

목록과 사전

"뱀
왕뱀(보아뱀)
큰 뱀
왕 애벌레(Riesenraupe)
코브라(Mutterleibschlange)
바다뱀
아포피스(아펩) 뱀(Schlange des Schlangengottes 뱀 신의 뱀?)
작은 뱀
가시(갑옷) 도마뱀
큰 가시(갑옷) 도마뱀……"

H. H. Schmid, Weisheit, 224쪽

뱀 전시관의 이 수집물들의 출처는 어디일까? 이 목록은 인류의 가
장 오래된 동물백과사전 중의 하나에 기록되어 있다. 이것은 다양한
동물의 속들과 종들을 표시한 수메르의 목록 시리즈 중 14번째 토판
에 기록되어 있다. 여기서 단지 첫 부분만 인용된 뱀의 목록은 총 43
종에 이른다. 계속해서 들소, 개, 하이에나, 여우와 고양이가 종류별
로 언급된다. 그런 동물의 목록 외에 우리는 인간 신체의 각 부분들
에 대한 명칭들, 지리학적, 천문학적—월력적, 제의적 그리고 기술적

명칭들 그리고 배의 각 부분들을 지칭하는 목록들을 알고 있다.

이 이름목록들(명부들)의 기능은 무엇이었을까? 이집트의 한 명부에 속하는 '아멘오페의 이름집'(Namenbuches des Amenope, 주전 11세기)의 제목은 그것에 대해 우리에게 무엇인가를 알려 준다.

> "지식을 위한 교과서, 무식한 자들을 교훈하고 모든 존재하는 것들, 즉 프타(Ptah)가 창조하고, 토트(Thoth)가 기록한 모든 사물, 하늘과 그 천체들, 땅과 그 속에 들어 있는 것들, 산들이 토해 내는 것, 물에 촉촉이 젖는 것, 해가 그 위에 내리쬐는 모든 것, 땅 위에 자라는 모든 것들에 대한 배움을 위한 교과서-이것은 아멘오페(Amenope)의 생명의 집에 있는 신서(神書)의 서기관이 고안해 낸 것이다."
>
> H. Grapow, Handbuch I/2, 188~189쪽

그리고 이어서 이미 표지에 암시된, 610개의 사물들에 대한 이름들의 목록이 따른다.

목록들에는 교육적인 목적이 있었다. 이 목록들은 교과서로서 사용되었다. 그러나 그 기능이 거기에만 제한된 것은 결코 아니었다. 이 목록들은 세계의 언어화에도 공헌하였다. 학생들은 단지 무엇이 존재하는가만이 아니라, 동시에 자신의 주변인과 환경에 대한 인식을 통해 사물을 명명하는 것을 배웠고, 그것들에 이름을 부여했다. 그것은 언어라는 매개체를 통해 세계를 파악하고 그 표현(반영) 안에서 그것을 다시 알아 가는 과정으로 여겨졌다. 간단해 보이지만 이 목록들 안에는 한층 복잡한 학습과정이 숨겨져 있다. 마치 어린아이가 말하는 것을 배우고 그것을 통해 자신이 속한 세계를 의식적으로 인식하게 되는 것과 같이 세계는 이 목록을 통해서 학생들에게 전달되고 펼쳐진다.

[그림 2] 여신 마아트(Maat)와
바름, 의 그리고 진리를
상징하는 높은 깃털 머리 장식

더 나아가 이 목록들에는 세계의 언어화 외에도 세계질서를 알게 하는 목적이 있다. 인간들이 경험하는 서로 다르고 모순적이기도 한 다양한 인상들은 정리되며, 그 과정에서 이미 존재하지만 종종 숨겨져 있는 질서가 드러나기도 한다. 함께 속한 것들을 구분하는 것과 연결하는 작업을 통해 세계를 질서정연하게 정리하는 일은 충분히 가능하다. 세계 속에는 이미 질서가 존재하기 때문이다. 고대 이집트인들은 이 세계의 질서에 '마아트'(Maat)라는 고유의 이름을 부여했다! 이 마아트는 자연과 사회의 질서를 보장한다. 이것은 창조신으로 숭배되었던 태양신 레(Re)의 딸로 여겨졌다. 이 레의 딸은 사람들이 그녀를 창조 시에 제정된, 인격화된 질서의 원리로서 숭배했을 정도로 '질서정연한' 것이어야만 했다.

자신의 목록 안에 세계를 정리한 인간은 이제 이 질서의 원리에 잘 맞추어 행동했다. 그가 창조에서 이것을 발견해서 드러내 놓으며 자신의 삶을 이 질서에 맞추었다. 이 질서와 창조에 맞는 행동을 통해 그는 자신의 삶을 보존했을 뿐 아니라 자연적인 그리고 사회적인 코스모스(정돈된 세계)를 보존하는 데에 공헌했다. 세계의 질서를, 인간의 학문 활동에 대한 가장 오래된 증거들로 인정받는 목록들 속에 드

러나도록 한 것은 단지 학문적 호기심의 태동 그 이상이며, 세계의
비밀들을 인간의 사고력으로 파악한 것 그 이상이며, 인간이 자연을
굴복시키기 시작한 것 그 이상이며, '실재하는 것들을 확정함'(G. v.
Rad, Weisheit, 153쪽 이하) 그 이상이며 또는 '세계에 대한 재물 조
사'(H. H. Schmid, Weisheit, 97쪽)보다 더 큰 의미가 있는 일이었다.
이런 모든 행위들은 목록을 작성하는 일에 함께 포함되길 바란 것이
었다. 그러나 목록학의 가장 주된 관심사는 (인간) 스스로의 존재를
확고히 하는 것과 정돈된 세계가 안정되도록 하는 것이었다. 그 내적
동인은 자연적이고 사회적인 질서를 통제하는 것이 아니었고, 오히려
주어진 질서들에 순응하고 적응하는 것이었다.

그 질서들이 종교적인 성격의 것이었음은 아멘엠오페(Amenemope)
의 목록 서문에서 분명히 밝혀진다. 그 목록 안에 모든 것, 즉 멤피스
(Memphis)의 창조신 프타가 창조한 모든 것과 서기관의 신이며 마아
트의 남편인 토트가 기록한 모든 것이 명기되어야 했다. 프타(레)-마아
트-토트로 각각 인격화된 창조-질서-기록의 관계는 끊을 수 없는
고리로 연결되었다. 목록들 속에서 교훈되는 '질서에 부합하는 (삶의)
자세'는 또한 항상 '창조에 부합하는 삶'이었다.

구약성서에도 이런 목록학의 형태에 대한 암시가 있을까? 성서에
는 메소포타미아나 이집트의 것들과 비견될 만한 이름목록이 전해지
는 것은 없다. 그러나 그런 이름목록들의 흔적, 즉 그런 것들이 다른
문학적인 증거들 속에 수용되고 변형된 흔적을 찾을 수 있다. 사람들
은 아마도 민족들의 목록(Völkertafel, 창 10)을 생각할 수 있다. 그것
은 그 작성자에게 알려진 모든 민족들과 그들의 주거지들의 명부를
족보의 형태로 제시한 것이다. 또한 세심한 고려하에 정돈된 개별적

인 창조물에 대한 배열(창 1장) 또는 욥에게 던져진, 서로 떼어 놓을 수 없도록 열거된 하나님의 질문들(욥 38장), 그 뒤에는 항상 이런 목록적 지식이 있다고 사람들은 추정하였다.

열왕기상 4장 32~33절[12])은 무엇보다도 이런 맥락에서 설명되어야 한다.

> "그(솔로몬)는 삼천 가지의 잠언을 말하였고, 천다섯 편의 노래를 지었다. 레바논에 있는 백향목으로부터 벽에 붙어서 사는 우슬초에 이르기까지, 모든 초목을 놓고 논할 수 있었고, 네발짐승과 새와 기어 다니는 것과 물고기도 논할 수 있었다."

솔로몬이 친히 이 목록학에 적극적으로 참여했다고 추정하도록 만드는 것은 단지 그 어마어마한 수(삼천 가지 잠언, 천다섯 편의 노래) 때문만이 아니라, 무엇보다도 그 내용 때문이다. 위의 언급에 따르면 솔로몬의 노래들과 잠언들의 내용은 바로 자연지혜(식물군과 동물군)였다. 그리고 이 자연지혜는 그것의 전승적인 위치를 목록에 두고 있었다. 솔로몬은 아마도 이 목록지혜를 계속 발전시켜 나갔던 것일까? 그러면서 그것을 시화하고, 사물들을 명명하는 작업에서부터 시작하여 잠언과 노래 속에 그 본질을 서술하는 데에까지 진척시켜 나갔던 것일까? 그러한 목록지식의 시화 작업은 성서 외뿐 아니라 성서 내의 지혜에도 잘 알려진 과정이다. 그 과정에서 목록에 기록된 사물들이 다른 관점 아래에서 재구성되는 일은 흔했다. 공통점을 찾는다고 할 때 원래는 같은 종류에 속하지 않은 동물의 종들인데 아래와 같은 수 잠언에 함께 포함될 수도 있었다.

---

12) 공동번역은 5:12~13.

"땅에 작고도
가장 지혜로운 것 넷이 있나니
곧 힘이 없는 종류로되
먹을 것을 여름에 준비하는 개미와
약한 종류로되
집을 바위 사이에 짓는 사반과
임금이 없으되
다 떼를 지어 나아가는 메뚜기와
손에 잡힐 만하여도
왕궁에 있는 도마뱀이니라."

잠언 30장 24~28절

구약성서도 역시 이 세계를 언어화하는 작업은 그 구성요소들을 목록 안에 명기하고 잠언들과 노래들로 시화하는 과정을 통해 창조와의 연관성을 가지게 된다는 사실에 대해 알고 있었다. 창 2:19~20에 따르면 하나님이 인간에게 들의 모든 생물과 하늘의 모든 새들을 인도하시고 인간이 어떤 이름을 그것들에게 주는지를 보고자 하셨다. 하나님이 창조한 동물들에게 인간이 이름이 부여함으로써 하나님의 창조 사역이 종결된다. 인간은 이 세계를 언어라는 매개를 통해 파악하고 형성하도록 하나님께로부터 사명을 받았고 권위를 위임받았다. 하나님이 인간에게 이름을 부여하는 사명을 준 의도는 그에게 적합한 도움(역자 주: 돕는 배필)을 주려는 것이었다(창 2:18). 이 모티브 뒤에 숨겨져 있는 분명한 사실은 인간이 그와 더불어 창조된 피조물들을 자신의 대화 상대자들로 삼을 때에 비로소 그 피조물이 그에게 도움이 될 수 있다는 것이다. 우리는 인간이 동물들 사이에서는 그에게 맞는 대화 상대자를 찾을 수 없었음을 알고 있다. 그러므로 하나님은 아담의 갈비뼈로부터 그 여자를 만들었다(창 2:21~22). 여기서 이미 인간과 동물 사이의 이질성에 대한 경험이 분명해진다. 그 둘의 관계에는 일방적인 편차가 있다. 언어적 존재로서의 인간은 동물 가운데서 어떤 대화 상대자도 발견하지 못한다. 언어 수준에서의 상호성이란 것은 존재하지 않는다. 그러나 인간에게 두신 하나님의 뜻은 그가 자신과 함께 지어진 피조물을 이름 없는 그러므로 역시 권리도 없는 부류로 이해하는 것이 아니라 오히려 그들을 돌보되 새로 태어난 아기에게 이름을 지어 주는 어머니와 같이 그들에게 이름을 지어 주고 그들을 받아들이도록 하는 것이다. 이런 방법을 통해서 인간은 하나님의 창조 사역에 동참하는 것이다.

고대 근동의 목록지식이 가지고 있던 근본적인 목적들은 세계와 그 속에 담긴 질서의 언어화였는데, 이것은 역시 이스라엘에도 적용되었음이 밝혀졌다. 구약성서에는 비록 본래적 의미의 이름목록은 전혀 포함되어 있지 않다. 그러나 이 이름목록들이 다른 문학적인 연관성들 속에 영향을 준 흔적은 분명하게 보인다.

잠언

잠언은 지혜자들이 가장 선호하는 언어형식이다. 잠언을 짓는 것은 모든 고대 문화권들에서 매우 의미 있는 일이었다. 경험한 것들과 관찰한 것들을 쉽게 기억할 수 있도록 짧은 격언으로 표현하는 이 독특한 양식은 고도의 정신 집중과 개인적 언어훈련에서 나온다. 여기서는 광고나 스티커 문화에서 흔히 볼 수 있는 그런 재치 있는 (광고) 문구들이 사용되지는 않는다. 그 분야에서 잠언은 목적화되어서 사업이나 회사의 명성, 정치적 목적들 그리고 대중매체의 우상화를 위해 사용된다. 지혜자의 잠언은 그와는 차별화된다. 지혜자들은 잠언을 통해 현실의 다양한 경험을 평범하게 묘사하지 않고, 일반화하지도 않는다. 삶의 가치관과 규칙의 교리적 틀 속으로 그것을 끼워 맞추지도 않는다. 그들의 잠언은 오히려 글로 집약되고 시화(詩化)된 경험을 담고 있는 특별한 스냅 사진이다. 그 잠언은 현실을 묘사하되, 삶의 어떤 상황에서 의미심장한 것을 쉽게 풀어서 그것을 드러내 보여 준다.

"속임수는 짧은 다리를 가진다." 짧은 한 문장, 그러나 그것은 삶의 어떤 상황에서 때때로 새로 발생할 수 있는 경험을 포착하고 있다. 네 개의 단어, (그 속에서) 이미 속임수의 운명이 드러나게 된다. '민속속담'(Volkssprichwort)은 명령을 내리지 않고, 경고를 하지도 않고, 단순하게 진술한다. 속임수는 은근슬쩍 사라질 수 없다. 속임수가 인간화되는데, 다리가 짧은 인간의 모습을 한다. 속이는 사람은 몰래 사라질 수 없다. 진리가 그를 따라잡는다.

성서 지혜자의 잠언목록에도 역시 그러한 민속속담들을 받아들였다. 그 안에는 민속지혜와 민속경험의 한 부분이 표현된다.

"교만이 오면, 부끄러움도 온다."
잠언 11장 2절

"속여서 얻은 빵이 사람에게 맛있으나,
그러나 나중에 그의 입에는 자갈이 가득하게 된다."
잠언 20장 17절

"빛나는 눈은 마음을 기쁘게 하고,
무엇인가 좋은 소식을 듣는 것은 몸을 활기 있게 한다."
잠언 15장 30절

다양한 형태 속에 항상 관찰되는 세 가지의 삶의 상황들이 언급된다. 거기에는 부끄러움을 당하게 될 교만이 있고, 속임수로 맛보는 첫 기쁨과 그 속임수로 인한 문제를 극복하기 위해 이를 악물어야 하는 자아(自我)가 있으며, 마음과 뼈, 몸과 영혼에 활력을 주는 빛나는 얼굴과 좋은 소식이 있다. 이러한 삶의 상황들이 언어로 표현되어 있다. 언어는 상황을 드러나게 하지만, 상황도 역시 언어가 이해될 수 있게 한다. 둘은 서로가 서로를 설명해 준다. '부끄러움을 당할 교만'에 대한 경험은 언어적 경험이 된다. 여기서 말하는 것은 세계의 언어화인데, 그것은 존재하는 것을 단순히 목록화하는 것을 의미하지 않는다. 여기서 그 존재하는 것이 특성에 맞게 명명함을 통해 드디어 가시화된다.

민속속담은 원칙적으로 관찰된 것을 '진술잠언'의 형태로 표현하는데, 그래서 민속속담의 교육적 열정은 그 형태 속에 단지 간접적으로만 드러난다. 물론 그렇다고 해서 민속속담의 교육적 기능을 낮게 평가해서는 안 된다. 그것은 매우 특징적인 진술 형태들을 발전시키고 사용하면서, 그것에 의해 상술된 삶의 연관성들을 인식하고자 노력한다. 그것은 무엇이 인간에게 더 나은가를 심사숙고한다.

> "낮은 자들과 함께 겸손히 (사는 것이)
> 거만한 자들과 함께 노획물을 나누는 것보다 낫다."
>
> 잠언 16장 19절

그것은 보통 서로 연관성이 없으나 무엇인가 공통점을 지닌 현상들을 비교한다.

“상처 위에 식초(를 붓는 것),
마음이 상심한 자 앞에서 노래 부르는 자가 그와 같다.”

잠언 25장 20절

이 민속지혜의 교육적인 면은 분명하다. 이 지혜는 철저히 비강제적 방법으로 현실과 삶의 연관성들에 대한 심오한 인식을 가지도록 교육한다. 거기에는 아주 미미한 윤리교육이나, 어떤 강제도 없다. 민속지혜는 인간의 인식과 이성에 호소할 뿐이다.

그러나 지혜자의 모든 잠언들이 민속지혜로 귀속되지는 않는다. 종종, 아니 절대 다수의 경우에 그것은 '창작잠언'(Kunstspruch), 즉 속담보다는 문학 분류상 격언에 더 가까운, 일종의 문학작품이다. 속담과 지혜 잠언 사이의 관계가 일방적으로 이해되어서는 안 된다. 속담들만 지혜자의 잠언목록에 받아들여진 것이 아니라, 지어진 잠언들 역시 몇몇의 경우에는 속담으로 발전되었다. 그래서 모든 인용어 사전에서 사람들은 성서 지혜문학에서 나온 다수의 잠언들을 발견할 수 있다. 이 잠언들이 독일어에는 인용 및 속담사전에 종종 변화되거나 간략화된 형태로 수용되었다. "사람은 생각하고, 하나님은 운행한다"(잠 16:9). "네가 나에게 한 것같이, 나도 너에게"(잠 24:29). "자식을 사랑하는 자는 그 자식에게 매를 댄다"(잠 13:24). "해 아래에는 새로운 것이 없다"(전 1:9). 이런 예들은 또한 셀 수 없을 정도로 많다.

많은 잠언들은 내용상 이미 민속속담과 관련되지 않는다. 왜냐하면 잠언은 대중적인 관심사로만 머물 수 없었기 때문이다. 사람들은 많은 왕의 잠언에 관해서 혹 그것이 (다른 어떤 목적보다) 오히려 왕자의 장래 임무수행을 위한 교육과 준비과정(잠 14:28; 16:10, 12; 20:18, 26, 28; 25:2; 28:3; 29:4)에 또는 왕의 관리들의 훈련(잠 14:35;

16:13~15; 20:2; 25:3, 6~7; 29:26)에 기여한 것이 아니었을까 생각한다.

형태상 우리는 이 창작잠언을 '진술잠언'과 '경고잠언'으로 구분한다.

이미 우리에게 속담을 통해서도 알려진 '진술잠언'은 실태를 분명하게 밝혀 준다. 그것은 세계를 있는 그대로 명명하고, 사람들을 그 안으로 인도한다. 비인격적으로 지어진 잠언이 이런 방법으로 현실에 연관된 태도를 갖도록 한다.

> "지혜로운 아들은 그 아비를 기쁘게 하나,
> 어리석은 아들은 그 어미의 근심이다."
>
> 잠언 10장 1절

그러나 한편 직접적인 진술에 어울리지 않는 여러 가지 현상과 경험이 있게 마련이다. 그것들은 비교의 형태하에 언어적으로 형성되고 지어진다. 그런 점에서 이 '비교잠언'은 진술잠언의 특별한 형태이다.

> "자기가 토한 것을 다시 먹는 개처럼,
> 어리석은 자는 자신의 어리석음(만)을 되풀이한다."
>
> 잠언 26장 11절
>
> "돼지 코에 금 고리―
> 아름답지만 부끄러움을 모르는 여인."
>
> 잠언 11장 22절

가장 선호되는 비교잠언(잠 10:15, 20, 26; 11:28; 12:4, 18; 14:30; 15:19 등 참고)은 항상 인간적인 자세를 인간 외적인 세계(식물, 동물, 날씨, 건물, 기계……)의 현상에 관련시킨다. 이런 관계성(개―어리석은 자; 꾸며진 돼지―부끄러움을 모르는 여인) 안에서 비로소 하나의 진술이 이루어진다. 단순히 설명하는 것을 넘어서 이 잠언들은 가치를 판단하는 특성이 있다. 단호하게, 때때로 유머와 모욕의 경계를 왔다갔다하는 가운데, 청중을 하나의 인식과 그 인식에 합당한 삶의 개혁으로 초대한다.

비교하는 진술잠언의 최고 발전단계가 '수(數)잠언'이다.

> "나에게 심히 기이한 것이 세 개가 있고,
> 내가 이해할 수 없는 것이 네 개 있다:
> 독수리가 하늘을 날아간 자취,
> 바위 위에 뱀이 기어간 자취,
> 깊은 바다에 배가 지나간 자취,
> 그리고 사내가 여인과 함께한 자취."
>
> 잠언 30장 18~19절

수(數)잠언(잠 6:16~19; 30:15~28(또는 31?); 암 1:3~2:16도 역시 참고)의 이 기교는 낮게 평가되어서는 안 된다. 세는 숫자의 표본인 X+1에 따라 다양한 종류로써 배열된 현상들은 그 태도나 현상에 있어서 무엇인가 공통된 것을 보여 주는데, 그것은 찾아내서 생각해 볼 만한 가치가 있는 것이다. 그 외에도 그 잠언은 (중요도에 있어서의) 의미의 기울기를 추가적으로 지니고 있다. 진술의 절정은 마지막의 남아도는 듯한 부분에 놓여 있다. 우리가 본 수(數)잠언 안에 언급된 네 가지의 현상들(독수리, 뱀, 배, 남자)은 모두 그들 각자의 비밀스러운 길을 간다. 그러나 남자와 여자가 함께한 자취가 역시 가장 신비스럽고 수수께끼와 같다.

'경고잠언'은 진술잠언과 구별해야 한다. 그것은 교육적 노력의 분명한 표현이다. 세계는 어떻게 존재할 수 있고 또 해야만 하는지가 그 안에 언급된다. 이 잠언은 그러니까 사람들을 행동규준들 안으로 이끌어 가고 직접적 요구(2인칭 단수)의 형태로 표현된다.

> "네 이웃이 네 곁에 악의 없이 사는 동안에,
> 그를 대항해 악한 것을 계획하지 마라."
>
> 잠언 3장 29절

> "힘없는 자를 그가 힘이 없다고 강탈하지 말고,
> 압제 당하는 자를 성문에서 경멸하지 말라.
> 왜냐하면 야웨가 그들의 소송에서 그들을 대변해 주시고
> 그들을 강탈하는 자의 목숨을 앗아 가기 때문이다!"
>
> 잠언 22장 22~23절

이 잠언들은 교육자(부모, 교사?)의 기억 속에 연관된 삶의 상황이 닥쳤을 때 (겨우) 떠올라서, 최우선적으로 현실을 풀어 밝혀 주기 위한 목적으로 준비되어 있지 않다. 오히려 이 경고잠언은 잠언에 언급된 삶의 상황이 닥쳐서야 겨우 그것을 떠올리도록 방치하지 않고 듣는 자를 미리 대비시킨다. 이 잠언은 현실적 삶의 특정한 어려움들(악의, 강탈, 압제⋯⋯)을 최선을 다해 억제하려고 한다. 잠언의 저자들은 현실주의자들이다. 경험으로부터 그들은 그러한 것들(위의 악의, 강탈, 압제 등)이 존재한다는 사실을 알고 있다. 그러나 그들은 동시에 그것이 항상 그렇지는 않아야 하고 그 상태로 머물러서는 안 된다는 것을 충분한 확신을 가지고 주장한다. 악은 인간의 운명이 아니다. 그것은 언제나 인간의 자유로운 결정이다(집회서 15:11 이하). 인간은 그것을 억제할 수 있다. 특히 교훈연설(예를 들면, 잠 1:8 이하 참고)은 억제시킬 수 있는 가능성을 보여 준다.

경고잠언은 간단한 계명(잠 3:27~31, 31:8, 9)이나 금지(잠 22:28;

27:2)를 말할 수 있다. 원칙적으로 이 잠언은 그 경고를 이해시키고자 하는(잠 22:17~19; 23:6~8; 24:1, 2 등)[13] 근거를 포함한다. 그러므로 지혜의 경고잠언은 결코 권위적이거나 의문의 여지를 남기는 명령이 아니다. 이 잠언은 밝혀 주길 원하고, 지혜와 경험을 통해 설득하길 원한다.

교훈연설

사람들은 지혜의 교훈연설을 경고잠언의 확장으로 이해할 수 있을 것이다. 그것의 잘 알려진 기본형태가 이미 가정교육의 틀 안에 실제로 존재한다. 첫 부분의 간단한 경고-끝 부분의 상세한 윤리-그리고 체벌에 대한 설교! 여기에 항상 경고잠언이 포함되어 있으므로 아마도 이 기본형태는 이런저런 교훈연설의 형성 모델이 되었을 것이다. 그럼에도 불구하고 그리 쉽게 단정할 수는 없다. 왜냐하면 교훈연설은 완전히 독자적인 형식을 통해 드러나는 문학적 위대성을 보여 주기 때문이다. 교훈연설은 확실히 연마된 문학형태를 갖추고 있으므로, 그것이 그냥 단순한 가정교육의 어떤 상황으로부터 발전되어 나왔을 리 없다. 이 교훈연설이 발견되는 곳은 잠언서의 첫 부분(주 모음집 Ⅰ)으로 제한된다. 그 안에 10개의 그러한 교훈연설이 들어 있다.

Ⅰ	1:8~19	Ⅵ	4:10~19
Ⅱ	2:1~22	Ⅶ	4:20~27
Ⅲ	3:1~12	Ⅷ	5:1~23

---

13) 역자 주: 우리말 성서구절들에는 앞의 경고에 대한 근거가 분명하게 나타나지 않으나, 히브리어 성서에는 '키'(כ)를 통해 분명하게 언급한다.

IV	3:21~35	IX	6:20~35
V	4:1~9	X	7:1~27

이 교훈연설은 아버지(=선생?)의 아들(=학생?)에 대한 직접적인 호칭으로 시작된다. 아들은 훈계를 듣고 수용할 것을 권유받는다. 이것이 그의 삶의 모든 면에 있어서 도움이 될 것이기 때문이다. 훈계의 서두(A)에 이어 교훈연설의 실제적인 내용상의 본문(B)이 따라오는데, 이것은 형태상 어떤 고정된 양식에 매이지 않는다. 결론(C)은 종종 훈계를 이행함과 이행하지 않음의 결과에 대한 암시를 보여 준다.

A. 훈계의 서두 - 추천

1. "아들들아, 너희는 아버지의 경고를 듣고, 통찰력을 얻도록 주의해라!
2. 왜냐하면 내가 좋은 교훈을 너희에게 주기 때문이다.
   내 명령, 그것을 저버리지 마라!
3. 내가, 그러니까 내 아버지 곁의 아들이었을 때,
   내 어머니 앞에서 하나뿐인 사랑스러운 자식이었을 때,
4. 그때 아버지가 나를 훈계하여 내게 이렇게 말씀하셨다.

B. 본문

'내 말을 마음에 굳게 붙들고,
내 계명을 지켜라. 그러면 네가 행복하게 잘살 것이다!
5. 지혜를 얻고, 통찰력을 사라!
   내 입의 말을 잊지 말고, 어기지 마라!
6. 지혜로부터 네 자신을 멀리하지 않으면, 그것이 너를 지켜 줄 것이고,
   지혜를 사랑하면, 그것이 너를 보호하여 줄 것이다!
7. 지혜가 으뜸이니, 지혜를 구하라.
   네가 가진 모든 것을 다 주어서라도 통찰력을 사라.

C. 결론 - 결과

8. 지혜를 껴안아라. 그러면 그것이 너를 높일 것이다.

지혜를 사랑스럽게 끌어안으면, 그것이 너를 존귀하게 할 것
이다.
9. 지혜가 아름다운 화관을 너의 머리에 씌워 주고,
영광스러운 왕관을 너에게 선물할 것이다.'"

잠언 4장 1~9절

교훈연설의 교육적인 형태는 아주 분명하다. 기억해야 할 것은 교훈연설에는 잠언과는 달리 서두에 의사소통 상황이 함께 언급된다는 점이다. 교훈연설이 그 상황으로부터 발전되어 나왔거나 또는 그 상황에 맞게 지어졌던 것이다. 연설 속의 '교훈'은 지혜자의 순간적 착상(着想)이나 순간 변하는 기분에 근거한 것이 아니다. 그것은 아버지의 아들에 대한 훈계이며, 세대 간에 이루어지는 것이다. 아버지 또한 그 가르침을 자기 자신이 만들어 낸 것이 아니며, 이미 그의 아버지로부터 전승받은 것이다(3절). 교훈연설은 그러므로 여러 세대를 거쳐 검증된 경험지식의 전달이다. 그것은 그들이 준비한, 그날만을 위해 급조된 지혜가 아니며, 다가오는 세대들에게도 도움이 될 수 있는, 신뢰할 만한 지식이다. 교훈연설에 반복적으로 지적되는 것은 그 훈계에 주의하면 장수하며(잠 3:2; 4:10) 생명을 보존하나(잠 3:22; 4:13, 22), 소홀히 하면 생명이 단축되고 죽음에 이른다(잠 1:19; 5:5, 6; 7:27)는 것인데, 그것은 근거 없는 말이 아니다. 훈계의 진실성은 그것이 삶에 유익한지 아닌지에 대한 검증으로 드러난다. 오랜 세월에 걸쳐 확인된 것들을 알려 주는 것이 (사람을) 지혜롭게 만든다. 여러 세대를 거쳐 오랜 기간 이루어진 지식은 일종의 삶의 저장고이다. 그것이 비록 이론(異論)의 여지가 있는 보수주의의 표상으로만 의심받아 온 것이 사실이나, 삶을 보존하고 보호하려는 의도를 가진 교훈은

이런 비난을 극복한다.

오늘날 우리의 과학문명이 젊은 세대를 얼마나 많은 단기간의 지식만으로 무장시킨 채 (현실의) 삶 가운데로 하나씩 떠나(졸업) 보내고 있는지 생각하면, 다음과 같은 질문을 던지지 않을 수 없다. 우리에게 시대를 초월하는 그러한 삶의 저장고가 그 어느 때보다 더 시급하게 필요하지 않겠는가? 조상들의 지혜가 앞으로 얼마나 더 지속될 것인가? "인공두뇌학 그리고 복잡한 계산기들의 작동에 대한 수업이 어린 고등학생들에게 페리클레스의 추도연설, 플라톤의 향연 또는 소크라테스의 변증을 읽는 것보다 얼마나 더 많은 것을 가져다주는지, 의문을 더할 뿐이다."(W. Bernhard, Wissenschaft, 31)

지혜시

지혜시는 교훈연설과는 구분되어야 한다. 이 두 문학형태 사이에는 확실한 공통점－예를 들어 그들의 시적 언어형태－이 있으나 차이점도 무시할 수 없다. 지혜시에는 교훈연설에 전형적으로 등장하는 훈계로 시작되는 부름이 없다. 교훈연설에 반해서 이 시는 형태상 더 심한 변이성(變異性)을 보여 준다. 의인화된 지혜가 1인칭 화법으로 자신을 소개하고 추종자를 모으는 시들(1:20~33; 8:1~11; 8:12~21; 8:22~31)이 여기에 속한다. 그러나 잠언서의 지혜시들에서 우리는 지혜를 여인과 하나님의 가장 사랑받는 자로서만 알 뿐 아니라 그 여인의 지혜, 즉 그것을 통해 그녀의 가정에 속하는 모든 사람을 살게 만드는 지혜가 그 시 안에서 칭송받는다(잠 31:10~31). 그 외에도 뛰어난 교훈시로서 지혜의 초월성에 대한 노래(욥 28장), 악한 자들의 종

말에 대한 노래(욥 18:5~21; 20:4~29; 27:11~23) 또는 전도서의 프롤로 그와 에필로그(1:3~11; 11:9~12:7)를 들 수 있다. 마지막으로 지혜로운 시인들의 학파로부터 나왔을 것으로 추정되는 몇몇의 시편이 언급될 수 있다(시 1; 37; 49; 73; 112; 128; 139).

세계를 지혜로써 파악하고자 하는 일에 있어서 지혜시가 확실히 가장 오래된 증거들에 속하지는 않는다. 세계를 마치 목록 형식 속에 재고 조사하듯 파악하는 것과 시 속에 표현된 그것의 의미를 이해하고자 노력하는 것 사이에서 관찰되는 괴리감은 지혜자들이 그들의 언어표현의 가능성을 넓히고 뛰어난 기교를 이용하여 세련되게 표현하는 방법을 얼마나 잘 알고 있었는지 보여 준다. 그러나 여기서 발달사적으로 생각하여, 마치 목록에서 민속속담과 창작잠언을 넘어 시까지의 직선적 진화가 있었던 것처럼 생각한다면 그것은 잘못 이해하는 것이다. 그보다는 다양한 문학적 형식들이 동시에 존재했고 그것들이 제각기 나름의 기능을 하는 고유 영역을 지니고 있었다. 목록들은 자신의 영역에서 이 세계의 손에 잡힐 듯 분명하고 구체적으로 실재하는 것을 명명하는 기능을 했다. 잠언은 원칙적으로 인간 행위의 깊은 면과 얕은 면에 대해 알아내고자 했다. 지혜시는 그러나 언어표현을 회피하고 다른 방법으로 드러나고자 하는 것을 언어로 파악하고자 시도한다. 지혜시는 분명하게 설명해 낼 수는 없으나 실제적으로 경험되는 삶의 비밀들을 찾아 나간다. 지혜 자체의 비밀스러움이 다음과 같은 질문을 통해 제시되기도 한다. 그것은 무엇에 비교될 수 있는가?(잠 8:11, 19; 욥 28:15 이하) 하나님의 세계를 위한 계획에서 지혜가 차지하는 역할과 의무는 무엇인가?(잠 8:22 이하) 지혜는 스스로를 드러내는가?(잠 1:28; 욥 28:13, 14)

지혜를 거부하거나 또는 신뢰하는 사람의 비밀스러움은 또 다음과 같이 제시된다. 왜 악인은 그렇게 또렷하게 부르는 지혜의 목소리를 듣지 않는가?(잠 1:20, 21) 무엇이 그를 단지 죽음으로밖에 이르지 못하는 그 무지함 속에 옭아매는가?(잠 1:32; 9:18) 악인은 얼마나 더 오래 기뻐하고 환호할 수 있을까?(욥 20:4 이하) 무엇이 그로 하여금 자신의 재산을 유용하게 하는가?(욥 27:16 이하; 시 49) 어떻게 하나님을 버린 자가 행복해질 수 있나?(시 73) 무엇을 통해서 집과 가정이 존속되는가?(잠 31:10 이하; 시 128) 인간 자체의 비밀스러움이 다음과 같이 제시되기도 한다. 그는 그의 삶에 있어서 무엇인가 얻는 것이 있기는 한가?(전 1:3 이하) 그의 죽음은 어떻게 그려질 수 있는가?(전 12:1 이하)

스스로 이러한 질문들에 말려든 사람은 이런 경험의 영역에서 관찰되는 현상들을 간단히 명명하는 것조차도 우리의 가진 언어로는 얼마나 충분치 못한지를 느끼게 될 것이다. 적어도 이쯤에서 그는 인식된 것을 표현하는 것이 얼마나 어려운지를 고통스럽게 알게 된다. 바로 우리의 언어 표현력의 끝자락에서 시인들의 언어가 요구된다. 그 언어는 단어와 문장의 다양한 구성, 상징, 은유, 직유를 통해서 거기에 새로운 언어와 인식의 장을 만들어 낸다. 그러므로 시, 그리고 특히 지혜시는 결코 미학적 가치만을 갖지는 않는다. 그것은 또한 인식론적일 뿐만 아니라, 지식을 장려하는 기능을 가진다. 시문학작품은 미학의 지하감옥에 갇히지 않는다. 이것은 언제나 세계를 밝혀내려는 성질을 지니고 있다. 예를 들면 전도서에 있는 한 짧은 지혜시를 인용할 수 있겠다. 이것은 해석에 있어 매우 유의해야 하는, 엄격한 구성을 보여 준다.

15 a. "나의 헛된 날들을 사는 동안에 나는 **모든 것**을 보았다:　　　Ⅰ

　b. 그의 의에도 불구하고 망하는 의인이 있고,　　　Ⅱ

　　그의 악에도 불구하고 장수하는 악인이 있다.

16. 그러니 너무 의롭게 되지 말고,

　너무 지혜롭게 처신하지도 마라!　　　Ⅲ

　왜 너 스스로 망하려 하느냐?

17. 너무 악하게 살지 말고

　어리석은 자가 되지 마라!　　　Ⅲ

　왜 너는 때도 되기 전에 일찍 죽으려고 하느냐?

18 a. 이상적인 것은, 네가 하나를 붙잡고,　　　Ⅱ

　그리고 다른 것을 또한 놓치지 않는 것이다.

　b. 실로, 하나님을 두려워하는 사람은, 둘 **모두**를 성취한다."　　Ⅰ

전도서 7장 15~18절

이 시의 히브리어 첫 번째와 마지막 번째 단어가 명사형 kol(=모든 것)이다. 이것은 하나의 O자형 따리형태를 보여 주는데, 그 중심에는 두 개의 세 줄 연(聯)이 있고(16~17절), 그 세 줄 연에 말하고자 하는 핵심이 놓여 있다. 이 세 줄 연은 두 개의 '외피', 즉 두 개의 두 줄 연(15b와 18a절)과 두 개의 한 줄 연(15a와 18b절)으로 둘러싸여 있다. 게다가 그 첫 두 줄 연(15b절)은 뒤따르는 두 개의 세 줄 연과 확실한 연관성을 가지고 있다. 즉, 첫째 줄은 16절 경고의 대상인 의인들에 대한 것이며, 둘째 줄에는 17절에서 취급되는 악인들이 언급된다. 이런 짧은 설명만으로도 이 시의 정교한 구조가 드러난다.

시인은 역설적인 관찰로부터 시작한다. 즉, 의인이 있는데 그들은 그들의 의로움에도 불구하고 망하고, 악인은 그들의 악함에도 불구하고 장수하며 산다. 이런 경험은 표면적으로 고대 지혜의 주된 가르침과 모순되는 듯이 보인다. 그 가르침에 따르면 의로운 행위와 악한 행위는 각각 그것에 맞는 보상을 받게 된다. 전도자는 그들의 운명이 그들의 의로움과 악함의 특별한 방식 안에서도 역시 설명될 수 있는 지를 질문하면서 이 모순에 대해 알아내고자 시도한다. 그리고 두 개의 세 줄 연 안에 명시된 경고들은 실제로 이것이 바로 그 경우임을 알려 준다. 의인은 바로 지나친 의로움과 우쭐대는 지혜를 통해 그의 노고에 대한 성공과 때로는 생명까지도 잃어버릴 수 있다(16절). 모든 것을 원하나, 종국에는 어느 것도 이루지 못하는 바로 그런 종류의 의가 존재한다. 부모들은 자신들이 아이들에게 의로워지기 위해선 의로움과 지혜만으로는 충분하지 않다는 것을 안다. 거기에는 그들의 끊임없는 사랑이 요구된다. 그것은 아이들에 대해서 의를 주장하는 것이 아니라, 오히려 용서하고 또한 잘못한 것을 관대하게 보아 넘길 여유가 있는 사랑이다. 그리고 또한 특별한 종류의 악도 있는데, 그것은 생명을 비고의적으로 단축시키는 것이다. 전도자에게 있어 다음은 의심의 여지가 없다.

> "실로, 의롭게(만) 행하고 결코 죄를 짓지 않을 정도로,
> 그렇게 의로운 사람은 이 세상에 없다."
>
> 전도서 7장 20절

인간의 이러한 상태에 직면해서만이 지나친 악의와 어리석음에 대해서 경고하고, 스스로 멸망을 자초하는 것에 대한 경고가 가능하다. 이 두 개의 충고를 지혜자는 마음에 새겨야 한다(18a절). 왜냐하면 최종적인 것은 하나님을 경외함인데, 이것은 인간에게 그의 의와 지혜에는 한계가 있음을 알려 주고 그를 극도의 악으로부터 보호해 주기 때문이다. 이 시는 성급하고 직접적인 방법으로는 쉽게 이해될 수 없는 현상들을 밝혀내기 위해 시인이 자신의 언어와 형식의 어떤

기교함을 사용하고 있는지를 보여 주는 하나의 예이다. 지혜시의 이런 언어들이 없다면 우리의 삶에 지식에 대한 빈곤이 있게 되지는 않을까?

교훈적인 이야기

지혜의 가장 중요한 표현형식들에 대해 마지막으로 설명해야 할 것은 교훈적인 이야기이다. 그것에 따르면 지혜자는 시적 운율이 부여된 언어형태뿐 아니라 사건의 연속적 발생에 따라 서술하는 산문을 또한 알고 있었다. 잠언의 순간을 포착하는 서술, 지혜시의 깊고 날카로운 그림뿐만 아니라 이야기 속의 사건의 배열도 지혜자는 산문을 이용하면서 (표현) 형식의 다양함을 마음대로 구사한다.

짧지만 잘 다듬어진 예화나 사례 연구(잠 24:30~34; 전 4:13~16; 9:13~16)가 있는데, 그것들은 오히려 이야기 형식의 삽화로 쓰였다.

장면이 매우 정교하게 짜여 구성된 욥기의 틀을 이루는 이야기(욥 1:1~2:10; 42:10~17)는 또 다른 성격을 가지고 있다. 이 이야기는 하나의 단순한 민담이라기보다는 오히려 한 편의 문학적 산문[14]이다. 이것은 난해한 문제를 매우 신학적으로 설명한다. 그러나 고난 중에 하나님께 취할 올바른 자세는 그 사이에 끼인 연설 부분과 같이 주장되거나 논쟁되지 않고 오히려 이야기하듯 펼쳐 보인다. 욥은 여기서 고난 가운데도 올바르게 행동하는 법을 아는 사람으로서 하나님을 경외하는 지혜자의 원형으로 소개된다.

---

14) 역자 주: 독일어로만 쓰이는 전문용어 Kunstprosa라고 하며, 수사학적으로나 운율적으로 세밀하게 구성된 고대 산문을 말하는데, 대략 산문과 운문의 중간적인 형태로 볼 수 있다.

꾸며진 교훈적 이야기의 한 예가 전도서에 나오는 왕의 트라베스티(1:12~2:11)[15]라는 사실을 잊지 말아야 한다. 지혜자는 왕의 가운을 걸치고 생각 속으로 빠져든다. 그런 후 그는 지혜와 쾌락, 어리석음을 통해 행한 삶의 실험들을 자서전적 보고의 형태로 설명한다.

마지막으로 우리는 성서 지혜문학의 범주 밖에서도 지혜와 관련된 교훈적인 이야기의 성격을 띤 이야기들을 만나게 된다. 길이에 있어서 지금까지 언급된 것들보다 훨씬 긴 요셉의 단편(창 37~50)을 들 수 있다. 여기서 요셉은 지혜자의 모범적 제자로서 묘사된다. 그는 모든 난관을 이겨 내고 그를 성공에 이르게 하는, 지혜자들의 모든 권고를 성취해 낸다. 보디발의 집에서 그는 '외간 여인'(창 39)의 유혹을 피하는데, 그것은 지혜자의 주요 계명이었다(잠 5; 22:14; 23:27~28). 그는 통치자인 파라오 앞에서 현명한 자문관과 연사의 모습으로 나설 줄 알았다(창 41, 잠 22:29; 집회서 8:8 참조). 그는 자신의 형들에게 관대하여, 복수에 대한 생각을 버릴 수 있었는데(창 45:4 이하; 50:21, 잠 10:12; 24:29 참조), 그것은 그가 마음을 움직이고 갈 길을 인도하는 분이 바로 하나님임을 알았기 때문이었다(창 50:20, 잠 16:9; 20:24 참조). 요셉은 이방인의 땅에서 행복을 이루었다. 그는 스스로 지혜롭게 행동하는 법을 알았기 때문이다. 그의 현명함은 도처에서 검증되었고, 이스라엘뿐 아니라 이집트에서도 그는 합격점을 받았다.

우리는 이스라엘에서 온 또 다른 지혜로운 소년인 다니엘을 기억한다. 그도 똑같이 책의 첫 부분에 아주 현명하고, 지혜에 딱 어울리며, 흠이 전혀 없는 젊은이로 소개된다(단 1:4). 바벨론의 느브갓네살(Nebukadnezar) 왕은 그를 포로로 잡혀 온 사람들의 그룹에서 몇몇의

---

15) 역자 주: Königstravestie, 왕으로 가장하여 행세하며 벌이는 역할극.

동료들과 함께 선발하였다. 그것은 왕궁의 시종으로 만들려는 것이었다. 여기서 바벨론의 지혜자들과의 대결이 이루어진다(단 2:12~13). 그들은 실패하나 다니엘은 이스라엘의 하나님의 지혜를 신뢰하며, 모든 음모와 위험을 극복한다(2:20, 23; 5:11, 14). 이방인의 왕 스스로조차도 이 지혜를 인정하지 않을 수 없었다.

　지혜자는 그러므로 또한 이야기를 만드는 사람이었다. 그들의 교훈, 그것은 문장이나 잠언으로 되어 있어, 그것으로 삶의 이런저런 상황들을 개별적으로만 밝히는 것이 아니었다. 최종적으로 그들에게는 삶의 총체적인 성공이 관건이었다. 그들이 이야기를 전개할 때, 그것은 단지 흥미를 주기 위한 것이 아니었다. 그들의 이야기들은 삶에로의 초대였다. 누군가 그것들을 자신의 것으로, 자신의 이야기로 만들었고 또 지금 만든다면 모든 역경에도 불구하고 그에게 지혜의 보상, 즉 성공적이고 성취감을 맛보는 삶이 손짓을 할 것이다. 고통이 없는 평이한 삶을 사는 사람들은 욥을 기억하지 않는다. 위험과 질투, 갈등이 없는 삶을 사는 사람들은 요셉과 다니엘을 생각하지 않는다. 망상(妄想)에 사로잡혀서 사는 삶에는 부나 지혜를 얻고자 하는 처절한 노력을 통해서도 결코 성취감이 주어지지 않는다. 이른바 행복은 자기 구원을 위해 쥐가 날 정도로 애쓰는 것이 얼굴에 쓰인 사람들—이미 일명 솔로몬이라고 불리는 전도자에게서 확인된 바대로—의 손가락 사이로 순식간에 다 빠져나가 버린다(전 2:11). 그러나 지혜자의 삶은 이런 모든 불행의 경험 속에서도 하나님에 의해 유지되고, 인도되고 그리고 선사된다.

평행문구법

지혜는 하나의 관계 지식이다. 이 명제를 우리는 이번 장에서 지속적으로 되새겨야 한다. 이미 지혜자의 가장 중요한 표현형식이 평행문구법(문구들의 평행법)임이 알 수 있다. 즉, 하나의 진술 명제가 원칙적으로 하나의 단순한 문장으로가 아니라 평행적인 두 개의 반절(半節)로 이루어져서 그 하나가 반대를 지칭하거나(반의적인), 보충하거나(종합적인) 또는 드물게 특정한 연관성 가운데 발견되는 결정적 의미를 만들어 내는 변형형태들을 반복하거나(동의적) 할 수 있다. 진리 전체, 진지하게 탐구된 현상들이 지닌 복잡성은 하나의 반절(半節)만으로 진술되지 않는다. 그것만으로는 분명하게 서술해 내는 것이 결코 가능하지 않다. 그것은 반대문 속에서나, 보충문 속에서 또는 연속문 속에서 드러난다.

> "기뻐하는 마음은 건강에 도움을 주나,
> 압박당하는 마음은 몸을 야위게 한다."
>
> 잠언 17장 22절
>
> "집과 재물은 조상에게서 물려받은 유산이지만,
> 슬기로운 아내는 야웨께서 주신다."
>
> 잠언 19장 14절

이것은 널리 알려진 **반의적 평행문구법**에 대한 단 두 가지 예일 뿐이다.

첫 번째 잠언은 인간의 정신적—심리적 상태와 그의 신체적 안락함 사이의 관계성에 대한 것이다. 이런 점에 있어서 두 반(半)절들은 구문론적인 평행뿐 아니라 내용적—실제적인 평행 속에 놓여 있다.

이 둘은 공통적이고 비교될 만한 무언가를 주시하고 있는데, 그것은 인간의 심신(心身)의학(Psychosomatik)[16]이다. 그런데 이 심신(心身)의학 내에서 이제 하나의 대립 쌍이 언급된다. 신체를 건강하게 만드는 즐거운 마음―몸을 맥 빠지게 하는 의기소침한 마음이다. 이 두 마음은 그에 맞게 각각 신체에 긍정적 혹은 부정적 결과를 초래하는 기분으로서 대립되는 쌍을 이룬다.

두 번째 잠언을 살펴보자. 여기서도 단지 구문론적인 평행성뿐 아니라 실제적인 일치가 두 반(半)절 사이에 있다. 둘 모두 이스라엘 남자의 관점에서 바라본 가정에 주목하고 있다. 둘 모두 이런 질문을 던진다: 어떻게 이것(가정)을 이룰 것인가? 가정에 집 자체, 물질적인 재산, 땅 그리고 아내가 속한다. 한편 집과 재산은 조상들로부터 유업으로 받는다. 그것은 아들이 계산할 수 있는 것이고, 그가 아는 것이며, 그에게 소유할 권리가 주어진 것으로 인위적으로 주어진 것이다. 아내에 대해선 다를까? 이 잠언은 이스라엘적인 혼인법의 배경 위에서 볼 때에 비로소 날카로운 진술의 진면목이 드러난다. 이스라엘 사람은 아내도 역시 '조상에게서' 얻는다. 말하자면 그는 원칙적으로 신부의 아버지에게 신부 값(=mohar)을 치러야 하는데, 이것을 물건 값으로 이해하면 안 되며, 결혼을 통해 신부의 가족이 그 구성원을 잃는 데에 대한 보상으로 이해해야 한다(창 34:12; 출 22:16, 17[17]; 삼상 18:25). 어떻든지 간에 신랑이나 신랑의 아버지는 그를 위해 선택된 여인(창 24; 출 21:9; 삿 14:1 이하)을 아내로 얻을 수 있으려면 신부의 아버지와 신부 값에 대해 합의를 해야 하고, 그의 동의를 받아야 한다. 그렇

---

16) 역자 주: 정신적 상태가 신체 발병에 본질적 의미를 가진다는 학설.
17) 역자 주: 공동번역은 15~16절.

다면 아내에 관해서는 그것이 집이나 재산의 경우와 다른 것인가? 구혼자들은 자신의 유산의 경우와 같이 신부도 동일하게 계산(예측)할 수 없었을까? (있었다.) 그는 단지 합당한 의무들을 따르기만 하면 됐다. 모든 것이 규정화되어 있었다! 단지 한 명의 아내를 얻는 일에 관한 것이라면 모든 것이 다 맞아 들어간다. 자신의 가정을 꾸리는 데에 꼭 필요한 다른 것들과 마찬가지로 아내도 역시 조상으로부터 주어진다. 그러나 유업에 있어서는 원칙적으로 그것이 어떤 가치를 지니고 있는지 계산해 낼 수 있는 반면에 결혼을 한 아내의 경우는 다르다. 사람은 그 속에 너무나 많은 비밀들을 감추고 있다. 그는 결코 완전히 꿰뚫어 볼 수도 없고 계산할 수도 없다. 어떤 한 여인에게 누구나 청혼할 수 있다. 거기에는 분명하게 정해진 게임의 법칙과 행동규칙이 있다. 그러나 슬기로운 아내는 야웨께로부터 온다. 결혼과 같이 그렇게 은밀하고 사사로운 인간적 관계성이 취급되는 곳에서 인간은 '계산 가능한 것의 한계'에 내몰리기 때문이다(O. Plöger, Sprüche, 223쪽). 잠언은 남자가 딱 어울리는 여인, 곁에서 함께 기뻐할 수 있는 여인을 스스로 발견하는 것이 얼마나 어려운가를 노래한다(잠 2:16, 17; 6:24~26; 12:4; 14:1; 21:9, 19; 25:24; 27:15, 16; 31:10 이하). 남녀 관계의 성공은 계산할 수도 없고, 유업같이 사들일 수도 없으므로 이스라엘 사람은 이 영역에 관한 것이 야웨의 손에 달렸다고 느꼈다. 그는 그에게 딱 어울리는(창 2:21 이하) 상대를 얻은 것을 그의 덕분으로, 생명의 아내(잠 18:22)를 얻게 된 것이 그의 기뻐하심의 덕분이라고 말한다.

두 잠언에 대한 짧은 주석은 광범위한 연상의 장(場)이 하나의 반의적 평행문구법 속에서 어떻게 보측(步測)될 수 있는지를 암시해 준다. 이 잠언의 지적인 능력은 먼저 확실히 공통성을 띤 사물들 또는 사건들을 나란히 배열하고 그 사이에서 종종 깜짝 놀랄 만한 대조를 발견해 낸다는 것이다. 비교될 수 있는 것들, 공통적인 것들, 함께 배열된 것들 속에서의 대조는 잠언에서 실제적인 긴장감을 가져다준다. 잠언의 저자는 자신의 잠언의 독자와 청중을 자신과 함께 지식 탐구의 기본적인 형태들 안에 적응하게 한다. 즉, 연결하고 그리고 구분하게 하는 것－공통적인 것을 찾고 그리고 차별화시키는 것을 발견하는 것이다.

동의적 평행문구법은 첫 번째 반(牛)절의 진술이 두 번째 반(牛)절에서 다시 한번 약간 변형된 형태로 소개된다.

"악한 사람은 선한 사람에게 굽히고,
불의한 사람은 의로운 사람의 문 앞에 엎드린다."

잠언 14장 19절

"은밀하게 주는 선물은 화를 가라앉히고,
옷 속에 감추어진 뇌물은 격한 분노를 가라앉힌다."

잠언 21장 14절

우리가 만약 동의적 평행법 안에서 단지 일종의 언어유희(Wortspielerei)[18]나 수사학적으로 아름답게 꾸며진 말이나 글귀만을 본다면, 이것을 낮게 평가하는 것이다. 히브리인들에게 있어서 이것은 결코 중복어법(重複語法, 표현의 과잉)도 아니고, 그 자체로 불필요하고 과장된 진술의 반복도 아니다. 오히려 이것은 다른 단어의 표현을 통해서 진술문의 언어적 그리고 의미적 영역의 확장 효과를 가져다주는 것이었다. 평행법의 이 두 개의 분절(分節)은 얼추 맞는 것이지만 서로 완벽하게

---

18) 역자 주: 우리말로 말장난이라고 할 수 있는데, 이것은 단어를 사용할 때 두 가지의 의미를 다 가지고 있는 단어나, 혹은 발음이 동일하거나 비슷하나 다른 의미를 지닌 단어를 사용하여 익살스런 효과를 가져오는 것을 말한다.

동일한 것은 아니다. 반복은 특정한 현상들이 평이한 한 문장(만)으로는 바로 드러나지 않는다는 사실을 인식하고 있음을 표현하는 것이다. 오히려 말로 표현된 것 속에는 항상 무언가 불만족스러운 것이 있고, 보충이 요구되며 그리고 생각의 심화가 진행되지 않은 채로 남아 있다.

잠언 21장 14절을 통해 그것이 간략히 설명될 것이다. 두 반(半)절에는 그 각각의 받는 자가 그것을 통해 친근하게 느끼게 되는, 선물과 뇌물에 대해 언급된다. 먼저 발견할 수 있는 것은 히브리어 명사 *matan*이 어떤 종류든 간에 모든 선물을 지칭하는 데 사용될 수 있다는 사실이다. 그것의 평행으로 두 번째 반(半)절에 명사 *schochad*가 서 있는데, 이것은 아주 특별한 의미를 지닌다. 이것은 누군가가 그것을 통해 임박한 형벌로부터 벗어나려고 주는 선물을 의미한다. 그러므로 여기서는 일종의 뇌물 같은 선물에 관해 말하는 것이다. 이미 첫 반(半)절은 이런 방향으로 연상하도록 유도한다. 왜냐하면 여기서도 하나의 은밀한 선물에 대해 말하기 때문이다. 그러나 이 잠언이 진술하고자 하는 방향은 두 번째 반(半)절의 변형된 반복을 통해 확실하게 고착된다. 선물은 선물이나, 사람이 은밀한 그것과 관련하여 자신을 공공연히 드러내지 않으면서, 그것이 다만 회의적이기는 하나(잠 15:27; 17:23), 그럼에도 불구하고 종종 성공적이라는 것이다(잠 17:8; 18:16).

*종합적 평행문구법*은 변형된 반복을 넘어서 한 발자국 더 나아간다. 이 평행문구법 안에서 그 첫 진술은 발전되고 새로운 사상으로 보충 설명된다.

> "미련한 아들은 아버지에게 끊임없는 분노거리이다;
> 잦은 다툼을 일으키는 아내는 물이 새는 천장으로

그를 계속해서 괴롭힌다.”

잠언 19장 13절

이 잠언은 들볶이고 시련을 겪는 가장(家長)의 어려움에서 나온 것일 수 있다. ‘불행은 혼자 오는 일이 드물다’는 신조를 따르듯, 그는 무엇이 그의 삶을 힘들게 하는가에 관해서 생각한다. 거기에는 이미 충분히 불행이라고 할 수 있는 미련한 아들이 있다. 게다가 가장(家長)은 그의 아내의 끊임없는 불평불만을 들어야 한다. 이 모든 것은 씁쓸한 것이지만 그 뒤에서 배경으로 희미하게 깔려 있는 웃음과 유머를 발견할 수 있다. 잠언의 시인은 끊임없이 다툼을 일으키는 아내를 물이 새는 지붕으로 비유하여 웃음과 유머를 준다. 종합적 평행문구법은 하나의 지식에 머물러 있지 않는다. 그것은 계속해서 앞으로 걸어 나가고 그 위에 다음 것을 세운다. 그러나 그 과정으로 여러 현상들을 단순히 배열하지는 않는다. 오히려 하나의 확실한 사고의 발전을 이루어 낸다.

여러 다양한 평행문구법의 예들이 충분하기를 바란다. 그것들은 지혜자들이 얼마나 책임감을 가지고 진리를 다루었는가를 보여 준다. 이것(진리)은 항상 두 면을 가지고 있다. 적어도 두 면을! 진리를 하나의 진술로써, 하나의 관점에 고정시키고자 할 때 아주 어려워진다. 진리는 결과적으로 대조 속에서, 좀 더 정확하게 기술하고자 하는 보충 속에서 그리고 사상적인 발전 속에서 겨우 나타난다. 유유히 떠다니며, 아직 결론지어지지도 않은, 아직도 설명이 요구되는 문장이 정확한 의미를 갖고 있는 문장보다 진리에 더 가까울 수 있다.

이 두 부분으로 구성된 잠언들에서 하나의 진술은 한 점 위에 놓이지 않고, 하나의 공간으로, 또 사상적으로 측량될 수 있는 것으로 여겨지는 익폭(翼幅, Spannweite)으로서 보측(步測)된다. 그런 하나의 문장 속에 진리에 대한 끝없는 다양함이 총체적으로 포함될 수 있다. 사람들은 이런 종류의 사고와 문장표현을 입체기하학적 사고로 지칭한다. 이것은 지식탐구의 한 행위로서, 그 안에는 말함과 생각함이 서로 직접적으로 얽혀 있고, 일종의 '언어사고'의 방식으로서 사고되고 인식된 것이 나중에야 비로소 언어로 표현되는 것이 아니다. 오히려 언어행위 안에서 지식과 사고의 진전(進展)이 생기는 것이다. 우리가 성서 잠언문학의 빚을 지고 있는 이스라엘 사람들은 많은 고대 민족들처럼 이런 입체기하학적 언어사고를 익혔다. 그는 항상 확실히 입체적으로 생각했고 말했으며, 절반만을 담고 있는 것을 들었을 때, 이미 다른 절반을 함께 들었다. 그에게 있어 진리는 그가 그것을 하나의 개념으로 몰아감을 통해서가 아니라, 그가 하나의 언어공간을 보측(步測)하고, 여러 다양한 현상들을 관계성 가운데 서로 엮음을 통해서 드러났다. 어느 것도 그는 홀로 동떨어지게 하지 않았으며, 항상 동전의 다른 면을 함께 생각하였다. 어떻게 고대인들에게 있어서 그러한 언어사고가 구체적으로 가능했었는지 우리가 과연 이해할 수 있을까? 고대의 민족들에게 있는 구두전승의 관습과 그들의 가장 오래된 문학전승을 연구한 마틴 부버(*Martin Buber*)는 우리에게 적어도 하나의 모델을 보여 주었다.

"평행법적 시문학은 셈족들만의 전형적인 것은 아니다. 우리는 그것을 도처에서 발견할 수 있다. 즉 '원시적인' 니그로족들로부터 중국 같은 아주 독립화된 궁정문화에 이르기까지 말이다. 이 평행법적 시문학의 기원으로 나는 대화적이고 교창(交唱)의 성격을 띤 즉흥시를 언급하고 싶다. 동아시아인들에 있어서는 신붓감을 찾는 의식이 혼합된 절기 축제 때에 소년-소녀 합창단들이 서로에게 평행법적으로 합창을 한다. 피노우구르[19] 민족들에 있어서는 민요가수들 각각 둘씩 무릎과 무릎을 맞대고 앉아 서로 손을 잡은 채 상체(上體)를 리듬에 맞추어 서로 흔들면서, 구전되는 전설의 평행법적인 이중절을 함께 노래한다. 성서에도 종종 (그러니까 출 32:18; 삿 5:11; 삼상 18:7; 21:11[20]; 사 27:2) 교창(交唱)에 대한 기록이 있는데, 성서 시학의 기초를 놓은 로버트 로우스(Robert Lowth)는 히브리인에게 있어서 거의 모든 시는 어떻게든 대화적인 형태를 가진다고 말하기까지 한다."(M. Buber, Werke II, 1168쪽) 평행법적으로 구성된 잠언이 그 이전의 형태에서는 모두 그 기원을 그러한 대화적인 상황에 두었다고 확실하게 단정 지을 수는 없다. 그러나 문화사적인 설명은 도대체 어떻게 그러한 문학적인 전승이 교육되고 보존될 수 있었나에 대해 소개할 만하게 한다. 그리고 잠언의 형태가 지혜자들 간의 직접적인 대화에 기인하지 않고, 오히려 잠언 저자가 자신에게 인식된 현실과 함께 나눈 내면적인 대화에 기인한다고 하더라도 아래와 같은 지식은 변함이 없다: 진리는 하나의 독백(獨白)적인 존재 안에 계시되지 않고, 대화 속에서, 만남 속에서, 관계 속에서 생겨난다. 문장의 첫 번째 반(半)절 속에서 언급된 것은, 그것이 의미의 관계성 안에서 두 번째 반(半)절에 연결될 때에야 비로소 그 명확함과 그에게 고유한 의미와 광채를 얻게 된다.

"게으른 사람은 밥그릇에 손을 뻗는다.

---

19) 역자 주: finnisch-ugrisch. 핀란드 반도, 북서 시베리아 그리고 헝가리 스텝 지역.
20) 역자 주: 공동번역은 12절.

그러나 그는 그 손을 다시 입으로 가져가지는 않는다."
잠언 19장 24절

이러한 잠언은 어떤 관계와 의미의 구조를 펼쳐 보이는가? 저기에 게으른 자가 있다. 그는 자신의 손을 탐욕스럽게(?) 또는 피곤하게(?) 그릇에 가져간다. 연상의 장(場)이 펼쳐진다. 게으른 자, 그러나 탐욕스러운! 그는 하필이면 그릇들을 채워 놓지 않은 자이다. 비록 그런 생각을 가지고 벌써 게으름뱅이에 대한 모든 진리를, 그리고 자신의 그 게으름뱅이에 대한 관계성을 다 설명했다고 믿는 사람은 틀렸다. "그러나 그는 손을 입으로 가져가지 않는다." 도대체 왜 그렇게 하지 않는가? 그 스스로가 먹는 행위에 대해 너무 게으르고 너무 나태한 것인가? 그 그릇이 그의 게으름으로 인해 비어 있는 것인가? 게으름뱅이에 대한 진리, 누가 그것을 완벽하게 설명하겠는가? 그것은 헤아릴 수 없는 것으로 남는다. 게으름뱅이와 그의 탐욕은 분명하다. 그러나 왜 그가 그 손을 입으로 가져가지 않는지는 비밀로 남는다. 그러면서 게으른 자도 우리의 최종적인 판단으로부터, 그리고 우리가 성급하게 결론 내리는 고정된 지식으로부터 멀어진다.

이런 식으로 많은 잠언들이 다루어질 수 있을 것이다. 모든 문장의 반(半)절들이 다른 반(半)절에 대해서 상호 작용을 한다. 두 반(半)절의 관계성을 통해서 가능한 진술들과 지식들의 충만함이 드러난다. 지혜의 비밀은 정의, 형식에 있지 않다. 지혜의 비밀은 바로 관계성으로부터 자라나오는 진리이다.

4장

지혜의
자리

4장 지혜의 자리

지혜의 언어가 '문서'로 되었다! 지혜를 논하던 화자들은 과거에 속해 있다. 그러므로 고대 이스라엘에서 지혜자에 분류되거나 지혜로운 사람으로 인정되는 사람들의 부류를 정확하게 결정하는 것은 어려울 뿐이다. 또한 지혜자들이 활동한 장소 그리고 기관들에 대해서도 우리는 만족하지 못할 만큼만의 정보만을 가지고 있다. 이스라엘의 이웃들, 무엇보다도 이집트와 바빌로니아에 있는 지혜의 자리들에 관한 정보들로부터 많은 결론들이 도출되었다. 그러나 우리는 여전히 많은 중요한 문제들에 있어서 추정에 의존하고 있는 형편이다.

가정

지혜가 교육적 의지를 가지고 있다는 것은 이미 분명한 사실이다. 그렇다면 고대 이스라엘에서 교육이 우선적으로 이루어진 곳은 어디인가? 당연히 가정이었다! 그러므로 지혜를 위한 교육의 장소를 찾고자 한다면 우선적으로 이곳을 살펴보아야 한다. 고대 민족들은 아직 공적인 교육의 의무에 대해서 알지 못했었고 또 전(全) 국가적 범위의 세밀하게 조직된 학교나 직업훈련 체계를 갖추고 있지 못하였으므로, 가정은 자녀들의 교육과 훈련에 있어서 중요한 기능을 하는 매우 특별한 곳이었다. 그래서 종종 교훈연설과 잠언들에는 아버지나 어머니의 아들에 대한 호칭이 알려지기도 하였다(잠 1:8; 3:11~12; 4:1; 6:20; 31:1). 심지어 그렇게 하는 것이—곧 설명이 되겠으나—어떤 특별한 문제점과 연관이 되는 것이었더라도 말이다. 그러나 지혜의 교훈들이 가정교육에 얼마만큼 공헌하는가는 단지 연설과 잠언을 부모의 훈계로서 양식화하는 것에서뿐만 아니라, 그 주제 면에 있어서도 분명히 드러난다.

> "매를 들고 주저하는 사람은 자식을 미워하는 사람이다.
> 그러나 자식을 사랑하는 사람은 징계로써 그를 대한다."
>
> 잠언 13장 24절

부모들은 반복해서 매를 드는 것이 교육의 성공을 가져옴(잠 22:15; 23:13, 14; 29:17)에 대해서 듣게 된다. 우리 눈에 너무 난폭해 보이는 이런 교육방법에는 그러나 분명한 제한(잠 19:18)이 주어진다. 즉, 자식의 생명을 아버지가 위협할 수는 없다. 오히려 부모는 늦기 전에 소년들을 올바른 삶의 길로 인도해야 하고(잠 22:6), 방관할 수 없었다(잠 29:15).

이 외에도 '올바른 사람'을 만들기 위해 아주 일반적으로 행해지던 교육, 즉 부지런함에 대해서(잠 10:4; 11:16; 12:24, 27; 13:4; 31:18) 그리고 게으름을 피할 것에 대해서(잠 6:6; 15:19; 20:4; 21:25; 22:13; 24:30 이하; 26:14), 포도주와 술집 출입의 절제에 대해서(잠 20:1; 21:17; 23:29 이하; 집회서 31:30), 우매한 유부녀와의 잠자리 유혹을 이겨 내는 것에 대해서(잠 2:16 이하; 5:3 이하; 6:24 이하; 7:5 이하; 23:27; 31:3), 싸움을 자제하고 피하는 것에 대해서(잠 13:10; 15:18; 17:14; 20:3; 26:17, 21; 30:33), 이런 모든 것들 외에 직업 훈련도 일반적으로 아버지들의 손에 달려 있었다. 그들은 그들의 아들들을 자신들과 가족을 먹여 살렸던 그 일의 비밀 속으로 이끌어 갔다. 이스라엘은 농경사회였으므로 농부의 직업이 가장 널리 확산되어 있었다.

종종 우리는 잠언에서 농업에 종사하여야만 했던 사람들, 즉 땅을 일구고(잠 10:5; 12:11; 13:23; 20:4; 23:10; 22:28; 24:27, 30~34; 31:16) 그리고 목축업으로(잠 12:10; 14:4: 27:23~27) 먹고사는 사람들을 만난다. 혹 이들 스스로가 더 이상 농업에 종사하지 않았었다고 해도 역시 이런 구절들은 가치관과 삶의 지평(地平)으로 전제되었음에는 의심의 여지가 없다. 그러므로 게제르(팔레스타인)에서 발굴된, 아마도 (이스라엘에서) 가장 오래된 (주전 900년경) 텍스트가 농사력(農事曆)이라는 사실은 전혀 놀라운 것이 아니다. 이것이 기록되어 있는 판에는 더 이전에 쓰였던 글자들의 희미한 흔적이 남아 있다. 이 판은 우리에게 익숙한 칠판 같이 여러 번 사용이 되었다. 이 사실로부터 이 농사력이 쓰기 연습과 관계가 있는 것일지도 모른다는 추측이 가능해진다. 쓰는 사람은 그 연습과 동시에 농업에서 생기는 작업들의 순서를 기억하였던 것이다.

그러나 잠언에는 농업 이외에도 수공업과 상업도 반복적으로 언급된다(잠 11:1, 26; 16:11; 20:10, 14; 27:26; 28:8, 16).

그러므로 지혜자가 우선적으로 지식인으로 이해되지는 않았다. 수공 기술을 익힌 사람도 모두 지혜로운 사람으로 인정되었다. 그가 놋갓장이였든(왕상 7:14), 금세공업자, 석수 그리고 목공(출 31:3 이하)

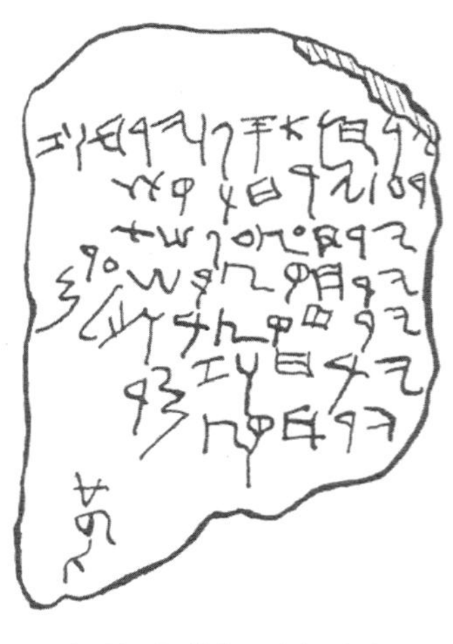

[그림 3] 게제르의 농가력

이었든 또는 실을 잦는 여인 그리고 직조하는 여인이었든(출 35:25), 그들의 지혜는 솔로몬의 통치술의 지혜(왕상 5)에 비해 결코 뒤지지 않았다. 왜냐하면 이것도 다른 지혜와 마찬가지로 하나님께로부터 주어진 것이기 때문이다(왕상 3:12; 출 31:3; 35:31). 농업과 목축에 있어서도 아들이 아버지로부터 필요한 지식들을 물려받고, 그러면서 그가 점점 대대로 이어져 내려오는 산업에 흡수되었음(창 34:7; 37:2, 12; 삿 6:11; 삼상 11:5; 16:11; 17:15)은 말할 필요가 없다. 그러나 수공업과 음악가의 신분도 역시 무엇보다도 가족 전통에 의해 결정될 것(창 4:20~22)이었다. 가정은 교육과 직업훈련에 대한 책임과 함께 언급된 모든 예들에 비추어 볼 때 널리 알려진 삶의 지혜와 민속지혜에 대한 교육과 전승의 중요한 처소이며, 아마도 결정적인 장소였을 것이다. 여러 세대를 거치며 쌓인 삶의 경험과 직업의 경험은 부모에 의해 자녀들에게 전수되었다(잠 4:1 이하). 그리고 경험과 지혜에 있어서 자라나는 세대들을 능가하는 것으로 인정되었던 늙은 세대(욥 12:12; 32:6, 7)도 비록 지혜가 그들 가운데만 있는 것은 아니었으나 똑같이(부모가 자녀들에게 하듯) 그렇게 하였다. 모든 잠언들과 경고들이 그 이전 형태에 있어서 부모의 가족 지혜와 부족 지혜로부터 기인했다고 확신할 수는 없다. 왜냐하면 이것들은 예외없이 거의 구두로 젊은 세대에 전승되었고, 이 잠언들의 수집과 문서화에는 분명히 민중의 입에 머물러 있을 때 생명력이 넘쳤던 자료에 대해 지속적인 언어적—시적 손질이 가해졌기 때문이다. 수집과 문서화는 원칙적으로 더 이상 가정에서 할 수 있는 일이 아니었다. 그럼에도 불구하고 가정은 교육에 대한 책임감을 가지고 있었던 곳으로서, 지혜의 요람들 중의 하나로 인정될 수 있고 또 되어야 한다.

자문기구

그러나 젊은이들이 단지 가족 안에서만의 삶을 위해 교육되지는 않았다. 가족은 물론 그가 살아갈 가장 기초적인 공동체였으나, 개개의 가족들은 다시 그들 편에서 볼 때, 우위에 있는 혈족, 부족 그리고 거주 공동체의 한 부분이었다. 가족 안에는 그 가족의 수장, 즉 가부장(家父長, pater familias)이 최고의 권위를 가졌다. 이 범주에서 그는 종교, 권리 그리고 질서에 대한 것을 결정했다. 그러나 만약 가족의 대외적인 관계들에 관한 문제들, 그리고 이른바 공공의 안전과 질서 같은 일에 대해서는 어떠했을까? 누가 그것을 결정했나? 누가 갈등이 생긴 경우들에 있어 중재 역할을 했나? 어디서 이것이 이루어졌는가? 그리고 어디서 이런 일에 필요한 지혜를 얻을 수 있었는가?

이런 의문들은 우리를 지금도 여전히 제대로 주목받지 못하고 있는 지혜를 장려하는 한 장소로 이끌어 간다. 그것은 한 부족 또는 한 성읍의 장로들의 회의 또는 좀 더 거대한 정치단위에 속한 참정권을 가진 모든 남자들로 구성된 민족회의이다. 이스라엘에 왕이 있기 이미 오래전부터 이런 기구들이 존재했고 공적 책임을 떠맡았다. 장로회의가 단지 하나의 법 집행만을 위한 장소가 아니라 지혜를 장려하는 장소이기도 했음을 어떻게 생각할 수 있는가? 가정교육의 틀 안에서 지혜와 노인들이 연결되어 있다는 사실은 이미 그 해답에 근접해 있다. 장로회의가 원칙적으로 성문21)에서 있었고, 그곳은 많은 방들과 성읍에 이를 수 있는 유일한 통로로써 이용되던 복수의 뜰로 구성된 위엄 있는 방어시설이었으며, 평화 시기에는 장사나 공공연한 교류 그리고 판결의 장소로 사용되었다는 사실을 우리는 주의해서 살펴보아야 한다. 왜냐하면 단지 지혜자만이 성문에서 있었던 장로회의에서 감히 연설할 수 있는 기회를 얻을 수 있었기 때문이다.

> "어리석은 사람에게 지혜는 너무 높이 있어서,
> 성문에서 그의 입을 열지 못한다."
>
> 잠언 24장 7절

어리석은 자의 자녀들은 그들이 어떤 소송에 연루되었을 때, 성문에서 구원자를 발견할 수 없다. 그들의 변호인이 되어 줄 수 있는(욥 5:4) 아버지가 거기에 없다. 욥기는 장로회의에 지혜자가 참여하였음을 보여 주는 아주 분명한 장면을 제시한다. 욥은 그가 이전에 가졌던 행복과 그가 공공연히 누렸던 특권을 소개한다.

> 7. "내가 도시의 성문을 통해 올라가서
>   시장에 내 자리를 잡고 앉았을 때,
> 8. 젊은이들은 나를 보고 숨었고,
>   노인들은 일어나서 선 채로 머물러 있었다.
> 9. 두령들은 하던 말을 중단하였고,
>   손으로 입을 가렸다.
> 10. 귀족들도 목소리를 죽였고,

---

21) 역자 주: 성문의 지붕? 성문 두 기둥의 연결하는 복도?

혀가 입천장에 달라붙었다.
11. 내 소문을 들은 귀가 나를 복되게 찬양했고,
    나를 본 눈은 나를 칭찬했다.
12. 왜냐하면 내가 도움을 부르짖는 가난한 사람들을 구해 주었고,
    의지할 데가 없는 고아들도 또한 그리하였기 때문이다.
13. 실패한 자들의 축복이 나에게 있었고,
    나는 과부들의 마음에 기쁨을 주었다.
14. 정의를 나는 옷과 같이 둘렀고,
    나의 공정함은 나에게 외투와 같고 터번과도 같았다."

욥기 29장 7~14절

장로회의에 등장하는 지혜자가 이러했다. 젊은이들은 감히 말할 엄두도 내지 못했고, 노인들은 그에게 존경을 표시하였다(8절). 그가 그런 존경을 받게 된 것은 무엇보다도 두 가지 사실에서인데, 그것은 그의 말에 담겨 있는 지혜(11절, 또한 욥 29:21~25 참조)와 약하고 법의 보호를 받지 못하는 사람들을 옹호함(12~14절)이었다. 특히 부유함이 또한 이런 존경에 이르는 데에 도움이 되었을 것이다(욥 29:6). 왜냐하면 가난했던 지혜자의 말은 사람들이 경청하려고 하지 않았기 때문이다(전 9:13~16 참조). 그러나 그가 가계와 사업에 노련한, 유능한 아내를 두고 있다면 상황이 완전히 달라진다.

"그녀의 남편이 마을의 장로들과 함께 (자문을 주려고) 앉을 때에,
그는 성문에서 매우 존경을 받는다."

잠언 31장 23절

남편이 공공연한 존경을 받도록 도운, 그 지혜롭고 유능한 아내는 성문에서 이루어지는 대화의 소재가 된다(잠 31:31). '지혜여사'(Frau Weisheit)[22]에 대한 시를 보면 그녀가 목소리를 높였던(잠 1:21; 8:2, 3)

장소가 바로 성읍의 성문과 공공광장들이었다는 사실은 결코 우연이 아니다. 포로기 이후 늦은 시기의 지혜문학의 글들도 또한 지혜를 장려하던 공공장소가 성문이었음을 생생하게 알려 주는가? 예수 시락서(외경의 집회서) 시대(주전 2세기)에도, 그 사이 나름대로의 직업계층을 형성한 지혜자들이 여전히 자문기구 안에 귀빈석(貴賓席)을 차지하고 있었다는 사실을 고려해 볼 때 충분히 그렇다. 비록 그 언급이 다른 직업인들에 관한 것이지만 말이다.

> "그러나 그들(학자/지혜자들 외의 직업인들)은 민족회의에 조언을
> 위해 초청되지 않고,
> 공동체에서도 지도적 위치에 있지 않다.
> 그들은 재판관의 자리에 앉지도 않고,
> 법률을 잘 알지도 못한다."
>
> 집회서 38장 33절

여기서 지혜의 장려와 법 집행 사이의 긴밀한 연결이 다시 한번 직접적으로 거론된다. 그러나 이 늦은 시기에 그 일들은 자연적으로 독립되었고 더 이상 모든 사회 계층의 일들로 여겨지지 않았다.

> "교양이나 판단력을 그들(농부들과 장인들)이 보여 주지는 않고,
> 그리고 그들 중에 잠언을 지어내는 사람을 찾아볼 수 없다.
> 그들은 오히려 이 세상에 (필요한) 물건들을 공급하고,
> 그리고 그들은 그들의 생업의 일들을 놓고 기도한다."
>
> 집회서 38장 34절

이 모든 것을 종합해 볼 때 잠언에서 어디를 보든지 성문재판의 대

---

22) 역자 주: 의인화된 지혜를 이르는 전문용어. '지혜여인'으로 지칭되기도 한다.

상이 되기도 했을 일들에 관해 이야기하는 문장들을 만나게 되는 것은 전혀 놀라운 일이 아니다.

지혜자는 도둑질과 부정한 장사를 통해 얻은 부당이득에 대해 경고한다(잠 1:19; 10:2; 11:1, 18; 13:11; 15:6, 27; 16:8, 11 등등). 속임과 거짓증언(잠 6:19; 10:18; 12:17; 13:5; 14:5, 25; 17:7; 18:8; 19:1, 5, 9, 28; 24:28), 뇌물과 고의적 법 왜곡(잠 17:8, 15, 23, 26; 18:5, 16; 21:14; 24:11, 23 이하), 경솔한 보증(잠 6:1~3; 22:26~27; 27:13), 불의하게 땅 경계표를 옮김(잠 15:25; 22:28; 23:10~11), 잦은 소송(잠 3:30; 25:8), 이 모든 것은 구약성서의 법과 성문재판에서 논쟁되는 것들이었다 (출 20:15, 17; 22:4~5, 25~27;[23] 23:1, 6, 7, 8; 레 19:11, 12, 13, 15, 35~36; 신 16:18~20; 19:14; 27:17; 19:15 이하). 살인과 신체상해(잠 1:11, 16; 6:17; 12:6; 18:6; 23:29; 24:11; 28:17; 29:10), 간음(잠 2:16 이하; 5:3 이하; 6:24 이하; 11:16; 12:4; 22:14; 23:27) 그리고 수많은 다른 범죄 행위들이 거기에 추가될 수 있다. 이 모든 것에 대해서 장로들은 성문에서 재판을 주재했었다. 진실을 밝혀내는 일에 관해서는 오늘날과 마찬가지로 그때도 법 지식만으로는 모자랐다. 공공연한 연설의 기술을 통달하는 것(잠 8:6~7; 10:20~21; 12:19; 15:2, 23; 16:21, 23~24; 18:21; 20:15)과 스스로를 대변할 수 없었던 가난한 자들과 약한 자들의 권익을 위해 돕는 것(잠 14:31; 21:13; 22:16, 22~23)이 (그 일에 더해) 가치 있게 여겨졌었다.

> "말 못 하는 자들을 위해 너의 입을 열고,
> 모든 약한 자들의 법적 권리를 위해 그리하라.

---

23) 역자 주: 공동번역은 3~4, 24~26절.

너의 입을 열어, 올바르게 결정하고,
그리고 압제당하는 자들과 가난한 자들의 권리를 보장하여라!"
잠언 31장 8~9절

욥의 등장, 예수 시락서의 언급들, 지혜와 법 사이에 있는 다양한 연결들, 이 모든 것들은 가정 이외에 성문, 즉 장로들의 공적인 자문 기구가 지혜를 필요로 했고, 또 장려하던 장소들 중의 하나였음을 알려 준다. 여기가 아니라면 도대체 어디에서 젊은 세대들이 성읍의 공적인 일들을 이끌어 나가는 것에 관해 교육받을 수 있었을까? 감히 말할 엄두도 내지 못하고 잠잠히 지켜보는 관람객(욥 29:8)인 젊은이들은 지혜자의 잘 연마된 연설이 무엇을 할 수 있는지, 어떻게 그가 논증하고 설득하는 기술을 터득하고 있으며, 그의 말을 적절하게 고르며(잠 13:3; 15:23), 자극하는 말에도 절대로 휘말려 들지 않을 수 있는지(잠 17:27)를 배울 수 있었다. 여기서 젊은이들은 또한 사람이 올바른 길에서 벗어나고, 지혜의 윤리를 무시할 때, 어떻게 되는지를 확인할 수 있었다. 어리석은 자들, 사기꾼들, 싸움을 좋아하는 자들, 음행하는 자들, 폭력을 휘두르는 자들, 게으른 자들, 그리고 지혜의 경고 대상이 되는 길을 가는 모든 자들, 그들은 거기에서 공공연하게 재판에 부쳐졌다. 그리고 공동체는 그들에 대해서 대응하고 또 자신을 보호하도록 해야 했다. 그것을 위해서는 엄청난 양의 삶의 경험과 삶의 지혜가 요구되었다. 그 일 자체가 일어나고 그것(삶의 경험과 지혜)이 필요했던 바로 그곳 말고 어디에서 사람들이 이런 것들을 더 효율적으로 모으고 그것에 대해 신뢰할 수 있었겠는가? 그렇게 성문 재판은 항상 교육적인 기능도 가지고 있었다. 어떻게 지혜자가 공공연히 자신의 가치를 보여 주고, 자신과 다른 사람의 삶을 보존했는지,

그리고 어떻게 어리석은 자가 실패하고 스스로 파멸되는지, 어떻게 의인은 살아남고 악인은 멸망하는지, 그것을 성문재판은 젊은 세대에게 공공연히 보고 배울 수 있게 하였다.

학교?

가정과 장로회의에 자리를 두었던 지혜는 실제적 의미에서는 민속지혜로 표시해야 할 것 같다. 그 지혜는 모든 사람들에게 허용되었고, 모든 사람들이 그 지혜를 익힐 수 있었다. 그것은 공공연한 것이었고 일반적인 것이었다! 그런데 그 두 곳 외에, 일반적으로 접근이 허용되지 않았고, 단지 소수에게 아마도 소수의 상류층에만 개방되었던 지혜를 교육하는 또 다른 장소들이 있었을까? 예를 들면 이스라엘에서는 사람들이 어디서 읽고 쓰는 것을 배웠는가? 누가 민속지혜를 수집하고, 그것을 기록하고, 그것을 잠언집으로 묶고, 그것을 해석하였나? 이런 질문을 따라 생각해 보면, 곧 고대 이스라엘에는 학교가 있었는가 그렇지 않은가라는 매우 심도 있게 다루어지는 주제에 부딪히게 된다. 학교들의 존재에 관한 문제로부터 한 걸음 더 나아간 질문이 있다면, 그것은 이것들(학교들)이 지혜를 보존하고 장려하는 장소였다고 할 수 있는가의 여부이다.

제도화된 학교는 구약성서의 어느 곳에도 언급되지 않는다. 그것이 왕궁에 있는 관리양성학교든 또는 사제후보생들을 위한 사원학교든 말이다. 시락의 책에 보면, 우리가 이미 확인하였던 것 같이, 그때에 이르러서야 비로소 지혜자들이 고유의 직업을 가진 계층을 형성하였음을 알 수 있는데, 지혜가 '배움의 집'(Lehrhaus)24)으로 초대를 한다(집회서 51:23). 이런 사실은 매우 놀라운 것이다. 왜냐하면 우리는 고대 이집트, 수메르 그리고 팔레스틴에 인접한 북 시리아 도시인 우가리트(Ugarit)로부터도 역시 학교교육체계에 대해서 비교적 훌륭한 정보를 얻을 수 있기 때문이다. 메소포타미아 지역의 널리 알려진 수메르의 한 문서는 우리에게 고대 학교(=토판의 집)의 내부와 학생의 마음을 엿볼 수 있게 해 준다.

"'토판집의 아들(=학생), 여러 날 동안 너는 어디 갔었니?'
'저는 토판집에 갔었습니다.'
'토판집에서 너는 무엇을 했는데?'
'저의 토판을 읽었고, 아침을 먹었고,
저의 토판들을 만들었고, 거기에 글씨를 썼고, 모두 다 쓸 때까지
썼습니다. 그러면
그들은 저에게 *mugubba* (=수업)를 해 주었고,
늦은 오후에 저에게 *šu(gubba)*를 내주었습니다.
토판집이 문을 닫으면, 저는 집으로 갔고,
집에 들어갔는데 ─ 아버지가 앉아 계셨습니다.
저는 아버지에게 *šu(gubba)*을 말씀드렸고,
저의 토판을 읽어 드렸는데 ─ 아버지는 (그것에) 만족하셨습니다······.'
이른 아침에 일찍 일어난 후,
저는 어머니를 보고서
'저에게 아침을 주세요,
토판집에 가야 해요'라고 말씀드렸다.
어머니는 빵 굽는 오븐에서 저에게 빵 두 개(?)를 주셨고,
그리고 저는 어머니 앞에서 물을 마셨습니다.
'나에게 아침을 주세요!'
저는 토판집으로 갔습니다.

---

24) 역자 주: 유대인 학교는 다른 학교와 같이 Schule(School)란 단어를 사용하지 않고, '배움의 집'으로 번역할 수 있는 Lehrhaus로 지칭된다. 대표적인 곳은 게하르트 숄렘(G. Scholem), 에리히 프롬(E. Fromm), 마틴 부버(M. Bubber), 프란츠 로젠쯔바익(F. Rosenzweig)이 가르쳤던 'Freies Jüdisches Lehrhaus' Frankfurt am Main이 있다.

토판집에서 '근무하는 사람'(=문지기)이 저에게 말했습니다:
'너 (많이) 늦었구나?'
저는 두려웠고, 가슴이 쿵쾅거렸습니다.
저는 '마이스터'(=선생님) 앞으로 나갔고, 그는 저에게 (벌 설) 자
리를 지정(하였습니다).
저의 '토판집의 아버지'(=선생님)는 나의 토판을 읽어 보고는,
그것에 대해…… (분노하게?) 되었고 저를 때렸습니다."

A. Falkenstein의 번역, 17쪽

4,000년 전의 학교의 일상! (그것은) 그 사이의 모든 (시대의) 층(層)을 거슬러 올라가 우리에게 단숨에 전도자와 같은 말을 하게 한다: "해 아래 어느 것도 새로운 것이 없다"(전 1:9)!

또한 우리는 이집트로부터도 학교와 서기관 계층의 교육에 관해서 많은 정보를 얻는다.

그러나 고대 이스라엘은 오늘에 이르기까지 우리에게 서기관 학교의 존재에 대해 논란의 여지를 해결하는 어떤 증거도 제시하지 못한다.

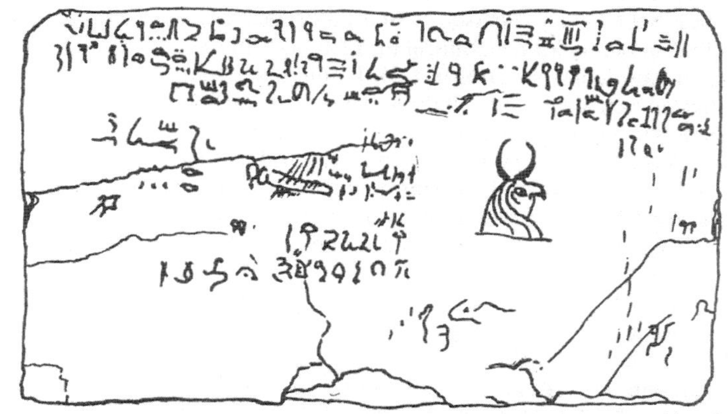

[그림 4] 이집트 학생이 연습하고 끄적거려 놓은 학교의 흑판(Schultafel)(주전 2000년대)

라기쉬(Lachisch)나 쿤틸렛 아즈룻(*Kuntilet 'Ajrud*, 시나이 북쪽)에서 나온 질그릇 조각에 쓰인 알파벳(이에 대해서 B. Lang, Schule, 104~119 참조)은 여전히 학교의 존재에 대한 증거라 할 수 없다. 읽고 쓰는 것은 어떤 특정한 지도층에서 아버지에 의한 가정교육에 속했다고도 생각할 수 있다. 22개의 철자로 구성된 히브리어 알파벳 문자는 이집트나 바벨론의 복잡한 문자시스템보다 상당히 쉽고 또 빨리 배울 수 있기 때문이다. 메소포타미아와 이집트는 2000년대에 이미 아주 잘 조직된 국가체제와 함께 고도로 발달된 문화를 소유하였으나 그에 반해 이스라엘은 문자도 없는 반(半)유목적 삶의 방식에서 출발하였음을 함께 고려한다면, 이스라엘의 초기 시대에는 주저 없이 학교가 존재하지 않았고, 이스라엘이 가나안의 도시문화와 접촉하게 되고 독자적인 왕정국가체제를 갖춘 후에야 비로소 서기관들과 관원들의 교육을 위한 학교들이 있었다고 생각할 수도 있다.

아마도 이스라엘에는 매우 오래 전부터, 오늘날까지도 여전히 남아 있는 장인(匠人)과 견습공의 직업교육제도인, 마기스터－조교 제도(Magister－Famulus－System)에 의지했을 것이다. 숙련된 관원 또는 서기관이 그 직업의 일 처리방법들과 비법들을 가르치기 위해 한 명 또는 여러 명의 견습생을 받았다. 다른 것과 마찬가지로 직업훈련이 아버지들의 책임이었던 것처럼 견습생은 원칙적으로 그의 아들들이었다. 다윗 왕의 서기관 스와(Schewa=시사 Schischa)가 그러했다(삼하 20:25). 그의 아들 엘리호렙(Elihoref)과 아히야(Ahija)는 서기관으로서 솔로몬 왕을 섬겼다(왕상 4:3). 그리고 후기 왕정시대에도 그런 형태들은 거의 변하지 않았던 것 같다. 그 같은 경우로 요시야 왕(주전 640~609)을 섬겼던 사반(Schafan) 서기관의 집안(왕하 22:3 이하)을 우리는 알고 있다. 사반의 아들 아히감(Ahikam)과 그마랴(Gemarja)와 그의 손자 미가야(Michaja)가 유다 왕궁에서 서기관으로 일했다(렘 26:24과 36:9 이하). 마지막으로 야베스 출신의 '서기관 종족'에 대해 직접적으로 언급한 것(대상 2:55)을 들 수 있다.

그러므로 우리는 이스라엘에서 (학교 제도의) 발달 모습을 대략 다음과 같이 소개할 수 있다. 처음에는 가정적인 교육과 직업기술교육이 있었다. 사실 이집트와 바벨론의 학교에서 학생이 '아들'로 그리고 선생님이 '아버지'로 표기될 수 있었다는 것은 고대 근동에서 교육 제도가 어디에서 출발했는가를 분명하게 보여 주는 단서가 된다. 오늘날에도 역시 우리는 여전히 'Doktor－Vater'[25]란 말을 사용한다. 그 외에도 왕궁의 관리 업무에 종사하였거나 또는 독자적으로 장사를 하였던 가족에게 있어 읽고 쓰는 데에 필요한 기본교육은 확실히 가정에서의 직업교육에 속하였을 수 있다. 그 외에 가정교육의 목적으로 자신의 아이를 교육을 위해 마기스터(선생)의 손에 위탁했을 가능성도 존재했다. 그것을 우리는 실로의 엘리 제사장의 집으로 '제사장 교육'을 받으러 갔던(삼상 1:24 이하; 2:18, 19) 사무엘에게서 알 수 있다. 이러한 교육의 가능성으로부터 이미 포로기 이전에 국가(왕궁)와 성전을 통해 조직화된 학교 제도가 발전되었을지, 즉 관원 학교와 제사장 학교가 있었다면, 무엇이 그러한 학교의 교육재료에 속할 수 있었는지, 잠언서(잠 1~9장?) 또는 전도서(전 3:2 이하)의 부분들이 가르침과 수업의 자료로서 사용되었는지, 아버지－아들－잠언[26](잠 3:11; 4:1; 6:1)의 배후에 실제로 선생－제자－잠언이 숨겨져 있는지, 이 모

---

25) 역자 주: 직역하면 박사를 지도해 주는 아버지. 독일에서 박사논문 지도교수를 '독토어 파아터'라고 칭함.
26) 역자 주: 잠언에서 아버지가 아들을 부르며 훈계하는 듯한 잠언.

든 것들이 추정이 가능하나 확실하게 증명되지는 않는다. 그러므로 적어도 포로기 이전의 이스라엘에 있어서는 학교가 지혜를 보존하고 장려하는 장소라고 확신을 가지고 말할 수는 없다. 그에 반해 가족의 전통이 있었고, 그 전통이 세대와 세대를 이어 전수되었고, 그 전통에 '세습되는' 제사장 그리고 관원의 신분에 필요한 읽고 쓰는 기술과 특별한 교육지혜가 속하였을 것이라고 말할 수 있다. 때로는 심지어 외부인도 그 교육에 참여하기 위해 그러한 가족의 일원으로 받아들 여지기도 하였다. 읽고 쓰는 교육 프로그램이 이스라엘에 얼마나 널 리 분포되어 있었는지 그리고 그것을 통해 형성되어서 지혜의 장려 에 대한 문학적인 관심을 가질 수 있었을 교육계층이 얼마나 컸을지 에 대해서는 어떤 경우든지 추정할 수밖에는 없다.

왕궁

스바 여왕이 예루살렘을 방문했을 때 솔로몬과 무엇을 하였나? 수 수께끼 풀기! 그녀는 그에게 수수께끼로 시험을 하였다(왕상 10:1~13). 그녀는 그 어떤 것도 대답하지 못하는 것이 없는(3절), 특별한 왕의 지혜에 놀라워했다(4:6~8). 그리고 그녀는 솔로몬의 신하로서 항상 그 의 가까이에 머물며 그의 지혜의 영향력 안에 있는 자들을 복되다고 칭송하는 것을 잊지 않았다. 이 민속적 이야기의 전체 필치는 지혜가 솔로몬의 왕궁에서 아주 중요한 의미를 지녔으며 결코 외국 왕의 국 가 방문 시에 있었던 특별행사들 중의 한 사건이 아니었음을 전제한 다. 이것은 또한 솔로몬 한 사람만을 탁월하게 지혜로운 사람으로 소 개할 뿐 아니라, 그가 지혜의 발전과 장려에도 적극적으로 관여하였음(왕상 3:12; 4:29~34[27])에 대한 증거이다. 게다가 지혜는 그에게 배타적으로 수수께끼 풀기와 같은 지적인 놀이에서 그의 총명함을 증명하는 것에만 사용되지 않았다. 이 지혜는 그에게 일종의 두뇌운동뿐만도 아니었고, 주변 자연환경의 목록화 또는 잠언을 짓는 언어적 유희에 소진되기만 하지도 않았다. 오히려 지혜는 그에게 어려운 국가통치의 일에 아주 특별한 도움을 주는 것이었다. 그래서 그는 왕으로서 확실히 드물지 않게 아주 복잡한 소송사건에서 재판관의 역할들을 해야만 했다. 마치 두 창녀가 살아 있는 한 아이를 놓고 벌인 소송과 같이 말이다(왕상 3:16~28). 이 이야기는 분명하게 아래와 같은 언급과 함께 끝난다.

> "그리고 모든 이스라엘 사람이, 왕이 재판한 판결 소식을 들었다.
> 그리고 백성들은 왕에 대한 두려움을 갖게 되었다. 왜냐하면 의를
> 선고하는 하나님의 지혜가 그의 안에 있음을 보았기 때문이었다."
>
> 열왕기상 3장 28절

이것은 예언자 이사야가 그려본 장래에 오실 평화의 왕에 대한 이상적 모습과 정확하게 일치한다.

> "이새의 그루터기에서 한 싹이 돋아나고
> 그 뿌리에서 한 어린 가지가 자라 나온다.
> 야웨의 영이 그의 위에 머문다:
> 지혜와 총명의 영,
> 모략과 능력의 영,
> 지식과 야웨를 경외함의 영……
> 그는 눈에 보이는 대로만 재판하지 않으며,

---

27) 역자 주: 공동번역은 5:9~14.

귀에 들리는 대로만 판결하지 않는다.
그는 오히려 약한 자들을 공평하게 재판하고,
세상의 가난한 자들에 관해서 곧음 가운데서 (판결을) 결정한다.
그는 잔인한 자를 그의 입의 몽둥이로 치고,
사악한 자를 그의 입의 입김으로 죽인다."

이사야 11장 1~4절

여기서도 역시 재판의 영역에 있는 지혜의 기능을 소홀히 보아 넘길 수 없다. 이미 성문재판에서와 같이 지혜는 왕의 사법 실행에도 그 자리를 또한 차지하고 있었다. 이것에 관해서 잠언의 지혜 자체는 결론적으로 계속해서 증거한다.

"왕의 입술로부터 나오는 것(판결)은 하나님의 말(판결)이다:
그러므로 그의 입은 그가 판결을 할 때에 잘못을 저지르지 않는다."

잠언 16장 10절

"악행을 하는 것은 왕들의 치욕(이 되어야 한다);
왜냐하면 공의로 왕위가 굳게 서기 때문이다."

잠언 16장 12절

만약 왕이 그의 직위 수행을 위해서 지혜와 연관되는 그러한 종류의 소질이 필요하다면, 즉 그의 통치권과 그의 나라의 유지가 거기에 달려 있다면(잠 8:15; 14:28; 20:28; 25:5; 29:4, 14) 그러면 왕자들의 교육에 있어서 지혜를 습득하게 함은 매우 중요한 역할을 하여야만 한다. 이스라엘의 이웃들의 지혜로부터 이것은 우리에게 이미 오래 전에 알려졌다. 그래서 고대 이집트에서 나온 메리카레의 교훈(Lehre für Merikare, 주전 약 2100년경)은 한 지혜로운 왕이 아들에게 남긴 유언이며, 아멘엠헷의 교훈(Lehre des Amenemhet, 주전 2000년경)도 역시 그러하다. 그것들은 모두 그런 방식을 통해 기교화된 것이었다.

그러나 이제 왕 자신만 지혜로 훈련한 것이 아니고 그의 가까운 주변에 그는 항상 관원들과 모사들을 갖게 되었다. 그들 역시 지혜로운 자들로 여겨졌다. 왜냐하면 사람들은 무엇보다도 서기관의 관직에 대해서 생각하기를(삼하 8:17; 20:25; 왕상 4:3; 대상 18:16) 그것을 결코 단지 기술적 능력으로만 생각하려고 하지 않기 때문이다. 그는 왕의 최고위관직자들에 포함되었고(왕하 18:18, 37; 19:2) 그리고 아마도 재무장관의 기능을 한 것으로 묘사되었다(왕하 12:10, 11; 22:3~5). 그리고 왕은 자신의 관원 조직에 단 한 명의 서기관만을 두지는 않았다는 사실이 이사야 10:1; 33:18에서 밝혀진다. 그에 따르면 서기관들은 그들이 공공의 복지뿐 아니라 가난한 자들과 과부들 그리고 고아들의 문제에 있어서의 법의 왜곡에도 악용할 수 있었던 권력의 자리에 있었다(렘 8:8 참조).

[그림 5] 왕궁교육가
세넨무트(Senenmut)와 그의
품에 있는 공주
노푸루－레(Nofru－Re)

서기관 외에 왕은 그의 모사들(왕상 9:22; 15:18; 스 7:14, 15, 28; 8:25)을 데리고 있었다. 스스로 영리한 모사들과 어울리고 충고를 받아들이는 것은 지혜의 상징으로 여겨졌다(잠 11:14; 12:15; 19:20). 그리고 얼마나 한 군주의 강함과 무기력함이 그의 모사들의 손에 달려 있을 수 있는가에 대해서 다윗을 대항한 압살롬의 반역과 관련하여 등장하는 후새(Huschai)와 아히도벨(Ahitofel)의 모략에 대한 이야기는 우리에게 생생한 인상(삼하 16:15~17:23과 또한 왕상 12:6~11도 참조)을 전달한다.

그러므로 왕 앞에서 지혜에 맞게 행동함은 또한 항상 반복되는 잠언의 주제이다.

몇몇의 잠언들은 관원들의 교육과 직접적으로 연관된다(잠 16:13, 14; 19:12; 20:2; 22:29; 24:21~22; 25:6~7; 전 8:2~5; 10:20).

이 모든 증거들은 왕궁이 지혜를 장려하는 중요한 곳 중의 하나였음을 알게 한다. 왕 자신에게 지혜는 신의 은사로서 그의 왕국이 더 강성해지기 위해 필요했고, 그의 옆에는 그를 보좌할 지혜로운 모사들과 서기관들이 있어야 했다. 만약 그 때문에 잠언과 전도서가 지혜로운 솔로몬의 것으로 돌려졌다면, 그 이면에는 믿을 만한 기억에 숨겨져 있는데, 그것은 이 왕이 실제로 왕궁을 지혜의 장려처 중의 하나로 만들었다는 사실이다. 이미 솔로몬의 아버지인 다윗은 그의 지혜로 인해 칭송을 받았고(삼하 14:20) 이미 그의 소년시절에 음악적으로 잘 교육된 사람으로 인정되었는데, 그는 하프 연주 외에도 특별히 연설의 은사를 소유하였다(삼상 16:18). 여기 왕궁에는 음악적이고 문학적인 관심사에 정확히 부합되는 지혜의 분위기가 있었다. 그리고 솔로몬의 오랜 이후까지도 이런 분위기는 영향을 주고 있었다. 그래서 왕궁은 아주 특별한 방법으로 잠언과 구두 전승의 형태로 회자되던 민중들의 지혜가 그곳에서 수집되고 문자화된(잠 25:1) 바로 그 장소로 고려되고 있다. 그리고 부유한 상류층도 이 교육 이념을 모범으로 하였음을 알 수 있다. 왕권의 생성과 더불어 아마도 장로들은 일시적으로 그들의 권력의 위치들을 부분적으로 잃어버렸다. 다른 한편으로 그들에게 새로운 사회질서에 순응하는 경우엔 또한 하나의 대단한 특권을 얻게 되었고, 적어도 그들은 수도인 예루살렘과 사마리아에서 부유하고 왕의 신뢰를 받는 새로운 상류층(왕하 10:1, 5)의 대표적 인물들이 되었다. 그리고 그들은 관원의 조직에 편입되었고 모사의 역할을 수용하였다(사 3:2; 9:15[28]); 겔 7:26).

[그림 6] 주전 1350년 이집트의 서기관들

이런 사회적인 계층변화들은 아마도 자연스럽게 민속지혜의 전통과 왕의 보호(그늘) 아래에서 발달한 교육지혜 상호 간에 공격적인 영향력을 주고받게 되었다. 그러므로 교육지혜의 문학적인 관심은 왕궁에만 제한되지 않았고, 포괄적인 영역으로 신속히 확장되었다.

---

28) 역자 주: 공동번역은 9:14.

5장

지혜의 주제들

5장 지혜의 주제들

지혜의 언어형태와 그 자리를 살피면서 우리는 이미 지혜자들이 추구하는 것이 무엇인지 많은 것을 경험했다. 집과 왕궁, 상업과 경제, 인간과 동물, 부모와 자녀, 육체와 영혼, 재판과 군대, 주인과 종, 말하는 것과 침묵하는 것, 가난과 부 등등. 지혜자들은 현실의 모든 장(場)들을 중요시했다. 그들은 모든 것들을 주의 깊게 고려하며, 관찰하고 정리하고 목록화하며, 그 특이함과 유사함을 규정하고 그들의 경험의 보물창고에 포함시켰다. 그렇다면 그 깊이를 가늠할 수 없는 지혜자들의 세계에서도 (우리가) 찾아내서 주의 깊게 살펴볼 만한 구조, 질서, 규칙들이 있을까?

"함정을 파는 사람은……"

오늘날까지 사람들에게 회자되는 격언의 역사를 거슬러 올라가 보면, 지혜 사상의 주된 원칙을 발견하게 된다.

> "함정을 파는 사람은 그것에 빠질 수 있다."
>
> 잠언 26장 27 상반절

이것은 아주 널리 알려진 속담으로서 고대 이집트의 안크－쉐숑키 (Anch－Scheschonki)의 지혜서에도 동일한 형태가 발견된다. 이 속담은 사람의 행위와 그것의 가능한 결과 사이에 형성되는 연관성을 보여 준다. 지혜자는 철저히 이 연관성에 관심을 가졌다. 사람들은 그것을 지혜의 '행위－결과－사상'(Tat－Folge－Denken) 또는 '행위－화복－관계'(Tun－Ergehen－Zusammenhang)[29]로 지칭한다. 지혜는 단지 이차적 관심(das sekundäre Interesse)에 대해서만 효과적이라는 점에서 기초과학(Grundlagenwissenschaft)에 속하지는 않았다. 지혜는 (사람들로 하여금) 행위와 삶에 필요한 직접적 능력을 갖도록 했다. 사람이 자신의 행위에 대한 결과를 가능한 항상 염두에 두게 하는 것이 그것이다. 기본원칙을 언급하는 이 간단한 속담은 연역법을 통해 연상의 장(場)을 덧붙이는 평행법으로 표현된 창작잠언(Kunstspruch)으로 확장되었다.

> "함정을 파는 사람은 그것에 빠질 수 있으며,
> 돌을 굴려 올리는 사람은 돌이 그 위로 굴러떨어진다."
>
> 잠언 26장 27절

이렇게 확장된 속담은 이제 중력의 법칙의 관점에서 해석할 수 있다. 깊이 파여진 구덩이는 사람이 그 안에 빠질 것 같은 별반 유쾌하지 않은 인상을 준다. 위로 굴려진 돌은 그것을 고정시켜 놓을 확실

---

29) 역자 주: 이것을 역자는 종종 '심은 대로 거둠의 사상'으로 표현하기도 한다.

한 무엇이 없다면, 아래로 다시 굴러떨어질 것 같다. 이 두 개의 반(半)절은 독자의 관점에서 볼 때 깊은 곳으로의 움직임(그 안으로 빠짐−굴러떨어짐)으로 특징지어진다. 만약 행위의 대상(구덩이−돌)만 고려하지 않고 행위의 주체인 사람을 해석에 연관시키면, 이 진술에 자연법칙을 단순히 보여 주는 것 이상의 깜짝 놀랄 만한 새로운 강조점이 생기게 된다. 두 반(半)절의 대조를 행위자에 주목하며 주의 깊게 보라: 구덩이, 깊이 아래로−돌, 높이 위로! 사람이 추구하는 것은 그것이 깊이 땅속으로든지 혹은 높이 하늘 위로든지 간에, 그는 항상 자신의 행위의 결과들이 자신을 따라잡는다는 것을 염두에 두어야 한다. 중력을 가시화함에 인간의 태도, 즉 구덩이를 파 내려가는 자와 하늘 높이 탑을 쌓아 가는 자의 태도가 접목된다. 그것만으로 무언의 경고를 함께 들을 수 없는가? 아래로 너무 깊이 또는 위로 너무 높이 가고자 하는 자는 그 결과들을 함께 생각해야 한다! 이런 식의 주의 깊은 절제에 대한 권고가 객관적 관찰과 연결된다: 너무 높이 오르려거나 너무 깊이 파 내려가려고 하지 마라. 그렇게 함으로써 너는 해를 당할 수 있다. 전도서 10장 8~9절에서 다시 언급되는 이 잠언은 이런 식의 의미변형과 관련된다. 여기서는 비록 또 다른 결합으로 나타나지만 말이다.

> "함정을 파는 사람은 그것에 빠질 수 있으며,
> 담을 허는 사람은 뱀에게 물릴 수 있다.
> 돌들을 떠내는 사람은 그것에 상할 수 있으며,
> 나무들을 쪼개는 사람은 그러면서 조심하여야 한다."

다시 좀 더 많은 인간의 행위들로 확장되어서 차례로 나열된다. 이 새로운 나열은 구덩이 잠언의 의미 확장을 가져온다. 여기서 추가적으로 언급되는 것은 인간을 위해 정돈된 것, 놓인 것, 자라난 것(땅, 담, 돌, 나무)에 대한 침해는 해가 없지 않다는 지식에 관한 것이다. 왜냐하면 놓인 것은 인간 자신을 위한 삶의 공간일 뿐 아니라, 동시에 함께 지어진 피조물(뱀)의 삶의 공간이기도 하다. 담을 허묾으로써 그는 가혹하게도 그 공간 안으로 침입하게 된다. 자라나고 또 창조된 질서들에 대한 이러한 침범의 결과가 결국 행위자에게 되돌아갈 위험이 배제되지 않는다. 뱀은 해가 나면 마치 온실과 같이 따뜻해지는, 헐겁게 놓인 담의 틈새에 살기를 좋아한다는 이런 세심한 관찰을 통해 여기서 위험이 지적되고 있다.

이 잠언의 다음 단계는 잠언 28장 10절에서 볼 수 있다. 지금까지의 작품들은 윤리적인 면에 대한 고려 없이 인간-자연환경의 관계를 주시하였다. 그것들은 정해진 질서들에 대한 침해의 결과에 대해서 주의를 기울이게 하고자 했다. 그러나 이 고대속담은 이제 인간 사이에서 행해지는 것들의 연관성 안에 놓인다.

> "정직한 사람을 악한 길로 유인하는 사람은
> 스스로 자기 함정에 빠지고,
> 죄 없는 사람은 그러나 좋은 것을 얻게 된다."

속담의 윤리화는 소홀히 취급할 수 없는 주제이다. 이번에는 속담이 더 이상 첫 반(半)절이 아니라 후 반(半)절에 위치한다. 그럼으로써 다른 또 하나의 장(場), 즉 인간과 인간 사이의 영역으로 넘어가는 과정을 보여 준다. 의로운 사람을 오도(誤導)하는 사람의 행위는 폭로되어야 하고 경고받아야 한다. 그 깊음, 그 속으로 다른 사람을 밀어 넣으려는 그 시도가 그 자신을 삼킬 것이다. 속담은 여기서 두 개의 작은 덧붙임을 통해 약간 변형이 되었다. 그것은 구덩이에 빠지는 사람이 바로 행위자 자신이라는 것(역자 주: 스스로)과 그러므로 다른 사람에게만 닥치는 것이 아니라는 사실을 지적한다. 그리고 그에 의해 파진 구덩이(=악한 길)는 처음부터 역시 그를 위해 정해진 것(역자 주: 자기), 즉 그 자신의 구덩이이며, 그 안에서 자신의 멸망을 보게 된다는 사실을 분명히 한다. 그러므로 행위-결과-법칙은 단지 인간-자연 환경의 차원만이 아니라 인간-함께 사는 인간의 차원에도 역시 적용된다. 마지막으로 두 줄의 시가 세 줄의 시로 확장되는데, 세 번째 줄에서는 앞의 두 줄에서 언급된 것에 전혀 모순되지 않는다. 왜냐하면 의로운 사람은 잘되기 때문이다. 속담은 이와 같이 인간과 인간 사이의 차원으로 전이된 의미를 통해서 계속해서 구약의 윤리 속에 자리매김을 하였다(잠 28:18; 시 7:15, 16; 57:6). 그 행위자는 그의 행위에 대해 예상 가능한 결과에 대해서만 경고를 받는 것이 아니며, 유익한 평균의 삶에만 주의를 기울이도록 독려되지도 않는다. 오히려 구덩이를 파는 것이 윤리적으로 확실히 부적격한 행위로서 선언된다.

잠언 26장 27 상반절이 예수 시락서에서는 모든 의미변형들이 서로 연결된 최종적 모습으로 다시 한번 등장한다. 어떻게 악의 권세가 그 역할을 발휘하게 되는지가 단계적으로 드러난다.

"공중에 돌을 던지는 사람은 자기 머리에 (그 돌을) 맞고,
남을 속여서 뒤통수를 치는 사람은 스스로가 다치게 된다.
구덩이를 파는 사람은 자신이 그 속에 떨어지고
덫을 놓는 사람은 스스로가 거기에 걸려든다.
악을 행하는 사람은 그 악이 스스로에게 돌아오며,
그것이 웬일인지도 모른다."

집회서 27장 25~27절

던져진 돌이 나 자신에게 떨어지고, 저의(底意)를 품고 누군가를 치고자 하면 그 치고자 하는 자 스스로가 맞게 된다. 구덩이는 인간의 속임수의 상징인 함정이 된다. 그리고 마지막에는 결국 내가 시작했고 이제 나 자신에게 엄습하는 악이 서 있다. 그것은 마치 음흉한, 예측할 수 없는 권세와 같이, 그것으로 내가 다른 사람을 덮치게 하려고 생각했던 그 힘이 나를 덮친다.

구덩이 잠언이 성경 이후로 끼친 영향력은 잘 알려져 있다. 거기에는 한 단어만의 추가를 통해 인간과 더불어 사는 인간 사이의 관계성이 고려된 차원까지 발전된 의미가 강조된다.

> *"다른 사람에게* 구덩이를 파는 자는 스스로가 그 안으로 빠진다."

이 '다른 사람에게' 뒤에는 잠 28:10, 18; 시 7:16; 57:6; 집회서 27:25~27에서 보는 바와 같이 폭력에 희생되는 사람들과 잘못된 길로 유인하고 속임수를 쓰는 자들에 의해 희생될 가능성이 있는 모든 사람들이 다 내포되어 있다.

그러나 이것으로 이 잠언의 (의미 함유) 가능성들이 완전히 소진되었다고 믿는 것은 큰 오산이다. 잠언의 대가인 *칼 크라우스*(Karl Kraus)는 단 하나의 철자만을 추가함으로써 전체 의미를 다시 한번 주목받게 만들 수 있었다.

> "다른 사람에게 구덩이를 파지 않는 사람도 스스로가 그 안으로 빠진다."[30]

Aphorismen, 17쪽

---

30) 역자 주: 단 하나의 철자를 추가했다는 것은 위의 잠언인 Wer *andern* eine Grube gräbt, fällt selbst hinein에 k를 하나 더 첨가하여, Wer andern *k*eine Grube gräbt, fällt selbst hinein으로 썼다는 것임.

이렇게 함으로써 잠언의 다른 변형들 뒤에서 인식 가능한, 도덕적 가치 시스템이 철저히 의심을 받게 된다. 악은 반드시 악을 행하는 자들이 다시 당하게 된다는 것, 즉 일종의 평균화시키는 의가 존재한다는 사상에 대해 크라우스는 공포와 놀람이 입을 벌리고 있는 듯한, 매우 기분 나쁘고 음흉한 유머로써 비난한다. 늑대들의 세계에서 양의 역할을 하고 스스로 늑대가 되지 않는 사람은 망하게 될 뿐이라고 *살키아 란트만*(Salcia Landmann)은 이런 류의 음흉한 유머를 매우 감각적이며 적절하게 설명했다: "그것에는 유대교적-기독교적인 유일신교와 그것의 붕괴가 관련되어 있다. 그것은 신정론-하나님의 창조세계에 존재하는 악의 문제-에 대해 말하는 가장 음산한 형태이다."(Witz, 16쪽) 이것으로 우리는 '행위-화복-관계' 사상의 한계와 문제점과 마주하게 된다. 선한 행위는 실제로 그 보상을 받고, 악한 행위는 처벌을 받게 되는가? 누가 이 연관관계가 (그대로) 지켜지도록 감시하는가? 하나님은 도대체 이 행위-결과-사상에 대해서 무엇을 하고는 계시는가? 욥기와 전도서는 특별히 이 문제에 대해 논쟁한다. 그러나 우리가 이 두 책의 진술들을 알아보기 전에 먼저 행위-결과-사상이 미치는 범위와 유효함에 관한 몇몇의 관찰들을 먼저 살펴보는 것이 좋겠다.

선한 시작-악한 종말?

> "종종 사람에게 바른길같이 생각되지만,
> 그 끝이 죽음에 이르는 길이 있다."[31]
>
> 잠언 14장 12절, 16장 25절 참고

---

31) 역자 주: 개역개정과 비교하라. "어떤 길은 사람이 보기에 바르나 필경은 사망의 길이니라."

어떤 잠언도 경험 가능한 현실 전체를 표현하지는 못한다. 행위 화복의 연관성을 고수하는 잠언 역시도 그렇지 못하다. 왜냐하면 구부러진 길들을 피하고 최고의 지식과 양심을 따라 진지하게 바른길을 가고자 노력하지만, 끝에 도달해 보니 곧 죽음으로 삐끗하여 떨어지는 경우를 수천 번도 넘게 경험하기 때문이다. 그러한 경험에 비추어 볼 때 행위 화복의 연관성에 관해서 말하는 것은 이치에 어긋나는 것 아닌가? 이것은 경험과 또 다른 경험이 서로 부딪히는 것이 아닌가? 그럼으로써 지혜자의 지혜가 끝장나 버리지는 않는가? 이러한 경험은 그렇게 똑똑해 보이는 그들, 즉 '교리적 낙관주의'로 무장하고 도덕성에 대해 경고하는 지혜자들을 향해, 그들 자신이 틀렸음을 증명해 주는 것이 아닌가? 도대체 의인들의 보상은 어디에 있는가? 무뢰한들의 징벌은 어디에 있는가?

먼저 우리는 이스라엘의 지혜자들이 모순적이고 고통스러운 그런 경험들을 단순히 무시하지 않았다는 사실부터 기억해야 한다. 그들은 현실을 아름답게 치장하지도 않았고, 관료주의적 낙관주의를 받아들이도록 강요하지도 않았다. 그들의 머릿속에서도 또 그들의 여러 책에서도 이런 모순들이 결코 배제되지 않았다. 만약 그들이 경험 가능한 현실의 어떤 부분을 외면했다면, 그들은 지혜자가 아니었을 것이다. 왜냐하면 다음과 같은 진술이 존재하기 때문이다.

> "웃을 때에도 마음에 고통이 자리하고,
> 기쁨의 끝은 근심이다."
>
> 잠언 14장 13절

이 잠언은 행위-화복의 기계론에 대해 비판적 질문을 던지게 하는 경험을 표현하고 있다. 인간의 심리는 관찰되는 규칙들보다 훨씬 더 복잡하고 심오하다. 비록 잠언의 시인들이 아래와 같은 것을 알고 있었지만—

> "즐거워하는 마음은 건강에 도움이 되지만,
> 꽉 눌려 있는 마음은 몸이 축나게 한다."
> 잠언 17장 22절, 그 외 12장 25절, 14장 30절, 15장 13, 30절 참고

—그러나 그것이 절대적인 것은 아니었다! 웃음이 최종적인 절망의 표현이 될 수도 있는 순간들이 존재한다. 그리고 기쁨은 단지 기쁨으로만 작용하는 것이 아니라 급작스러운 놀람 가운데 끝날 수도 있다. 잠언 시인들은 그렇게 경험과 그에 모순되는 경험을 나란히 배치해 놓았고, 둘 모두를 유효한 것으로 인정했으며 그것들을 그들의 잠언 모음집에 수록하였다. 진실로, 어떤 긍정적인 행위(바른길을 걸어감)가 부정적으로 종결되는 경우(죽음의 길)가 역시 존재한다! 의인이 제대로 보상받지 못하고, 그에 반해 불의한 자가 큰 이득을 얻는 일도 있다(잠 16:8). 성공을 가져다주는 부정부패도 존재한다(잠 17:8)! 어리석은 자녀들에게 얻어맞는 의로운 부모가 존재한다(잠 17:21, 25).

지혜자의 지혜로움은 그들이 이런 모순들을 무엇보다 확실하게 인식하고, 분명하게 언급하며 극복해 냈다는 점에 있다. 그들은 그들의 여러 경험을 하나의 교리에나 일차원적인 단순성에 억지로 끼워 맞추지 않았다. 의로운 행위가 (반드시) 성공을 보장하지는 않는다는 것을 그들이 모순되며 고통스러운 여러 경험을 언급하면서 청중들에게 이해시켰지만, 그것이 곧 엄연히 존재하는 행위 화복의 연관성들까지도 부정하고 그것이 마치 아무것도 아닌 것처럼 설명한 것은 아니었다. 삶의 많은 영

역들에서 종종 일반원리들이 실제로 유효할 때가 있기 때문이다.

> "어떤 재난도 의인에게는 닥치지 않으나,
> 악인들에게는 불행이 가득하게 된다."
>
> 잠언 12장 21절

사람들은 언제나 의롭고 공동체에 적절한 삶의 태도가 그들을 미움과 악 그리고 재난으로부터 보호해 준다는 것을 경험한다. 반대로 공동체를 희생시키고 그것을 통해 사는 악한 자들은 오늘날에도 여전히 종종 실패를 맛본다. 이것은 단지 사회적 차원에서만 볼 수 있는 것은 아니다. 이런 연관관계는 생태학적인 차원에서도 마찬가지이다. 자연자원에 대한 고려가 없는 강탈, 신속한 혜택을 얻고자 하는 욕망, 물질적인 이득에만 관심을 두고 자연을 돌보지 않는 태도는 가깝게는 나쁜 결과를 초래하고 멀게는 죽음을 초래한다. 그에 반해 미래를 예측하고 주의 깊게 창조의 정원(창 2:15)을 가꾸고 보존하는 것, 공기와 물과 숲들 그리고 초원을 깨끗하게 보존하는 것은 우리의 육체적인 안락함과 다가오는 세대에 이로울 것이다.

> "의인은 그의 가축의 필요한 것을 해결해 주나;
> 악인의 마음은 그에 반해 잔인하다."
>
> 잠언 12장 10절

> "무화과나무를 잘 가꾸는 사람은 그 열매를 먹게 될 것이고,
> 그리고 그의 주인을 존중하는 사람은 영화를 얻게 된다."
>
> 잠언 27장 18절

이미 우리는 지금까지 언급된 이유들을 통해 행위와 결과의 연관성에 관한 지혜자들의 일반적 원리를 그에 반하는 여러 경험 때문에

타당하지 않다고 설명할 수 없었다. 그보다는 오히려 다양한 삶의 영역들 속에 있는 그 원리들을 새롭게 재발견하는 것이 옳을 것이다. 그것도 아래와 같은 여러 가지의 이유들 때문에 말이다.

규칙에는 배제할 수 없는 하나의 *윤리적인 충동*이 포함되어 있다. 만약 그 규칙이 그에 반하는 여러 경험으로 인해 필요 없는 듯 보이고 오도하는 것처럼 보인다면, 모든 행위들에 있어 윤리적 상대화의 위험성이 야기된다. 만약 긍정적인 행위가 성공에 대한 최소한의 제한적 전망만이라도 갖지 못한다면, 만약 모든 행위가 단지 하나의 행운을 바라는 게임이고, 눈먼 운명에게 교태를 부리는 것이고, 윤리적 면에서 별 차이가 없는 것이라면, 체념과 반사회성의 풍조가 득세할 것이다.

행위－결과－사상은 하나의 단념될 수 없는 지적인 *(인식을 이끄는)* 기능을 가지고 있다. 그것이 현실 전체를 드러내고 (그 안의 문제점들을) 다 다루지 못하는 경우에도, 그것은 부분적인 현실과 부분적인 연관성들에 여전히 날카로운 시선을 던진다. 그것은 예상 가능한 행위의 결과들을 인식하도록 이끌어 주고, 게다가 결과를 바탕으로 원인과 원인 제공자를 추론해 낼 수 있게 한다. 이런 사상이 현실과 동떨어져 있다고 해서 버리는 사람은 행위－결과－연관성을 밝혀내는 것보다 오히려 베일에 감싸 버리는 위험에 처하게 된다.

이 사상에는 필요불가결의 *분석적인 비판*의 능력이 포함되어 있다. 이것은 개인적인 영역뿐 아니라 사회적인 영역에도 적용이 된다. 그리고 자기 스스로와 사람이 살아가는 사회에 이 분석적인 비판을 주저하는 것은 확실히 지혜롭지 못한 것이다. 지혜자는 그것을 알았다.

"목숨을 살리는 책망을 듣는 귀는,

지혜자들의 모임에서 밤을 지샌다.
경고에 주의를 기울이지 않는 사람은 자신의 생명을 던져 버린다;
그러나 책망에 귀 기울이는 사람은 이성을 얻는다."
잠언 15장 31~32절

스스로 경고를 받고, 배우고 비판하게 하는 것, 그것은 지혜와 살아 있음에 대한 징표다. 그리고 그것은 개개인들에게만 아니라 공공 사회와 그 관원들에게도 역시 그러하다.

"공의로 왕은 나라를 일으켜 세운다;
그러나 (너무 많은) 공물을 요구하는 자는 그것을 망하게 한다."
잠언 29장 4절

"왕이 가난한 사람을 정직하게 재판하면,
그의 왕위는 길이길이 견고할 것이다."
잠언 29장 14절

행위 – 결과 – 사상의 윤리적인 충동, 인식론적인 기능 그리고 분석적인 능력은 쉽게 잃어버리거나 그 진정성이 의심되어서는 안 된다. 비록 여러 반대 경험이 지혜자의 교훈의 한계를 드러내고 또 인간 행동의 근본적인 모호함과 예측 불가능성을 주목하게 만든다 해도 말이다. 최대한 신중히 수행하는 연구, 최대한 친환경적인 기술, 가장 효과적인 방법이라 할 수 있는 순리대로 되도록 내버려 두는 것(Gesetzesmechanismen)에는 항상 신속한 목표달성, 어떻게든 비용을 절감하려는 시도가 더해질 것이고, 계속해서 우리 기술문명의 부작용으로 인해 인간과 자연환경에 해를 끼치게 되겠지만 우리가 그것을 막을 방법이 없다. 우리는 항상 좋은 의도를 가졌지만, 나쁜 결과를 초래하는 위험에 처한다. 차라리 체념하고 아무것도 하지 않는 수동적 자세로 이런 모순을 피할 수 있지 않겠나 생각하는 사람은 잘못 판단하는 것이다. 왜냐하면 아무런 행동을 하지 않는 것, 바로 그것으로 인해 거룩한 문과 다른 모든 문들이 악에게 활짝 열리게 되기 때문이다.

만약 1933년부터 1945년에 독일에서 몇몇의 기독교인뿐만 아니라, 기독교계 전체가 그들의 굴하지 않는 권위로 성서의 지혜자의 다음과 같은 충고를 자신들이 해야 할 말로 깨닫고 말했었다면 유대교와 기독교의 관계는 어떻게 발전되어 나갔을까?

> "벙어리들을 위해 너의 입을 열고,
> 모든 약한 자들의 법적 권리를 위해 그리하라.
> 너의 입을 열어, 공정하게 재판을 하고,
> 그리고 억눌린 사람과 가난한 사람들에게 권리를 찾아주어라."
>
> 잠언 31장 8~9절

독일인들은 지금까지도 이 침묵의 죄에 대한 책임을 면하지 못하고 있다. 행하지 않는 것과 말하지 않는 것은 우리 행위의 여러 가지 실패, 모호성 그리고 예측 불가능에 대한 경험과 관련지어 볼 때 결코 좋은 해결책이 아니다.

지혜자는 이런 딜레마를 경험했기 때문에 이 행위-화복-관계는 그에게 교리가 아니었다. 오히려 그는 그것에 반대되는 경험을 함께 언급하였다. 그의 교육방식은 모든 모순이 제거된 획일화된 현실만을 보여 주는 것에 있지 않았고, 경험을 통해 진리로 입증된 모든 것을 포함하고 있는 현실 그 자체에 근접해 있다는 것이 있었다. 그는 항상 새로운 인식들, 즉 이제까지의 여러 경험을 확증하거나 비판하는 인식들에 대해서 개방적이었다. 그러므로 지혜자의 교육방식을 '열린 방식'으로 표시할 수 있다. 모든 여러 경험에 개방적이지만, 동시에 항상 이 여러 경험을 정리하고, 공통점들에 대해 검사해 보고, 규칙들에 비추어 질문을 해 보고 그리고 그 안에서 삶의 설계도를 발견하고자 노력한다.

그러나 지혜자의 사고는 이런 노력에만 그치지 않았다. 바로 이러한 개방성과 여러 경험의 모호함은 그에게 있어 아주 특별한 종류의 도전이었다. 그래서 그는 자신의 여러 경험을 신학적으로 심화하고 문제화하기 시작하였다. 하나님은 경험되는 규칙성들과 불규칙성들에 대해 무엇인가를 행하여야 했는가?

"사람은 계획하고, 하나님은 이끌어 가신다"

지혜자들이 가졌던 경험의 지평에 대해 열린 자세는 하나님이 과연 행위에서 비롯되는 결과로서의 사건의 연속성에 관여하시는지, 그리고 관여하신다면 어떤 방법으로 하시는지에 대해 집중적으로 생각하게 하였다.

> "의인은 여호와께 은총을 받으나,
> 악을 도모하는 자는 그가 판단한다."
>
> 잠언 12장 2절

잠언의 시인은 야웨 자신이 행한 그대로 일어남(Tat-Folge-Geschehen)을 감시한다는 확신을 가진다. 그 결과 일련의 잠언들(예로 잠 10:29; 14:27; 15:9; 16:5)이 야웨가 행위-화복-관계의 '제정자이고 보증인'

이라는 사상에 대한 증거로 이해되었다. 그러나 이것은 확실히 과장된 것이다. 왜냐하면 야웨가 이 관계성에 연루된 때에도 의로운 행위에 대한 최종적인 성공은 여전히 보장되지 않기 때문이다. 언제나 성공을 보장해 주어야만 하는 야웨는 더 이상 이스라엘의 하나님이 아니며 자유를 잃어버린 예속된 존재일 뿐이다. 왜냐하면 스스로 보증인으로 전락한 하나님에게 사람은 자신의 탐욕스러운 보증 요구들에 대한 책임을 묻게 되고, 하나님께 자신이 경건한 행위를 내세우며 마치 빚을 돌려받듯 성공을 강하게 요구하는 유혹을 강하게 받게 될 것이다. 게다가 하나님이 들어주지 않기라도 한다면, 인간은 그에 대해 반드시 실망하게 될 것이다. 그러므로 지혜자는 이 점에 있어 매우 신중한 입장을 취하였다.

> "네가 하는 일을 여호와께 맡기면(굴러가면),
> 너의 계획들이 이루어질 것이다."[32]

잠언 16장 3절

야웨가 성공을 보장하지 않는가? 이 잠언을 처음 읽을 때는 그런 인상이 있을 수 있다. 그러나 두 줄 연을 깊이 들여다보면 거기에 다른 진술 의도가 있음을 알게 된다. 시인은 행위와 결과 사이에는 이미 어떤 당위적인 인과관계가 없다는 경험에서부터 출발한다. 이것은 행위의 성공이 결코 인간에게만 달려 있지 않고, 항상 다른 요소들에 의해서도 좌우된다는 성숙한 견해를 갖게 한다. 최종적으로 인간의 행위들과 그 결과들에는 어떠한 자주성(고유법칙)도 없다. 지혜자에게 있어서 행한 그대로 일어남에 함께 작용하는 하나의 요소는 하나

---

32) 역자 주: 개역 개정, "너의 행사를 여호와께 맡기라 그리하면 네가 경영하는 것이 이루어지리라"와 비교하라.

님이다. 그가 나와 내 행위 사이에 개입할 수 있다. 그러므로 이제 모든 것은 하나님이 그 사이에 개입하는 것을 나 스스로가 허용할 것인지, 자주성과 자립성(독립성)에 대한 나의 열망에 하나님의 의도하심이 작용하게 할 것인지의 여부에 달려 있다. 사람의 모든 계획들과 일에 있어서 하나님이 또한 계획하고 일하게 하는, 그러한 사람에게 성공이 약속되는 것이다.

지혜자는 이 잠언을 통해 우리에게 겸허와 겸손의 실체에 대해 교훈한다. 자기 자신에게 그리고 자기의 능력과 계획들에 도취해 있는 자는 한 가지의 일을 성공으로 이끄는 것이 실제로 그에게 얼마나 드물었었는지 생각해야 한다. 계획한 것을 (구체적인) 실행으로 옮길 때에도 얼마나 자주 가늠할 수 없음과 어중간함과 틀어짐이 생기는가? 솔직히 말해 나의 능력으로는 전혀 기대할 수 없는 성취와 성공에 대한 행복한 경험이 다른 한편에 존재한다.

자신의 일을 야웨께 맡기는(굴러가는) 자는 자주성의 감옥을 부순다. 그는 그의 행위에 있어서 홀로서기를 하지 않아도 된다는 생각, 모든 것이 그 자신에게 달린 것은 아니라는 생각을 가지고 일에 임한다. 바로 이것이 그로 하여금 그에게 가능한 것을 할 수 있게 만든 것이다. 우리의 잠언에 축적된 지혜자의 경험은 스스로를 끔찍하게 혹사하는 것과 자만으로부터 사람들을 해방시킨다. 모든 것을 자기 힘으로 하려는 사람은 종종 거기서 얼마나 기대할 것이 적은지를 알게 된다. 그러나 잠언은 우리를 자기 노예화와 자신을 항상 학대하는 업적의 채찍으로부터 보호할 뿐 아니라, 낯선 노예상들과 그들의 채찍으로부터도 자유롭게 한다. 나 스스로만 할 수 있지도 않고 모든 것을 내가 시작하려고 기대해서도 안 된다. 다른 어떤 사람도 나에게 모든 것을 하도록 요구할 권리가 없다. 이런 관점하에서 잠언 16장 3절은 하나의 특별한 자주적 능력을 얻게 해 준다. 지혜자는 그것(잠 16:3)을 통해 인간적인 일들과 계획들을 성공적으로 이끄는 하나님의 가능성을 신뢰하라고 말한다. 이것을 경험해 보고 알게 된 사람은 자신의 능력을 더 현실적이고 인간적으로 평가할 수 있게 된다. 그는 행위라는 거인과 성공의 키를 쥐고 있는 사람 앞에서 자신을 과시하며 보여 줄 필요가 없다. 그는 자유를 누리며 기계적 성공을 가져다 주는 낯선 신들의 존재를 부정할 것이다. 그는 그의 모든 행동 가운데서 자신은 하나님의 창조의 동역자일 뿐임을 안다. 그것이 아마도 잠언의 시인이 우리에게 가르치기 원했던 것 같다. 그는 종종 자신의 자주성에 대한 욕망 때문에 마치 그물에 걸린 물고기가 파닥거리는 것처럼, 그리고 타율성(타인에 의한 결정)의 경험에 의해 좌절하게 되는 인간의 자유를 추구했다. 그는 또한 결코 의로운 자들을 위한 성공의 자판기가 되지 않는 하나님의 자유를 추구했다. 그는 야웨가 일들과 계획들을 성공으로 이끌 수 있는 바로 그분이라는 신념을 갖도록 사람들을 인도하길 원했다. 이 신념으로의 유혹, 그것은 행운의 보증서와는 약간 다른 것이다. 그것에 대한 강조점을 두드러지게 보여 주는 일련의 다른 야웨-잠언의 증거가 있다.

> "인간의 일은 마음속에서 생각하는 것이다;
> 그러나 혀의 대답은 야웨로부터 주어진다.
> 사람의 모든 길들이 그의 눈에는 깨끗하게 보인다;
> 그러나 야웨는 그 속마음을 점검하신다."
>
> 잠언 16장 1~2절

> "사람의 발걸음은 주님으로 말미암은(결정된) 것이다;
> 사람이 어떻게 자기의 길을 알 수 있겠는가?"
>
> 잠언 20장 24절

이 모든 잠언의 공통점은 하나이다: 야웨 자신은 사람들의 계획과 기대를 저버리지 않는다는 것이다. 그는 비록 인간이 자신의 의도를 파악할 수 있게 하지는 않으면서도 인간에 대한 그의 간섭은 항상 계획에 포함되어야 한다. 그가 거기에 관여하심은 인간에게 오히려 깜짝 놀람의 순간이 되고 그럼으로써 미래의 순간과도 연결된다. 왜냐하면 미래 또한 항상 열려 있고 결코 계산이 가능하지 않기 때문이다. 그와 비슷하게 생각함과 말함 사이에도 신비로움이 가득한 길(잠 16:1)이 놓여 있다. 누가 과연 생각한 것을 적절하게 말로 바꾸어 그대로 표현해 낼 수 있나? 말은 생각한 것보다 훨씬 빈곤하거나, 또는 풍부해질 수 있다. 한번은 나의 생각을 올바르게 표현하지 못하는 것에 대한 무능함을 느끼다가도 나의 말이 생각했던 것보다 더 많은 효과를 가져오는 것을 경험하기도 한다. 그러나 이런 인간적 기초 경험은 이제 신학적으로 '구체화되지' 않고, 신앙적으로 설명되었다. 야웨 스스로는 삶의 신비인 '생각함-말함'에 함께 작용한다. 그(야웨)는 그 속(삶의 신비)에서 영향을 주고 있다고 믿어졌다. 그러한 믿음은 고대 이스라엘에만 홀로 존재한 것이 아니었다.

앗시리아인들도 구체적인 삶의 신비들 속에 신들이 함께 존재하고 영향을 준다는 사실을 알고 있었다. 그것을 우리는 아히칼(Achikar)의 잠언집(주전 6세기)에서 확인한다.

> "인간이 작은 존재이나 그는 참 많은 말을 한다.
> 그 말들은 그(인간)보다 그 스스로를 더 교만하게 한다; 왜냐하면
> 그의 입의 구멍은 신들이 들락거리는 입구이다; 그리고 그가 신들
> 에게 사랑을 받는다면, 그들(신들)이 그에게 말할 좋은 것을 (말하
> 도록) 그의 입에 놓는다."
>
> H. 그레스만, Texte, 459쪽

말함, 그것은 고대 근동의 지혜자들에게 있어서 단순한 의사소통의
행위, 목적을 위한 수단, 즉 인간이 원하는 대로 사용할 수 있는 수단
이상이었다. 그에게 언어는 종교적 신비를 지니고 있는 것이었는데,
그 신비는 자세하게 꿰뚫어 보거나 계산이 가능해 보이는 것이 아니
었다. 지혜자들의 세계에는 그러한 삶의 신비들로 가득하였다. 지혜
자는 그것들을 찾아내어 이해하려고 시도했다. 그러나 그는 언제나
이 신비로움의 외투를 무작정 벗겨 내려고 하지 않고 그것들을 신비
자체로 존중하는 것이 더 옳다고 생각하였음이 분명하다. 그가 진짜
오만불손하다고 판단한 것은 인간이 그의 삶이나 혹은 단 하루, 즉
바로 다음 날만이라도 완전히 꿰뚫어 볼 수 있다는 주장이었다.

> "내일 일을 자랑하지 마라.
> 왜냐하면 너는 하루 사이에 무슨 일이 생길지 예견하여 알 수 없기
> 때문이다."
>
> 잠언 27장 1절

이 경험은 신약성서에까지 생생하게 전해진다(마 6:34; 약 4:13~16
참고). 지혜자에게 있어 전지(全知)하시고 (모든 것을) 꿰뚫어 보는 분
은 (오직) 하나님뿐이었다.

> "모든 곳에 야웨의 눈이 있다.
> 악한 자들과 선한 자들을 지켜보면서!"
>
> 잠언 15장 3절

> "야웨의 앞에 지하의 세계와 죽은 자들의 세계 자체가 (드러나 있
> 다);
> 사람의 마음이야 얼마나 더!"
>
> 잠언 15장 11절

이 주제는 잘 알려진 지혜 시편 139편에 의해서도 널리 알려졌다. 인간의 삶이란 하나님의 면전에 펼쳐져 있는 하나의 책(시 69:28; 139:16)이다. 그러나 인간은 일상의 신비로움을 인식하고 그것을 간직함을 통해 오히려 혼돈과 냉혹함에 내동댕이쳐지지 않았음을 알게 되는데, 이것이 바로 이 견해의 결정적인 것이다. 인간은 계산 가능한 삶의 규칙들의 한계에 맞닥뜨릴 때에야 그의 창조자 야웨를 신뢰하게 된다.

"그가 모든 것을 아름답게 만드셨다"

지혜의 사상이 아로새겨진 창조의 첫 번째 기록(창 1:1~2:4a), 이것은 아마도 '바벨론 포로기'(주전 6세기) 때에 예루살렘의 제사장들에 의해 지어진 것으로 추정되는데, 여기에는 하루하루의 개별적 창조 사역을 마감하는 짧은 문장이 포함되어 있다. 하나님은 자신이 하루 동안 만든 작품을 바라보며 '아름답다'(창 1:4, 10, 12, 18, 21, 25, 31 참조) 하고 평가하신다. 이 평가가 주는 위로는 그것이 포로로 잡힌 자들과 쫓겨난 자들의 입에서 나온 것임을 알게 될 때 비로소 분명하게 우리에게 전달된다. 하나님의 이 평가를 들었던 사람들은 많은 것을 잃어버린 자들이었다: 유대 땅에 있는 그들의 고향, 소유, 이웃들, 그들의 사회적인 위치, 국가와 왕, 성전과 예배(왕하 24:12~25:21; 렘 52; 애 1:2~4 참고), 개인과 민족의 역사가 마치 물에 다 휩쓸려 가 버린 것 같았다. 그들은 마치 바닥이 없는 듯 보이는 곳까지 떨어졌다(애 5). 만약 고향을 잃은 이 사람들을 돌보던 과거의 저 제사장들이 그발 강가(겔 1:1)의 포로들의 거주지역을 다니며 창조의 일곱 날들을 이야기했다면, 그것은 낙심한 자들에 대한 일종의 격려였을 것이다. 그들(제사장들)은 삶의 기반을 새롭게 하였고, 인간이 삶을 수행할 때 근본적으로 필요한 것들을 바라보게 하였다(렘 29:4~7 참조). 여전히 빛과 어두움(창 1:3~5)이 교차되고, 하늘은 땅 위에 서 있고, 물과 땅 사이에 경계가 지어져 있고(6~7절), 땅은 여전히 나무들, 식물들과 열매들을 내고 있고(11~13절), 천체들은 여전히 그들의 궤도를 따라가고 있고(14~16절), 아이들이 태어났다(렘 29:6). 하나님은 심음과 거둠, 추위와 더위, 여름과 겨울, 낮과 밤이 그치지 않으리라(창 8:22)는 자신의 말씀을 변함없이 지키고 계신다. 여기에 창조의 의미가 있음을 설명한다. 즉, 삶의 가장 기초적인 요소들에 대한 적응, 일상에서 저절로 생겨나지 않은 것에 대한 인식, 인간 스스로가 만들어내지 않은, 간단하나 아름다운 것을 알게 함, 모든 창조된 것들에 대한 집중, 고대 히브리인에게 창조된 것은 자연적인 것 이상이었다. 우리가 이해하는 자연의 개념이 고대 히브리인에게는 아직 없었다. 그들에게 모든 자연만물은 피조물, 즉 만들어진 무엇이며, 창조자로 인해 존재하게 된 것이었다. 창조자에게 의존하지 않는 히브리인과 세계는 상상조차 할 수 없는 것이었다. 그들에게 있어서 창조란 세계에 대한 해석이란 의미를 지닌, 신앙고백의 여러 조항들 중의 하나이기 이전에 사고의 전제조건이었고, 세계에 대한 인식의 전제조건이었다(C. 베스터만, 창조, 14쪽 참조).

세계와 인간을 피조물로서 이해함으로부터 '관계의 사상'이란 하나의 기본적 틀이 형성된다. 예전의 모든 것, 즉 생각했고, 찬양했고, 믿었던 그 모든 것을 이스라엘 사람은 관계의 표현으로써 경험했다. 피조물은 항상 그의 창조자와의 관계 속에 머물렀다. 세계와 그 속에서의 삶은 저절로 생겨나지 않았고, 하나님께로부터 온 것이었다. 제사장들은 함께 포로된 자들에게 지금도 존재하고 있는 이 태초의 관계성을 상기시켰다. 아마도 그들은 예루살렘에 대한 동경으로 낙심한 동포들(시편 137편)에게 매 주일의 새날을 창조자의 시각으로 보도록, 그리고 그날을 생각하며 다음과 같은 말로 그(창조자)에게 동의하도록 격려하길 원했다.

"……그리고 그것은 아주 아름다웠다!"

이스라엘의 지혜자들도 창조로부터 기인된 이와 같은 태초의 관계성에 대한 기본적인 신뢰감에서 출발했다. 인간은 경험을 통해 창조 전반에 관해서 통찰할 수 없지만, 그럼에도 그들은 이 기본적인 신뢰감을 삶에 대한 의심으로 전락시킬 수 없었다.

> "모든 것을 그가 그의 시간에 따라 아름답게 만들었다.
> 영원도 또한 그가 인간의 마음에 놓았다.
> 단지 인간으로 하여금 하나님의 처음부터 끝까지 하시는 일을
> 발견해 내지 못하게 하셨다."
>
> 전도서 3장 11절

세계 전체에 관해서 하나의 비밀이 놓여 있다. 그것은 마치 인간 삶의 전반적인 면이 그렇듯이 인간에게 접근이 허용되지 않는 하나님의 행하심이다. 인식 능력에 대한 한계 자체는 인간에겐 고통스럽게 느껴지는 것이나 그러면서도 그것은 창조자의 의미심장하고 선한 행위에 포함되어 있다.

선사된 존재

산산조각이 난 역사에 직면한 상황에 바벨론에서 쓰인 창조 기록이 일깨워 주는 것은 존재함에 대한 위로와 격려, 그리고 자신의 피조물로부터 그 손을 거두지 않은 하나님에 대한 신뢰였다. 그것을 지혜의 선생들은 개인적인 면과 사회적인 면으로 나누어 다시 한번 낱낱이 기록했다.

그들이 말하는 첫 번째 기초 경험은 사람은 어느 누구도 스스로 존재할 수 없다는 것이다. 그는 언제나 삶을 수용할 수 있으나, 삶을 부여할 수는 없다. 삶은 그에게 주어질 뿐이다. 그가 자신에 관한 것을 규정하는 최종적 자주성을 가지고 있다면, 그는 이미 죽음을 초월하는 존재가 될 것이다. 지혜도 돈도 인간을 그 자신의 창조자로 만들지 못한다. 욥의 젊고 지혜로운 친구인, 엘리후는 매우 개인적인 창조신앙에 대한 고백으로 욥을 위로하였다.

> "하나님의 신이 나를 지으셨고,
> 전능자의 기운이 나를 살게 하셨다."
> 욥기 33장 4절, 32장 22절, 33절 6절 참고

이 표현은 창세기 2장 7절, 즉 하나님께서 사람을 진흙으로 빚으시고 그에게 생기를 불어넣으셨음을 분명하게 상기시켜 준다. 인간의 창조에 관한 오래전의 이 신화적 그림이 역사의 중요한 개념이 되었고, 개인적인 경건함으로 전이되었다(욥 34:14, 15; 시 104:29, 30; 전 3:21; 12:7 참고). 그러나 지혜자들은 결코 그것에만 매이지는 않았다. 그들은 인간생명의 형성과정에 대해서도 강렬한 관심을 가졌다. 생명

이 모태에서 생겨서 자란다는 것(욥 3:3~11; 31:15; 전 11:5; 사 44:24; 렘 1:5)과 하나님께서 바로 신장(시 139:13), 눈과 귀(잠 29:13; 20:12; 시 94:9), 혀와 심장(시 33:15; 집회서 17:6)을 지으신 분이란 사실은 그들에게 당연한 것들이다. 우리는 놀랍게도 외경에 속하는 솔로몬의 지혜서에서 오늘날 논의되는 인간론에서도 매우 중요하게 평가될 수 있는, 인간을 바라보는 하나의 관점을 만난다.

> "나도 다른 사람들과 같이 언젠가는 죽을 사람이며 흙으로 빚어진 첫 사람의 후손이다. 나는 어머니 뱃속으로 살을 받았고, 한 남자의 씨와 잠자리의 쾌락을 통하여 열 달 동안 어머니의 피 속에서 굳어졌다. 나도 태어나서는 남이 마시는 같은 공기를 마셨으며 모든 사람이 사는 땅에 떨어졌고 모든 갓난아기와 마찬가지로 울음으로 첫소리를 내었다. 나는 기저귀에 싸여서 어머니의 보살핌을 받으며 자라났다. 왕이라고 해서 유별나게 인생을 시작하지는 않는다. 인생의 시작과 죽음은 모든 사람에게 똑같다."
>
> 지혜서 7장 1~6절(공동번역)

형성되는 생명에 대한 생물학적 관심은 여기서 정신적 그리고 사회적 적응에 대한 지식과 똑같이 인식되어야 한다. 주전 1세기의 지혜교사들이 오늘날에 와서야 다시 학문적 연구 대상이 되기 시작한 생물학적-정신적-사회적 단위로서의 '인간'을 우리 앞에 소개하고 집중적으로 생각하게 하고 있음을 우리는 주저 없이 말할 수 있다. 이 개념에 또 하나의 요소를 추가해서 보기에 좋지 않은 단어들의 연결고리가 만들어지긴 하지만, 지혜의 선생들에게 있어 전인(全人)은 '신적-생물학적-정신적-사회적 단위'의 개념이었다. 인간 삶의 모든 영역들은, 그것이 생물학적인 것이든, 정신적이고 사회적인 것이든 간에 피조물로서 그가 하나님과 가지는 관계성에 의해 둘러싸이고 결정되어 있다. 이 관계성은 '인간'이란 단위로부터도 동떨어지지 않는다. 오히려 이 기본적인 관계성에서 인간의 모든 삶의 관계성들과 삶의 발현들이 기인한다. 그것은 솔로몬의 지혜서의 시작 단락에서부터 곧 분명해진다. 거기서 시인은 인간의 기원을 첫 사람, 아담에게로 돌린다. 인간은 자신의 종족의 그 '첫' 표본부터 오늘날까지, 그 존재가 바로 하나님의 창조 행위로부터 기인된 존재이다.

지혜자들은 또한 창조자에 대한 이러한 관계성으로부터 사회적으로 얽혀 있는 관계를 묘사하는데, 그러므로 인간의 존귀함이 그 사회적 위치와 상관없이 강조된다. 왕도 '첫' 사람 아담의 후손이고, 육체를 입은 모습으로 만들어져서 태어났다. 그도 다른 모든 사람과 같이 기저귀를 찼다. 그의 삶의 입구(출생)와 출구(죽음)는 거지의 그것과 전혀 차이가 없다. 이 점에서 지혜자들의 창조신앙은 사회비판적 기능을 가진다. 그것은 사회적인 차별과 불의를 허물어뜨리는 일에 공헌하였다.

> "부자와 가난한 자가 서로 만난다.
> 그들 모두를 지으신 이는 야웨시다."
>
> 잠언 22장 2절

사람은 자신의 가치를 그가 사회에서 차지한 지위로부터 얻지 않는다. 당연히 차이는 존재한다. 지혜자가 그것을 부정하지는 않는다. 그러나 사회 속에서의 그 차이가 가난한 자들의 삶에 비해 부유한 자들의 삶이 더 가치 있음을 인정해 주도록 오용되어서는 안 된다. 하나님으로부터 온 그리고 하나님 앞에 선 모든 인간은 동등하며, 동일한 존엄성을 허락받은, 하나님의 피조물이다. 그것은 결과적으로 서로서로의 사회적인 교류를 가능하게 하였다.

> "약자를 압제하는 자는 그를 지으신 이를 멸시한다.
> 그러나 가난한 자를 불쌍히 여기는 자는 그(창조주)를 존경한다."
>
> 잠언 14장 31절

하나님에 대한 관계가 사회적으로 약한 자들에 대한 관계를 통해 구체화되었다. 그들에게 행해진 것 또는 소홀히 된 것, 그대로 사람은 하나님께 행했고 소홀히 하였다(잠 19:17; 마 25:40, 45 참고). 창조의 존엄성을 가지고 이웃을 대하는 것과 비사회적이고 이기적인 자신만의 자유행동 범위(Ellenbogenfreiheit)를 주장하는 모습은 조화되지 않는다. 그러므로 지혜의 교사들이 그들의 청중과 제자들에게 계속해서 사회적인 연대감을 독려한 것은 결코 놀라운 일이 아니다(잠 11:17, 25; 14:21; 19:17, 22; 21:13; 22:9; 28:27; 29:7). 그럼으로써 가난한 자와 부유한 자 사이의 차이점을 없애려고 한 것은 분명히 아니었다. 이스라엘의 지혜자들은 가난과 부의 다양한 원인이 무엇인지 충분히 분별할 수 있었다(잠 10:4~5; 11:16; 12:11, 27; 13:4; 19:15; 20:4; 21:5). 그들이 염두에 둔 것은 이런 원인들을 완전히 제거하고 부와 가난의 격차를 없애려는 것이 아니었다. 그들에게 더 소중했던 것은 유토피아적인 사회프로그램의 현실화보다 오히려 가난한 자들과 부유한 자들 사이에 인간 존엄적인 사회적 관계들이 형성되는 것이었다. 그들은 눈대중을 할 줄 아는 사람으로, 현실적으로 가능한 것, 즉 인간에게 부여된 불가침성과 명성을 존중하는 것이 창조자가 원하는 것임을 강력히 주장하였다.

이 잠언에서 말하는 것은 단순히 가난한 자와 부유한 자의 만남(서로 만남, 부딪힘)이 아니다. 이 잠언의 시인은 오히려 가난한 자가 그를 압제하는 자와의 사이에 가진 좀 더 긴장된 관계를 포착하고 있다. 둘 사이의 관계에는 폭력의 순간이 포함되어 있다. 이러한 폭력적 관계는 약자에게뿐 아니라 또한 그를 압제하는 자에게도 위험하다. 그(압제자)도 역시 삶에 필수적인 것에 대한 필요를 가지고 있다. 이런 배경 위에서 지혜자는 사람을 창조하신 야웨를 기억하게 한다. 창조자와 피조물의 관계에도 두드러진 힘의 격차가 있다. 인간은 (약자든 강자든) 삶에 필수적인 것을 스스로 충당할 수 없다. 그는 의존적이고, 가장 기초적인 요소인 빛을 동냥하는 자임이 여기서 확인된다. 야웨는 창조주로서 이 의존성을 이용해 먹지 않는다. 명망과 인격에 상관없이 가난한 자와 그를 압제하는 자 모두에게 삶에 필요한 것, 즉 그들의 눈에 빛이 있게 하신다. 지극히 당연히 존재하는 것은 (지혜자들에 의해) 인간의 생명을 유지시키는 것으로서 승인되고 인정된다. 인간 행위들의 성공 여부에 대해 예측하지 못하고, 창조주의 행위들을 다 꿰뚫어 보진 못하지만(전 11:3~6), 그럼에도 가장 기초적인 것들에 대한 예찬은 의미가 있다.

언급되지는 않으나, 가난한 자를 압제하는 자에게 분명한 경고가 주어진다. 그것은 그 자신이 가난한 자에 대해 갖는 관계가 창조주가 인간에게 대해 갖는 관계와 같아야 한다는 것이다. 힘의 격차를 악용하지 않고 삶에 기본적으로 필요한 것을 보장해 주는 것, 그것이 가난한 자에 대한 관계에서 폭력적 요소가 제거되는 길이다. 둘 모두에게 위험한 긴장관계로부터 삶을 지속시키는 관계가 될 수 있다. 창조자는 해가 악한 자나 선한 자 모두에게 뜨게 하는(마 5:45) 삶의 교사이다.

인간의 피조물성에 대한 지혜자의 견해, 특히 사람들이 그들의 이런 관점에 대해 인간적으로 동의하고 찬성하는 것은 단순한 지식의 문제가 아니라, 철저히 삶의 문제였음이 보였다. 자신이 창조자의 피조물이라는 인식은 사회적 삶의 틀 속에서 가져야 하는 의무감(Verbindlichkeit)을 낳았다. 이런 의미에서 지혜자의 창조신앙은 정치신학의 한 장이었다.

세계 – 지혜의 유희[33]

> "야웨여, 당신의 작품들이 어찌 그리 많은지요!
> 그것들 모두를 당신의 지혜로 지으셨으니,
> 당신의 피조물이 땅에 가득하나이다."
>
> 시편 104편 24절

위대한 창조 시편을 노래하는 시인의 이 구절은 잠정 평가(Zwischenbilanz)

---

33) 역자 주: '지혜의 유희'는 Weisheitsspiel의 번역으로 독일어의 Spiel이 '게임, 경기, 놀이'를 의미하는데, 여기서는 '놀이'의 의미가 강하다. 즉 '지혜의 유희'라 함은 이후에 나오는 모든 '유희'라는 단어와 함께 지혜가 흥겹게 놀이하는 것으로 이해하여야 한다.

이다. 그가 하나님을 창조자로서(시 104:5~9) 그리고 세계의 지속적인 유지자(10~23절)로서 노래한 다음, 그는 하나님의 계속되는 창조와 그의 하신 셀 수 없이 많은 일들이 신적 지혜의 표현이며 또한 증거들이라는 사실을 단언한다. 창조와 지혜는 이 찬송시에서 직접적으로 서로 맞물려 있다. 인간 자신과 그의 세계는 창조자와 유지자의 지혜에 기인한다. 이것은 후기 지혜 텍스트들에서 여러 차례 관찰되는 흥미 있는 주제이다. 창조에 대한 고찰은 지혜 자체에 대한 질문에 도달하게 한다. 지혜는 무엇을 만들어 내고, 어디에서 지혜는 발견될 수 있나?

이미 고대 근동의 목록학[34]과 그것의 구약성서적 반영 속에서 우리는 창조의 질서들에 대한 관심을 만나게 된다. 거기서는 인간적 지혜가 세계 인식을 위해 사용되나, 이제 지혜자의 관점은 변화된다. 지혜자는 창조의 관점으로부터 세계를 경험하며 하나님의 지혜를 바라보게 한다. 세계경험이 지혜의 인식을 위해 등장하는 것이다. 지혜자는 지혜 자체에 대해 숙고하기 시작한다. 이 맥락에서 중요한 두 개의 텍스트가 소개되어야 한다.

먼저 우리는 욥 28장에서 고대의 광산으로 인도된다. 놀랄 만큼 세밀하게 시인은 인간의 탐구열에 대해 기술한다.

1. "은은 나는 광이 있고
   연단하는 금은 나는 곳이 있으며,
2. 철은 흙에서 취하고
   동은 돌에서 녹여 얻느니라.

---

34) 역자 주: 이것은 고대 근동의 바빌로니아와 앗시리아에서 발전된 학문으로 자연에서 비슷한 현상들을 긴 목록으로 나열한 것으로 고대 중국의 서지학이나 도서관학과는 다르다.

3. 사람이 흑암을 파하고,
   끝까지 궁구하여
   음예와 유암 중의 광석을 구하되,
4. 사람 사는 곳에서 멀리 떠나 구멍을 깊이 뚫고
   발이 땅에 닿지 않게 달려 내리니
   멀리 사람과 격절되고 흔들흔들하느니라.
5. 지면은 식물을 내나
   지하는 불로 뒤집는 것 같고,
6. 그 돌 가운데에는 남보석이 있고
   사금도 있으며,
7. 그 길은 솔개도 알지 못하고
   매의 눈도 보지 못하며,
8. 위엄스러운 짐승도 밟지 못하였고
   사나운 사자도 그리로 지나가지 못하였느니라.
9. 사람이 굳은 바위에 손을 대고,
   산을 뿌리까지 무너뜨리며,
10. 돌 가운데로 도랑을 파서
    각종 보물을 눈으로 발견하고,
11. 시냇물을 막아 스미지 않게 하고
    감추었던 것을 밝은 데로 내느니라."

욥기 28장 1~11절

욥기 28장의 저자는 고린도 근처의 광산과 비슷한 광경의 그림을 눈앞에 두고 있었어야 했을 것이다. 인간에게 숨겨진 채로 있었던 것은 어느 것도 없었다. 인간의 의지력, 그들의 행위 욕구는 그들로 하여금 땅속조차도 열어젖히게 하였다. 갱도의 어두움은 광부의 갱내 등불로 밝혀졌다. 그들은 갱도 속에서 줄에 매달려 발도 닿지 않은 채 흔들거렸다(4절). 동물들도 근접하지 못하는 것(7~8절), 그것에 광부는 접근한다. 그는 철과 동(2절), 은과 금(1, 6절), 남보석(6절) 그리고 각종 보석들(10절)을 수고스럽게 얻어 낸다. 그는 땅을 그 속까지 꿰뚫어 보고 그것을 사용 가능한 것으로 만들 수 있다. 창조의 숨겨

[그림 7] 고린도 근처의 광산(주전 약 600년경) 1. 수직 굴의 오름 나무(위에는 운반하는 소년), 2. 운반부, 3. 갱부, 4. 광주리를 가지고 선광하는 소년, 5. 물단지

진 보물들이 그의 앞에서 마치 펼쳐진 책 속의 그것처럼 놓여 있다. 그러나 그는 여전히 발굴욕과 성취욕에 도취된 탐험가로 남아 있다.

12. "그러나 지혜는 어디서 얻으며,
　　명철의 곳은 어디인고?
13. 그 값35)을 사람이 알지 못하나니
　　사람 사는 땅에서 찾을 수 없구나.
14. 깊은 물이 이르기를 내 속에 있지 아니하다 하며,
　　바다가 이르기를 나와 함께 있지 아니하다 하느니라.
15. 정금으로도 바꿀 수 없고
　　은을 달아도 그 값을 당치 못하리니,
16. 오빌의 금이나
　　귀한 수마노나 남보석으로도 그 값을 당치 못하겠고,

---

35) 역자 주: 개역개정에서는 값을 길로 번역함.

17. 황금이나 유리라도 비교할 수 없고
　　　정금 장식으로도 바꿀 수 없으며,
18. 산호나 수정으로도 말할 수 없나니
　　　지혜의 값은 홍보석보다 귀하구나.
19. 구스의 황옥으로도 비교할 수 없고
　　　순금으로도 그 값을 측량하지 못하리니,
20. 그런즉 지혜는 어디서 오며
　　　명철의 곳은 어디인고?"

욥기 28장 12~20절

인간이 찾아내는 것은 무엇이건 그리고 그가 그의 노고를 통해 밝은 곳으로 파낸 보물들이 무엇이건, 하나의 보물이 그에게 (여전히) 숨겨져 있는데, 그것은 지혜이다! 그것은 마음대로 소유할 수 있는 것이 아니다. 산들을 샅샅이 파헤쳐 찾아도, 지혜는 거기서 발견할 수 없을 것이다. 왜냐하면 지혜는 창조물 가운데 들어 있지 않기 때문이다. 땅, 깊은 물(Urflut), 바다도 지혜를 품고 있지 않다(13~14절). 지혜는 인간이 접근할 수 있는 모든 창조물들과 구별된다. 그것을 시인은 우리에게 장면 전환 기법을 통해 분명하게 보여 준다. 캄캄한 광산으로부터 시인은 우리를 귀금속들과 보석들이 거래되는 곳으로 데리고 간다(15~19절). 동양의 보석상들의 시장이 우리 앞에 펼쳐진다. 인간이 자연으로부터 가치 있는 것으로서 획득한 것들 중 어떤 것도 지혜의 가치에 필적할 만큼 가치 있는 것이 없다(잠 2:4, 3:14~15, 8:19, 16:16 참고).

이것으로 수고하며 깨닫고자 하는 인간에게 하나의 한계선이 드러난다. 그 자신이 세계 그 자체를 줄 수 없는 것같이, 세계가 인간이 탐구열을 가지고 문화 활동을 시작하기 이전에 이미 주어져 있는 것같이, 지혜도 또한 그렇다. 전력을 다해 일을 하거나 현명한 거래를 통해서도 지혜를 얻어 낼 수 없다. 그러므로 지혜는 인간의 소유물이 될 수 없다. 바로 이 점에서 지혜가 다른 피조물로부터 구별된다. 피조물로부터 인간은 무엇인가를 소유할 수 있고(창 1:28) 그것이 인간에게 허용되나 지혜는 그렇지 않다. 그러므로 지혜자들 역시 스스로 지혜로운 척하지 말 것을 반복적으로 경고받았다(잠 3:5, 28:26, 사 5:21, 29:14).

우리의 이 지혜시의 양극은 분명하게 드러난다. 첫 번째 부분(1~11절)에서 인간은 다양한 가능성을 지닌 존재로서, 창조와의 대결 구도 속에 구체화된다. 두 번째 부분(12~20절)에서 그는 자신의 한계를 만난다. 지혜가 있는 곳이 그에게 숨겨져 있다. 스스로의 능력으로 할 수 없다면, 그렇다면 지혜자는 어떻게 지혜에 도달할 수 있는가?

21. "모든 생물의 눈에 숨겨졌고
    공중의 새에게 가려졌으며
22. 멸망과 사망도 이르기를
    우리가 귀로 그 소문은 들었다 하느니라.
23. 하나님이 그 길을 깨달으시며
    있는 곳을 아시나니
24. 이는 그가 땅끝까지 감찰하시며
    온 천하를 두루 보시며
25. 바람의 경중을 정하시며
    물을 되어 그 분량을 정하시며
26. 비를 위하여 명령하시고
    우뢰의 번개를 위하여 길을 정하셨음이라.
27. 그때에 지혜를 보시고 선포하시며
    굳게 세우시며 궁구하셨고
28. 또 사람에게 이르시기를
    '주를 경외함이 곧 지혜요,
    악을 떠남이 명철이라 하셨느니라.'"

욥기 28장 21~28절

20절의 두 질문이 연결되는 시의 세 번째 부분에서 시인은 하나의 대답을 제시한다. 지혜, 그것은 피조물의 세계에 잠재되어 있지 않고 (13~14절, 21절), 죽음과 지하세계조차도 그것에 관해 단지 소문으로만 들었다고 하는(22절), 그 지혜는 바로 창조주와 관련된다. 그가 그 장소를 안다(23절). 왜냐하면 그만이 홀로 창조세계 전체를 조망하기 때문이다(24절, 전 3:11, 8:17 참고). 처음부터 그가 태초의 바람과 물, 비와 천둥을 강한 힘으로 제어하기 시작했을 때부터 창조자는 지혜를 바라보고 계셨다(27절). 즉, 그 스스로가 지혜자가 되었다. 그가 지혜를 주시하고, 숙고하고, 탐구하고 그리고 궁구하셨다(27절).

시인은 하나님과 지혜를 구분한다. 지혜는 하나님이 아니다. 그러나 창조의 시작부터 하나님과 지혜는 아주 밀접한 관계 속에 서로 마주 보고 서 있다. 그래서 지혜는 단지 하나님에게만 접근 가능하며 알려져 있다. 인간의 접근이 금지되어 있는 것도 모든 것을 통찰하는 창조자에게는 감추어지지 않는다. 그러므로 하나님, 즉 창조자에게 부합하는 사람은 역시 지혜의 한 부분을 얻을 수 있다. 그것은 시에, 아마도 후에 덧붙여진 것이 분명한, 28절을 통해 분명해진다. 그 절에 지혜의 단서가 되는, 즉 지혜문학서 전체에서 중요한 역할을 하는 말인 '하나님을 경외함'(잠 1:29; 2:5; 8:13; 10:27; 14:26, 27 외; 욥 6:14; 15:4; 22:4; 전 5:7; 7:18; 12:13)이 등장한다. 이 말은 많은 변형된 표현들을 통해 '지혜의 시작'으로서 칭송된다(잠 1:7; 9:10; 시 111:10). 지혜와 하나님을 경외함은 밀접하게 연결된다. 하나님을 경외함은 바로 지혜의 전제조건이며 종결로 설명된다. 그러므로 지혜를 발견하기를 원하는 사람은 그가 창조자를 배제하거나 하나님과의 관계에 의존하지 않는다면, 그것을 발견할 수 없다. 하나님이 없는 지혜는 성서의 지혜자들에게는 존재할 수 없었다. 하지만 지혜를 가능케 하는 '하나님에 대한 경외감'은 단순히 신앙의 행위이거나 지식의 행위만이 아니었다. 그것은 하나의 윤리적인 차원을 지녔다. 삶의 지혜로서 그것은 악에 거리를 두는 것이었다. 지혜자는 날마다 죄를 피하는 것을 통해 하나님 경외함을 익혀 나갔다.

욥기 28장 23~28절의 지혜와 창조자 사이의 밀접한 관계는 잠언 8장 22~31절에 자극적인 표현으로 다시 등장한다. 이 부분을 이해하기 위해서 먼저 몇 가지의 부연설명이 필요하다. 잠언 1~9장의 교훈연설과 교훈시에서 지혜는 스스로를 여인으로 소개한다. 지혜를 히브리어, 그리스어 그리고 라틴어로 표시한 명사형이 이미 여성형, 즉 *chokmah, sophia, sapientia*이다. 그것을 통해 지혜자들이 의인화된 지혜를 우선적으로 여인으로 설명했음이 명백해졌다. 지혜는 아버지들에 의해 아들들에게 신부나 애인처럼 소개되었고(잠 4:6, 8~9), 마치 잔치의 여주인같이 그들을 연회에 초대한다(잠 9:1~6). 누군가 지혜가 여성성을 지녔다고 해서 그럼 남성은 뭐지라고 생각한다면, 그는 아마도 잠언 9장 13절 이하의 매우 '어리석은 여인'을 통해 위로를 얻을 수 있겠다. 잠언서의 편집자들이 마지막 부분(잠 31:10~31)에 지혜로운 삶의 형태의 ABC로서 칭송을 받는 어떤 현숙한 여인에 관한 알파벳 시36)를 배열한 것은 전혀 우연이라고 할 수 없다. 그럼에도 불구하고 지혜와 여성성의 특별한 친근감은 결국 그들의 종교사학적 표현을 통해 명확해진다. 잠언 8장 12~21절에서 자신을 소개하는 지혜는 무엇보다도 이집트의 지혜와 세계질서의 여신인 마아트(Maat)를 상기시킨다. 잠언 1~9장의 주석가들은 이 마아트 여신이 잠언 8장의

---

36) 역자 주: 절의 첫 단어의 첫 자음이 알파벳 순서로 배열된 시.

지혜의 모습의 표본이 되었음에 전반적으로 동의한다. 지혜여사(Frau Weisheit)는 자신의 장점들과 자신의 지닌 것들에 관해 알린 후 잠언 8장 22~31절에서 그의 태생을 회고한다.

> 22. "여호와께서 그 통치[37]의 첫 열매로서 나를 창조하신 것은
>   곧 태초에 그의 일에 가장 먼저였다.
> 23. 만세 전에 내가 지음을 받았고,
>   곧 상고부터 땅이 생기기 전부터였다.
> 24. 아직 태초의 바다도 있지 않았을 때 내가 이미 생겨났으며,
>   곧 큰 샘들에 물이 흥건하기 전에.
> 25. 산이 세워지기 전에,
>   언덕들보다 먼저 내가 생겨났다.
> 26. 그가 아직 땅도 들도 만들기 전에,
>   땅의 첫 지괴(地塊, 땅덩이)도 만들기 전에.
> 27. 그가 하늘을 지으실 때, 내가 거기 함께 있었고,
>   태초의 바다 표면 테두리를 그리실 때에도.
> 28. 그가 저 위의 구름들을 고정시킬 때,
>   태초의 물 근원의 세력을 정할 때,
> 29. 그가 바다의 한계를 정했을 때,
>   그래서 물이 그의 명령을 거스르지 못했을 때,
>   땅의 기반을 놓으실 때에,
> 30. 그때 내가 그 곁에 있어서 총아(寵兒)가 되었고,
>   날마다 그 기쁨이 되었고,
>   항상 그 앞에서 뛰어놀았다.
> 31. 그때 내가 땅 위에서 뛰어놀았고,
>   인자들에게 나의 기쁨을 나누었다."

지혜는 자신이 창조주의 모든 창조물들 중에서 첫 작품으로 창조되었음을 먼저 회고한다(22절). 지혜는 그러므로 존재하는 모든 것처럼 하나님의 창조물이고, 그의 창조의 일부분이다. 이 사실에서 지혜

---

37) 역자 주: 히브리어로는 '길.'

는 질적으로 하나님과 구별되며, 창조주와 피조물처럼 근본적으로 구별된다. 이집트의 마아트와는 달리 지혜가 신적인 특질을 소유하지는 못했다. 그러나 지혜는 여전히 다른 모든 창조물과 구분된다. 지혜는 이 창조의 범위 내에서 비교할 수 없는 지위와 위엄을 가진다. 지혜는 창조의 장자였다. 아직 천지만물이 존재하기 전에 이미 지혜가 있었다(23절). 하나님이 세계와 사람을 창조하기 전에 지혜를 친히 지었고, 지혜와 내적인 관계를 맺었다. 이런 사상은 많은 창조의 이야기들에 잘 알려진 분명한 시간 구조인 '아직 ……이 없을 때'란 표현으로 특징지어지는 23~26절에 잘 드러나 있다. 모든 시간과 창조 이전의 상태에 대한 조망을 통해 현재 존재하는 세계에 대한 대비가 조성된다. 그 세계는 절대성을 잃는다. 사상가들과 시인들은 무엇이 존재하고 모든 존재하는 것들이 어떤 상태에 있는지만을 생각하지 않는다. 그들은 스스로 도대체 왜 무엇인가가 존재하고 있고 무(無)는 존재하지 않은가에 대해 질문해야 할 책임을 느낀다. 세계와 인간의 존재가 이미 하나의 비밀인데, 이 비밀을 저자들이 그들(세계와 인간)의 존재하지 않았었음에 대해 말하며 우리에게 깨닫게 하고자 한다.

지금 다루고 있는 지혜시에 있어서 특이한 것은 우리에게 알려져 있고, 경험될 수 있는 세계의 존재 이전에 단지 혼돈과 무(無)만 있었던 것이 아니라 창조주와 그의 첫 피조물인 지혜 사이의 태초의 내면적 관계가 있었다는 것이다. 27~29절에서 우리는 존재와 무(無)존재, 창조 이전과 창조 때의 문턱으로 인도된다. 지혜가 선재했었고, 모든 세계 만물보다 먼저 창조되었다면, 창조 때에 지혜가 유일한 피조물로서 창조자의 옆에서 있었음은 당연한 것이다. 지혜만이 스스로 27절에서처럼 말할 수 있다.

"……내가 거기 함께 있었고"

이 짧은 구절의 의미는 우리가 욥기의 유명한 하나님의 말(38~41장)의 서두에 등장하는 질문을 염두에 둘 때 이해된다. 하나님과 자신의 불만족스러운 운명에 대해 논쟁을 하는 욥에게 다음과 같은 질문이 주어진다.

"내가 땅의 기초를 놓을 때에 너는 도대체 어디 있었느냐?
네가 그렇게 대단한 통찰력을 가졌다면, 말해 보라."
욥기 38장 4절

욥은 이 질문에 '내가 거기에 있었다!'라고 대답할 수 없었다. 어떤 인간도 그렇게 할 수 없다. 그러나 지혜는 그렇게 대답할 수 있다. 지혜는 창조의 진행계획을 알고 있다. 왜냐하면 지혜는 초석을 놓을 때부터 함께 있었기 때문이다. 지혜가 다른 모든 피조물과 같이 하나의 피조물이며 신이 아님은 확실하나, 지혜는 동시에 다른 모든 피조물들에 비교할 수 없는 것을 지녔다. 그것이 종결되는 절들(30절 이하)에 표현된다.

이 구절들의 이해는 오늘날까지도 논쟁 중에 있는 *amon*이라는 단어의 번역에 달려 있다. 이 히브리어 단어는 '장인(匠人)'으로, 그러나 그 외에 '양자, 재롱둥이, 총아(寵兒)'로도 번역된다. 최근의 연구들에서는 천칭(天秤)이 마지막으로 언급된 의미 쪽으로 기울어졌다. 그에 따르면 지혜는 세계의 창조 때에 유희를 즐기는 한 소녀의 모습으로 함께했다고 볼 수 있다. 그녀의 유희를 통해서 지혜는 창조자를 기쁘게 하고 즐겁게 하였다. 아이의 유희를 통해서 항상 새롭게 태초의 창조적 상황이 생겨난다. 그 아이는 유희를 즐기면서 세계를 창조해 낸다. 그렇기 때문에 창조자와 그의 피조물인 지혜가 이 세계를 유희 가운데서 생겨나게 했고, 창조자의 총아(寵兒)의 유희가 우주만물의 창조 때에 창조자에게 영감을 주었다고 말할 수 있을까? 지혜가 창조 자를 창조적으로 자극하였을까? 지혜는 창조에 단지 수동적 증인으 로서만 참여한 것이 아니라 이런 식의 능동적인 모습으로 참여한 것 이었을까?

만약 여기서 취급되는 것이 창조자의 여성적 총아에 관한 것이란 사실을 고려한다면, 하나님과 지혜 사이의 태초의 창조적 관계 속에 성적 순간이 또한 완전히 배제되지 않을 것이다. 그러한 많은 예들이 고대 근동의 초상학(Ikonographie)에서 발견되는데, 거기에 보좌에 앉 은 한 나이 든 신과 그 앞에서 유희를 즐기듯 베일을 벗는 한 젊은 여신이 그려져 있다.

[그림 8] 보좌에 앉은 신왕(伸王) 앞에서 베일을 벗는 한 여신이 새겨진 고대 시리아의 원형 인장

이러한 예시들은 단지 일련의 신화적 개념들이 우리가 다루는 텍스트에도 역시 희미하게 나타나고 있음을 주지시키고자 한다. 그러나 신화적 배경은 그 모티브가 야웨 신앙 속으로 흡수되면서 심각한 변형을 겪게 된다. 잠언 8장 30절 이하에서도 바로 그 재롱둥이가 더 이상 여신이 아니라 야웨의 피조물로 표현된다. 그의 옆자리에 다른 신을 위한 자리가 없다(출 20:3; 사 44:6; 45:5). 신들은 그들의 유희를 자신들이 즐긴다. 그러나 창조자와 그의 총아(寵兒)인 지혜가 창조 때에 가졌던 그 기쁨은 그들만을 위한 것으로 국한되지 않는다. 그것은 흘러넘치고 창조 전체에 나눠진다. 왜냐하면 지혜의 유희는 아무도 없는 곳에서가 아니라 지구 위에서 이루어지며, 인자(人子)들과 함께 나누는 기쁨 가운데로 발전되어 간다(31절). 신들의 세계 자체가 인간의 세계로 발현된다. 지혜는 세계를 그 유희 안에 끌어들이고 세계에 즐겁고 유희가 넘치는 기조를 선사한다.

지혜자들도 창조에 관해서 그렇게 말할 수 있었다. 창조자와 지혜의 기쁨으로 가득 찬 태초의 관계 속에서 조성된 세계는 지혜를 통해서 이 뛰는 듯한 기쁨의 매혹 속으로 그 자체가 함께 이끌려 들어간다. 누가 이 지혜의 유희에 자신을 맡기려고 하지 않겠는가? 도대체 누구에게 기쁨으로부터 기인된 창조 속에서 살아가는 것이 흥미 없을 수 있겠는가? 누가 거기서 말을 더듬다가도 찬양함과 송축함 가운데로 나오지 않겠는가?(시 104편 참고) 세계는 하나의 신적 지혜의 유희?

삶의 유희의 법칙

누군가 창조 때의 지혜의 유희38)에 참여하기를 원한다면, 그는 유희의 법칙을 잘 이해하고 익혀야 한다. 지혜는 광범위한 창조신학을 제시하지는 않았다. 대신 그중에서 하나의 특별한 강조점을 내세우는데, 그것은 '질서의 신학'이다. 하나님의 창조적 행위는 본질상 질서를 세우는 행위이다. 그는 '혼돈과 공허(Tohuwabohu)'를 제거하고(창 1:2), 빛과 어둠 사이를 가르고(4절), 물을 궁창 위와 아래로(7절), 아래의 물에서 마른 땅과 해양을(9절) 나누신다. 그는 태초의 바다에 세계를 그려 넣고, 바다에 그 경계선을 긋는다(잠 8:27~29; 욥 38:8~11; 시 104:7~9). 그렇게 카오스(Chaos)로부터 코스모스(Kosmos)가 생성되는데, 그것은 태초 바다의 혼돈 한가운데에 있는 정돈된 세계였다. 창조질서들을 관찰하고 그것을 보존하는 것은 지혜자들에게는 생사가 걸린 중요한 일이었다. 왜냐하면 그것을 어기는 행위 하나하나가 모두 삶을 위태롭게 만들었고, 혼돈의 물결의 거센 파괴 위협에 틈을 주었기 때문이다(창 6:5 이하). 창조신학에 담긴, 질서에 대한 사상으로 각인된 지혜는 그러므로 강력한 윤리적 관심을 가졌다. 창조질서들은 삶의 유희의 법칙들이었다. 정돈된 자연의 세계가 곧 정돈된 사회와 일치했기 때문에 사람은 정돈된 자연세계 안에서 이것(창조의 질서들)에 맞게 살아가야 했으며, 그뿐만 아니라 이것(정돈된 사회)을 혼돈스런 강탈행위들로부터 지키는 것도 마찬가지로 중요하였다. 그 안(정돈된 사회)에도 역시 삶을 보존하려는 유희의 법칙이 있었다.

지혜자들은 이제 이 유희의 법칙들을 일상 속에, 즉 가족, 부족 그

---

38) 역자 주: 놀이.

리고 거주 공동체의 삶의 영역에서 인식하게 하고 새기는 일에 특별한 관심을 가졌다. 그들이 숙고하는 영역은 민족의 승리와 패배가 달려 있는 중대한 순간들의 그것, 민족의 역사의 그것이 아니었다. 그들은 오히려 개개인의 삶의 역사, 그의 출생과 죽음, 아침과 저녁 간의 개인적인 필요들에 대해 숙고했다. 그들은 어떻게 그 중대한 역사가 가정과 거주지라는 좁은 공간의 영역에 영향을 주었고, 민족사를 주제로 다루지 않으면서도 거기서 견디고 살아남게 되었는지를 보여주었다. 그러므로 지혜는 엄청날 정도로 삶에 근접했다는 점에서 두각을 나타낸다. 지혜 안에는 무엇보다도 우선적으로 기초적인 삶의 과정들, 피조물로서 가지는 필요들과 걱정들, 즉 '일상과 구체적인 삶의 비밀들에 대한 극복'이 다루어진다(W. Zimmerli, Grundriß, 136쪽 이하 참고). 이러한 영역에서 수집된 경험지식에는 계속적으로 토지나 부엌, 집 그리고 골목길 같은 아주 평범하고 세속적으로 보이는 것들이 언급되었다.

그들은 질서를 특정 부류의 유형화를 통해 완성한다. 즉, 우리는 가난한 자들과 부유한 자들에 관해 경험하고(잠 10:15; 13:7~8; 14:20; 18:23; 19:4; 22:2, 7; 전 5:10~12), 부지런한 자들과 게으른 자들(잠 6:6~11; 10:4; 11:16; 12:24; 13:4; 15:19; 19:24; 20:4 외), 쉽게 화를 내는 사람들과 잘 참을 줄 아는 사람들(잠 15:18; 17:14; 20:3; 26:17~19), 어리석은 자들과 지혜로운 자들(잠 1:7; 3:35; 10:14; 11:12; 12:15; 13:20 외), 의인들과 악인들(잠 4:18~19; 10:3, 7, 11, 16, 20; 11:8~9, 21; 12:5 외), 존경할 만한 여인과 비난받아야 할 여인(잠 2:16~19; 5:3~6; 6:24 이하; 7:5 이하; 12:4; 31:10 이하), 종들과 주인들(잠 11:29; 14:35; 17:2; 19:10; 29:21; 30:10; 전 7:21; 10:7)에 대해 경험한다. 이러한 '유형들'

에 삶의 자세들이 접목되는데, 그 자세들은 권장되거나 또는 그것을 피하도록 경고되는 것들이다. 그리고 이런 추천과 경고는 종종 위트와 딱 들어맞는 풍자와 섞여서 적절하게 나타난다. 말다툼을 좋아하는 자는 마치 옆을 지나가는 개의 꼬리[39]를 밟는 자에 비유가 되고(잠 26:17), 게으른 자는 침대에서 마치 돌쩌귀의 문짝같이 이리 뒹굴저리 뒹굴 한다고 표현된다(잠 26:14). 거기에 다음과 같은 질문이 던져지기도 한다.

> "누가 탄식의 소리(아!)를 내고, 고통의 신음소리를?
> 누가 논쟁을, 누가 원망을?
> 누가 이유 없는 상처를?
> 눈이 풀린 자는 누구?
> 늦도록 포도주를 붙들고 앉아 있는 자들,
> 향신료를 친 포도주를 맛보고자 돌아다니는 자들이다."
>
> 잠언 23장 29~30절

그리고 누가 다음과 같은 것을 알지 못했었는가?

> "채소 식단에 사랑이 있는 것이
> 살진 소고기를 먹으나 증오가 있는 것보다 낫다."
>
> 잠언 15장 17절

소에 대한 말이 나왔으니, 그 남편이 사업차 여행을 떠난 어떤 음탕한 유부녀의 꾐에 빠진 젊은이를 언급하지 않을 수 없다. 그 젊은이의 종국이 탁월하게 묘사된다.

---

39) 역자 주: 잠언 26:17의 우리말 번역은 히브리 구약성서(BHS)의 본문과 같이 '귀'로 되어 있으나 저자는 칠십인역의 증거를 따라 수정한 '꼬리'로 번역하고 있음.

"어리둥절하게 그가 그녀를 따라갔는데,
마치 소가 도살장으로 가는 것 같이 따라간다."

잠언 7장 22절

곳곳에서 일상의 삶이 그것을 위태롭게 하는 것들과 옳은 길에서 벗어나게 하는 것들, 그 기쁨과 선행의 일들과 함께 다루어진다. 일상의 비밀들을 포함하고 있는 삶의 규칙들은 습관의 힘들이 지배하고, 모든 사람들이 확실하게 안다고 믿는 곳에도 있다. 우리의 일상이 때때로 소소한 일들에 휘말리고 그렇게 간단한 일에도 우왕좌왕하는 일이 얼마나 많았던가? 그리고 어느 순간 우리는 우리 자신과 다른 사람의 삶을 손상시키고, 정돈된 사회를 위태롭게 만들어 버리고 만다.

우리가 만약 이 일상의 지혜를 단지 진부한 것 그리고 소시민의 윤리 수준밖에 안 된다고 비난한다면, 우리는 이것을 저평가하는 것이 될 것이다. 오히려 이 지혜는 삶에 대한 근접성과 밀접함을 통해, 보기에 당연하지만 그냥 저절로 이해되지는 않는 것에 주의를 기울이게 한다. 종종 사람들은 다음과 같이 말하는 것을 듣게 된다: 적절한 때(전 3:1 이하) 또는 적절한 정도(잠 30:8; 17:1; 전 7:16~18)에 주의를 기울이라! 그렇지 않으면 치명적인 손해를 볼 수도 있다. 모든 순간들이 우리에게 최종적 결정을 요구하지 않는다. 최종적 결정을 내리기 바로 전 단계의 결정들이, 그것이 겉으로 보기에는 일상적인 것이나, 종종 우리를 넘어뜨리는 실제적인 것이기도 하다.

사람들은 지혜자에게 단지 자신의 집만 돌보느니, 탈정치적인 개인생활로 복종적인 상태로 전락되었느니 하며 부당한 판단을 한다. 왜냐하면 그에게서 국가 역사에 대한 심장박동을 전혀 느낄 수 없기 때문이란다. 지혜자는 확실히 국가를 면밀히 관찰하는 사람이었고 국가의 공공연한 대리자였고, 누구보다도 중요한 왕의 대리자였다. 그가 사소한 것에서 발견한 질서들과 규칙들은 중대한 것에서도 역시 발견되었다. 그는 국가의 권력을 진지하게 받아들였고 존중하지만 동시에 비판적으로 다루었다.

> "백성이 많은 것에 왕의 영광이 있고,
> 백성이 적은 것에 주권자의 멸망이 있다."
>
> 잠언 14장 28절

> "왕의 노함은 사자의 부르짖음 같으나,
> 그의 은택은 풀 위에 이슬 같다."
>
> 잠언 19장 12절

> "왕 앞에서는 너 자신을 드러내지 말며,
> 대인의 자리에 서지 말라."
>
> 잠언 25장 6절

권력 또는 권력자들과의 교류는 그 자체로 달콤함을 지녔다. 그것(교류)도 교육되어야 한다. 그것을 위해 적절한 만큼의 지혜가 필요하다. 명성을 좇는 자가 반드시 외교적인 협상 마루에서 성공을 거두는 자는 아니다. 사람들이 왕과 그의 신하들 앞에서 갖는 모든 존경심조차도 과대평가되지 않는다. 그들의 권력과 그 영향력은 상대화된다.

> "가난하여도 지혜로운 소년은
> 연로하나 어리석은, 더 이상 경고를 받을 만한 명철이 없는 왕보다
> 낫다."
>
> 전도서 4장 13절

그들의 연회와 퇴폐적인 처신들은 비판을 받는다.

"왕은 어리고 대신들은 아침부터 연락하는 너, 이 나라에 화로다!
왕은 귀풍스럽고, 그 신하들은 술꾼이 아니라 대장부로서 적절한
때에 먹는
너, 이 나라여 복이 있도다!"

전도서 10장 16~17절

왕들과 부자들의 '밀사' 앞에서의 냉정함이 경고된다.

"심중에라도 왕을 저주하지 말며
침실에서라도 부자를 저주하지 말라!
공중의 새가 그 소리를 전하고
날짐승이 그 일을 전파할 것임이니라."

전도서 10장 20절

권력자들은 확실히 위험할 수 있다. 왕들과 어울리는 것이 항상 좋은 것은 아니다. 그러나 그들 역시 명예욕을 부르고 과시함에 있어서 약간은 우습다.

"당당하게 발을 옮기는 것이 셋,
늠름하게 걸음을 옮기는 것이 넷 있으니,
곧 아무것 앞에서도 물러서지 않는 동물의 왕 사자,
꼬리를 세우고 걷는 수탉,
떼를 거느리고 가는 숫염소,
백성 앞에서 연설하는 왕이다."

잠언 30장 29~31절[40]

---

40) 역자 주: 수잠언의 '서넛'이란 표현에는 앞의 셋을 통해 마지막 네 번째를 풍자하는 특징이 있는데, 한글 개역은 그 의도가 잘 살아나지 않고 또 31절의 번역(마지막 줄)이 일반적인 다른 번역과 다름에 주의하라. 참고: "잘 걸으며 위풍 있게 다니는 것 서넛이 있나니 곧 짐승 중에 가장 강하여 아무 짐승 앞에서도 물러 가지 아니하는 사자와 사냥개와 숫염소와 및 당할 수 없는 왕이니라."(한글개역)

이런 문장들에서 가장으로서의 어떤 행위 차원을 넘어서 국가와 사회 공동체적인 공공의 영역에도 역시 주의를 기울이고 있음을 알 수 있는 표현들이 보이지 않는가? 비록 이 두 영역이 결코 동떨어져 있는 것은 아니지만 말이다. 왕의 국가정책이 가정과 개인의 영역에 어떻게 적용되는지가 이른바 '길거리의 남자'41)의 관점에서 짧은 잠언들로 표현된다. 권력을 쥔 자들이 자신들의 과업을 수행하는 그 책임감의 등급에 따라 문장들 안에서 거리감을 두거나 연관성을 만드는 행위, 진지함과 느슨함, 유머와 비판이 서로 섞여 나타난다. 지혜자는 확실히 정치에 등을 지고 불평만 늘어놓는 사람이 아니었다. 그의 잠언들이 혁명가의 필적으로 표현되지 않는 것(잠 24:21~22 참고)은 맞다. 그러나 그의 찌르는 듯 예리한 혀는 왕들과 다스리는 자들에게 그들의 자리가 어떤 자리인지를 상기시켰다(잠 16:10, 12~13; 20:8, 26, 28; 25:2, 29:4, 14). 그들에게도 역시 삶의 유희의 법칙들이 있었다.

정돈된 자연세계와 정돈된 사회의 보존, 이것이 지혜와 연관된 창조와 질서의 신학 목표였다. 이러한 지혜적인 삶의 자세에 대한 표현은 단지 잠언 8장 22절 이하와 같이 그렇게 깊은 신학적 반성이 담긴 하나의 텍스트만은 아니었다. 간단한 문장들, 수잠언, 구체적 사례는 또한 창조 안에서 삶의 유희의 법칙들을 발견하는 데에 도움을 주었다.

---

41) 역자 주: 'Der Mann auf der Strasse'란 독일어 표현은 대부분의 대중을 말하는데, 그들은 사회의 추상적인 이론들보다 자신의 수익으로 무엇이 얼마나 주어지는 데에 더 큰 관심을 가진다.

6장

지혜의
한계들

6장 지혜의 한계들

지혜자들이 보여 주는 창조와 질서에 관한 신학은 지나치게 삶에 집착하는 경향을 띠고 있었다. 그로 인해 그들의 신학에는 삶에 대한 의욕이 억제할 수 없을 정도로 가득 차 있는 것처럼 보인다. 하지만 거기에 존재함에 대한 그들의 용기를 꺾을 수 있었던 요소가 전혀 없었을까? 그들은 과연 기쁨이 넘치는 얼굴을 별안간 굳어지게 만드는 순간을 모르고 있었을까? 그들은 창조를 단지 삶에 도움을 주는, 좋은 것으로만 알고 있었을까? 그 안에도 여전히 잔인함, 고통, 절망, 무의미한 죽음이 존재하지는 않았을까? 지혜자들이 다루는 주제들을 살펴보면 이들이 이미 선하고 지혜롭고 규칙화된 창조에 모순되는 여러 경험까지도 철저하게 기록하고 있음을 알 수 있다. 구약 지혜의 늦은 시기에 이러한 모순된 경험을 집중적으로 다루는 두 책이 있는데, 그것이 바로 욥기서와 전도자의 지혜문서[42]이다. 이 두 책은 이스라엘의 늦은 시기에 그 안으로 미끄러져 들어간 것으로 추정되며, 언제나 '지혜의 위기'에 대한 기록으로 읽힐 것이다. 두 책이 행위 화

---

42) 역자 주: 전도서.

복 간의 관계성 문제에 대해 비판적으로 접근한다는 사실에는 의심의 여지가 없다. 그러나 이전 지혜자들의 교훈에 대해 회의와 비판의 자세를 갖는 것을 단순히 지혜 사상의 위기에 대한 징후로 평가할 수 있을지에 대해서는 반드시 되짚어 보아야 한다. 전승되어 온 전통에 대한 그런 비판적 숙고의 자세는 오히려 지혜 사상이 보여 주는 끊임없는 노력이며 결코 꺾이지 않는 생명력뿐 아니라 창조성에 대한 표징으로도 평가될 수도 있을 것이다. 그러므로 나는 욥기와 전도서에서 보측(步測)되는 것들을 지혜의 위기라고 하지 않고, 오히려 '지혜의 한계들'이라고 부르고자 한다. 그 속을 들여다봄으로써 우리는 이 늦은 시기의 지혜자들의 목소리와 질문들을 더 신뢰하게 될 것이다.

욥의 메시지들

욥은 성경의 가장 모범적인 인물에 속한다. 그의 이야기는 역사가 되었다. 그것에 대해 수많은 근거를 들 수 있다. 욥, 그는 위기에 처한 사람이다. 그와 함께 우리는 이 세상 안으로 침투하는 사탄적인 것을 보게 된다. 악마는 두루 다니며 유의해서 본다(욥 1:7; 2:2). '소위 말하는 악', 욥에게 있어서 그것은 단지 이런 것이 있다는 정도로 보이는 것만이 아니고, 마치 고삐가 풀린 듯이 미쳐 날뛰는 것이다.

모세와 예언자들, 예수에게 일어난 일들에 대해서 그 역사성의 문제가 항상 제기된다. 그것이 정말 그렇게 일어났었을까? 욥에게는 이런 질문들이 전혀 제기되지 않는다. 사람들은 그에 관해서 곧이곧대로 믿는다. 그에게는 모든 역사적 문제들을 초월하는 고난의 엄중함이 있다. 욥의 메시지들 안에서 인간은 역사적 차원을 뛰어넘는 진리들을 다루도록 유도된다. 욥의 이야기가 한 번도 그렇게 일어나지 않았다 할지라도 그 자체가 이미 하나의 실제적 역사이다. 그 이야기는 정확한 연대기상에 존재하는 어느 것보다 더 실제적이고, 더 진실하고, 더 심오하다. 왜냐하면 욥의 모습을 통해 인류의 운명이 서술되고 있기 때문이다. 그것은 사람들의 이야기, 즉 그들이 경험한 하나님과 악에 대한 이야기이다. 그렇게 욥기는 마치 성경의 첫 11장들과 비슷하게 초개인적이고, 초역사적인, 태고사적 면모를 띠고 있다. 욥에게 일어났던 일은 언젠가 다시 한번 일어날 일 또는 앞으로는 결코 일어나지 않을 일이 아니라, 모든 시대에 일어난다. 악은 언제나 우리를 추적하고 있다. 요한 고트프리드 헤어더(Johann Gottfried Herder)는 자신의 글 '히브리 시문학의 정신에 관하여'(Vom Geist der Ebräischen Poesie, Werke 11, 315쪽)에서 다음과 같이 말했다: "그것(욥기)의 강하고 심오한 시문은 그것이 마치 흔하지 않은 일처럼 만들었다. 그것은 땅 위의 모든 고난당하는 의인들의 이야기가 되었다." 이 책이 단지 신학자들과 하나님을 찾는 자들의 전유물이 되지 않았다는 사실은 전혀 놀라운 것이 아니다. 욥은 철학자들, 심리학자들, 문학가들, 그들 모두에게 아주 유명하다. 고난당하는 의인의 원초적 상징인 그는 수많은 사람들의 사상과 지각에 영향을 주었다. 하필이면 왜, 다른 사람도 아니고 하나님이 친히 '순전하고 정직하여 하나님을 경외하며 악에서 떠난'(욥 1:8; 2:3)이라고 인정하는 그에게 '욥의 메시지', 즉 그의 모든 소유물(1:14~17)과 그의 자녀들(1:18~19), 그리고 최종적으로 그의 건강(2:7) ─ 그로 인해 욥이 이제 재에 앉아서 항아리 조각으로 종기들을 긁어야만 했던(2:8) ─ 을 잃음이 적용되는가? 왜 죄 없는 사람이 고난을 당해야만 하는가?

악(Böse)의 기원에 관해

죄 없는 사람에게 고난은 항상 있으며, 그로부터 악의 기원에 대한 질문이 제기된다. 아우슈비츠(Auschwitz)에서 죽은 자들, 그들은 우리와 다른 그 어떤 특별한 죄(시 130:3)를 지었는가? 왜 그들은 죽어야만 했고 우리는 살아남았는가? 그들 위로 갑자기 엄습한 악이 설명되는가? 그들을 압제하는 자의 음흉한 악의로 그것이 설명되는가? 죄 없는 사람이 겪는 고난의 문제는 언제나 인류에겐 풀리지 않는 문제였다. 그 질문에 대한 완벽한 답이 없다. 그러므로 욥기서에 동일한 세 개의 대답이 제시되고, 그것이 나란히 배열되는 것은 결코 우연이라고 할 수 없다. 아마도 그 저자들이 그렇게 했을 것이다. 왜냐하면 그들은 이 세 가지의 대답 모두에 진리의 순간이 담겨 있음을 발견했기 때문이다. 그 대답들은 다음과 같다.

  - 사탄으로부터
  - 인간들로부터
  - 하나님으로부터

첫 번째 대답부터 생각해 보자: 편집자들은 욥 이야기의 최종적인 (?) 편집작업 중에 두 개의 장면을 추가하였다. 그 장면에 사탄(Satan)이 천상회의[43] 중인 하나님 앞에 나타난다(1:6~12; 2:1~7). 히브리 단어 satan은 우선적으로 단순히 '적대자, 적'을 의미하며, 사람을 나타내기도 한다(삼상 29:4; 삼하 19:22; 왕상 11:14). 구약성서의 한곳에서

---

43) 역자 주: 천상회의는 마치 보좌에 앉은 왕의 주변에 그의 모사들이 둘러서서 중요한 일을 의논하고 결정하는 것같이 하늘에서 하나님과 하나님의 아들들이 이와 유사한 형태로 모인 것으로 이해할 수 있다.

하나님은 심지어 그의 천사 중 하나를 길에서 발람에 대항하여 세우며, 그의 대적(satan)이 되게 하기도 한다(민 22:22, 32). 포로기 이후의 시기가 되어서야 겨우 사탄은 하나의 특정한, 하나님의 주변에 속한 존재(대상 21:1; 슥 3:1~2; 욥 1:6 이하; 2:7 이하)가 된다. 이 존재를 어떻게 해석하고 하나님에 대해 어떻게 자리매김을 할 것인지는 역대상 21장 1절 이하와 사무엘하 24장 1절 이하를 비교함으로써 가장 그럴듯하게 설명된다. 두 텍스트들은 다윗 왕이 인구조사를 지시했고, 그것은 분명히 악한 결과를 가져왔음에 대해 말하고 있다. 그러나 (둘 중) 더 오래된 이야기에서는 이스라엘에 대한 야웨의 분노가 다윗 왕으로 하여금 이 불행을 초래한 인구조사를 하도록 '자극했다'(삼하 24:1)고 했으나, 포로기 이후의 역대기 텍스트(21:1)에서는 다윗이 그렇게 하도록 유혹한 것이 사탄이라고 한다. 포로기 이전에는 아직 하나님 자신 안에 놓여 있었던, 어둡고 이스라엘에 적대적인 힘의 존재 가능성이 포로기 이후의 역대기 저자들에겐 더 이상 받아들일 수 없는 것처럼 보였다. 하나님의 어두운 면은 그에게서 외부로 옮겨졌고, 하나의 독립적인 존재로 집약되었다. 그 존재가 이제 야웨의 적대자, 사탄의 역할을 맡은 것이었다. 신 이해의 이러한 변화가 선과 악의 권세 사이의 강력한 이원론으로 특징지어진 페르시아적 종교성의 영향이었음이 전혀 배제되지는 않는다.

이러한 배경 위에서 욥의 이야기에 나오는 사탄의 기능이 상세히 그리고 그 의미가 무엇인지가 밝혀져야 한다.

사탄은 '하나님의 아들들'(1:6; 2:1)에 속한다. 그는 그들 가운데 자리를 차지하고 있고, 하나님의 영역에 머문다.

하나님에게 그는 특별한 관심을 얻는 것으로 보인다. 그는 직접 질문을 받는 존재이다. 천상회의의 그의 '동료들'은 그냥 함께 언급만 되고 있는 것이 분명한데, 그럼으로써 독자에게 사탄이 도대체 어떤 존재인가에 대해서 분명하게 해 주고자 함이다. 아마도 이른 포로기 이후의 시기에 이와 같은 자리 정돈이 필요했던 것 같다. 왜냐하면 사탄은 천상의 존재로서 '하나님의 아들들' 가운데 아직 어떤 고정된 자리를 갖지 못했기 때문이다. 그러나 중요한 것은 여기서 이미 야웨와 사탄 사이의 양극화 현상이 분명히 감지된다는 것이다.

사탄에게 하늘, 즉 하나님의 영역은 너무 지루하였다. 그는 하나님 앞에서 하나의 대단한 산보가이고, 그의 광대한 유랑 길로서 무엇보다도 땅을 선택했다. 그러므로 그는 하나의 중간적 존재, 즉 하늘과 땅, 하나님과 인간 사이를 왕래하는 존재로 (자신을) 보여 준다.

하나님은 사탄에게 그가 자신의 종 욥을 주목하여 보았는지, 그리고 그의 나무랄 데 없는 경건함에 대해 알고 있는지를 묻는다. 이것을 통해 인간과 그의 경건함은 하나님과 사탄 사이의 논쟁거리가 됨이 암시된다. 하나님은 이 논쟁에서 인간의 편에, 자신의 '종 욥'의 편에 선다. 하나님의 이 질문은 또한 욥의 경건함에 대해 다른 방법으로, 즉 사탄을 통해 평가해 보고자 하는 가능성도 있음을 알게 한다.

사탄은 하나님의 질문에 대답 대신 다시 반문한다: "욥이 어찌 까닭 없이 하나님을 경외하리이까?"(1:9) 이 반문은 욥의 경건함만이 아니라, 하나님의 종에 대한 지극한 사랑, 그 둘 사이의 관계의 진실성에 모두 상처를 입힌다. 이것을 통해 하나님 자신과 인간에 대한 관계성에 대해 논쟁한다. 사탄은 욥의 경건함이 단지 하나님이 그를 부유하게 복 주셨기 때문에 유지된다고 주장한다. 그는 경건한 욥의 무사(無私)를 의심한다. 그는 욥에게 일종의 대가를 바라는 경건함이 있다고 생각한다. 즉, 욥은 하나님을 하나님 때문이 아니라 자신의 이익 때문에 존중한다는 것이다. 사탄에게는 하나님과 인간의 관계성을 불신하도록 만드는 기능이 있다. 그러므로 그는 명백히 신학적인 모습을 띤 존재이다. 그는 그저 단순한 악이 아니고, 파렴치의 총체이다! 사탄은 믿음에 의문을 제기하고 그것으로 하나님과 그의 인간에 대한 권세에도 의문을 단다. 사람이 사탄을 단순히 악의 현상일 뿐으로 이해하고 사탄의 이 특별한 기능을 지워 버리는 것은 아마도 잘못된 것일 것이다. 악한 모든 것이 이미 하나님에 대한 믿음에 의문을 제기해야만 하는 것은 아니다. 인간의 악의는 먼저 나로 하여금 인간 자신에 대해 절망하게 하지 반드시 하나님에게 그런 것은 아니다. 사탄은 악의 제국에서 특별한 기능을 가지고 있다. 그는 하나님과 인간 사이에 의심이 생기게 하고, 불신의 씨를 뿌린다. 그는 우리를 하나님으로부터 떨어뜨려 놓길 원한다(막 1:12~13; 마 4:1~11을 또한 참고하라).

어쨌든 사탄은 확실히 하나님 아래에 종속되어 있다. 그는 비록 하나님과 인간의 관계를 부인하고 있으나 하나님을 넘어서서 행동하지 못한다. 하나님은 그의 종 욥을 사탄의 손에 넘겨준다. 그가 악마보다 욥을 더 믿기 때문이다. 그리고 하나님은 사탄이 넘지 못할 한계선을 정한다. 하나님은 악으로부터 인간을 보호하길 원한다. 의문의 여지 없이 여기 하나님의 모습 가운데 해소되지 않는 긴장감이 발견된다. 도대체 왜 하나님은 염치없는 사탄의 도전에 스스로 응하는가? 그럼으로써 하나님 스스로도 역시 악의 공범자가 되지 않는가? 그에게 욥은 더 이상 의를 행하는 자로서 사탄에게 자랑할 만한 가치가 없는 존재인가?

하나님과 사탄은 단지 욥의 경건함에 관해서만 논쟁하는 것은 아니다. 하나님의 자유가 또한 거기서 논쟁된다. 하나님이 사탄과의 이 내기를 허락하지 않았다면, 욥의 경건이 대가를 바라는 경건이라는 사탄의 주장은 하나님과 인간 사이에서 진위 여부가 가려지지 않은 채로 남게 될 것이고, 그렇다면 하나님은 더 이상 자유로운 하나님이 아닐 것이다. 그는 인간으로부터 인정을 받기 위해서 그에게 끊임없이 좋은 것을 베풀어야 할 것이다. 이 내기를 받아들임으로써 하나님은 인간의 행복과 불행을 (역자 주: 그의 선악과 관계없이 마음대로) 결정할 수 있는 자유를 어느 정도 구체화하게 된다. 하나님은 자신에게 해명을 요구할 거리를 남겨 두지 않았다. 왜냐하면 그의 자유에 하나님의 신성(神性)이 걸려 있기 때문이다. 단지 행복의 순간에만 신뢰를 받는 신, 그 신은 더 이상 신이 아니며, 일종의 행운을 가져다주는 존재로 영락(零落)한 인간의 종일 뿐이다. 그래서 하나님은 사탄의 도전을 받아들임을 통해 스스로에게 그리고 인간에게 악마보다 더 강함을 증명하였다.

오늘날 교회는 악마에 대해 거의 말하지 않는다. 이렇게 꺼리는 이유에 대해, 언젠가 에버하르트 융엘(*Eberhard Jüngel*)이 정확하게 말했다. "악마는 일종의 비열한 기생충이다. 그는 선한 것을 꽉 물어서 썩게 한다. 그와 똑같이 그는 의로운 욥에게 접근하였고, 그를 없애고자 하였다. 우리는 그를 매우 위협적인 존재로 받아들인다. 우리는 그에 관해 지속적으로 언급하지만, 그에게 경의를 표하진 않는다." 우리가 오늘날도 역시 악에 대한 경험, 선한 것에 붙어 있는 기생충에 대한 이런 경험을 항상 언급하듯이, 지혜롭고, 고차원적인 신학적 감성을 지닌 욥기의 저자들도 다음과 같은 입장을 고수했다.

하나님은 대적자의 편에 서지 않고, 고난을 당하는 욥의 편에 선다.

선과 악의 싸움에서 그는 고난을 당하는 자의 변호인이다. 그는 악의 실재를 알고 있지만, 그러나 그는 (역자 주: 그 편을 들지 않고) 악에 대해 극단적인 반대편에 서 있다.

하나님은 어느 누구를 통해서도 생명이 해를 받지 않기를 원한다. 악마 자체에게도 허락되지 않는다(2:6). 거침없이 치닫고자 하는 악에게 그는 생명에 대한 경계선을 긋는다.

욥기가 악의 기원에 대한 질문하는 우리에게 주는 두 번째 대답은 욥의 지혜로운 친구들의 대답이다. 그들에게 있어 사탄은 이에 관해 어떤 역할도 하지 못한다. 그들은 처음에는 아주 조심스럽게, 그러나 점점 더 집요하게 욥으로 하여금 다음에 대해 주의를 기울이게 한다.

> "왜냐하면 재앙은 땅에서 솟아나는 것이 아니며,
> 밭에서 고난이 돋아나는 것도 아니다.
> 진실로 사람이 재앙을 유발하는데,
> 마치 독수리가 위로 날아오름과 같다."44)

욥기 5장 6~7절

인간은 그러니까, 악한 행동으로 자신의 재앙을 스스로 자초하는 존재이다. 만약 그가 의식적으로 또는 무의식적으로(5:8 이하) 스스로를 계속해서 불행하게 만들지만 않는다면, 그는 충분히 행복하게 될 수 있다. 성서의 첫 부분에서 '그의 마음속에 형성되는 모든 생각이 항상 악할 뿐임'이라고 말하는 그 존재가 바로 인간이다. 그래서 하나님은 결국 그를 지었음을 후회하셨다(창 6:5; 8:21). 이러한 인간의 모습을 배경으로 하여 욥의 지혜로운 친구들은 그의 삶을 자기 비판

---

44) 역자 주: 저자의 사역(私譯)은 히브리 성경의 비평장치와 칠십인역에 기초한 것임.

적으로 성찰해 볼 것과 하나님께 그가 잘못한 것을 고백할 것, 그리고 회개할 것을 경고했다(욥 11:4 이하; 15:4 이하; 22:5 이하). 친구들의 이러한 주장 뒤에는 역시 그들이 옳다고 증명하는 경험이 숨겨져 있지 않은가? 인간은 바로, 스스로 자신의 재앙을 초래하는 존재이고, 악한 행위와 나쁜 결과의 연관성이 시작되게 하는 존재이다. 누가 도대체 전쟁을 일으켰고, 폭탄을 제조했는가? 인간이 아니라면 말이다. 누가 도대체 아우슈비츠(Auschwitz)에서 학살과 고문을 했는가? 인간이 아니라면 말이다. 우리는 욥의 친구들을 너무 쉽게 외면해선 안 된다. 우리에게 불행을 가져다주는 것이 언제나 우리 자신이란 사실은 확실하다. 우리의 복지에 대한 열망이 숲들을 죽게 하고, 오존층을 위태하게 하고, 우리 손주들의 생존을 위한 공기를 빼앗는다. 우리의 어리석은 행동과 오는 세대에게 닥칠 그 결과의 연관성이 생태계에서만큼 우리에게 분명하게 드러나는 곳은 없다. 이 '죄의 법칙'에 대해서 욥(10:6; 14:16~17)도 그의 친구들과 동일하게 알고 있다(4:17; 15:14; 25:4). 그는 심지어 아래와 같이 고백한다.

"내가 이제 죄인으로 인정되어야 할 것인데……"

욥기 9장 29절

친구들의 논거는 확실히 그의 고난에 대해 올바로 다루지 못한다. 그들은 인간에 대해 그렇게 일반적인 것을 말하면서 아마도 옳다고 인정받길 원할 것이다. 그러나 개인의 운명에 있어서 행위-결과-사상은 항상 의문시된다. 트레블린카(Treblinka)45)의 자녀들은 도대체

---

45) 역자 주: 제2차 세계대전 때 폴란드에 있었던 독일 나치군의 포로수용소.

그들의 재앙을 스스로 예비하였나? 또는 삶에 갑작스레 찾아드는 병은 또한 어떤가? 욥의 운명에서 우리가 반드시 깨달아야 할 것은 의롭고, 경건하고, 하나님에게 직접 의인으로 인정된 인간(1:8; 2:3)이 있다는 것이다. 그러나 그에게도 고난은 주어졌다. 하나님은 그에게 고난을 면하게 할 수 없었을까? 그가 그것을 원하지 않은 것인가? 여기서 악의 기원에 대한 질문에 대해 생각해 볼 가치가 있는 하나의 대답만이 최종적으로 남게 된다.

이 대답은 욥기의 영리한 편집자들의 대답, 즉 악마로부터의 악의 기원을 설명한 그 대답이 아니다. 또한 인간을 악의 근원으로 보았던, 욥의 지혜로운 친구들에게서도 이것은 거론되지 않았다. 세 번째 대답은 아마도 고난당하는 당사자의 입에서만 나올 수 있는 것이다. 그것은 구경꾼들과 외부인들의 설명으로써는 상상조차 할 수 없는 것이다. 그것은 본질적으로 욥의 고백을 통해 드러난다.

> "우리가 하나님께 좋은 것을 받았은즉 악한 것도 받지 않겠는가?"
>
> 욥기 2장 10절

하나님 자신은 그러므로 선과 악의 근원인가? 그분의 안에 모든 것, 즉 기쁨과 고난이 함께 있는 내 삶의 전부가 있다. 아마도 사람이 그와 같은 문장을 그냥 그렇게 간단히 내뱉을 수 없을 것이다. 그것은 어떤 경건한 척하는 말과는 완전히 다른 것이다. 이것은 고난을 당하는 자 자신이 손을 부들부들 떨며 두려움 가운데 믿음의 마지막 신비로움에 접근하는 것이다. 그 신비로움은 하나님이 우리에게 선한 것과 악한 것을 준다는 것이다.

아마도 그러한 것을 말할 수 있는 사람은 누구보다도 그의 지나간 삶에서 좋은 것들, 즉 숨 쉴 수 있는 공기, 부모, 친구들, 먹고 마실 것 등등을 하나님이 주신 선물로써 실제로 받았던 사람일 것이다. 욥기는 우리에게 경건한 한 사람을 보여 주는데, 그에게 이 모든 것은 그저 당연한 것이 아니었다. 왜냐하면 그는 단지 아래의 사실을,

"주신 자가 야웨시며"

알았으며 그는 또한 다음의 사실을 말할 수 있었기 때문이다.

"취하신 자도 야웨시니
야웨의 이름이 찬송을 받으소서."

욥기 1장 21절

욥은 모든 것이 선물임을, 그리고 인간은 그것을 요구할 권리가 없음을 알고 있다. 그러니까 그는 평생 하나님에 대해서 개의치 않다가, 어느 날 갑자기 핍절의 순간이 닥치고, 병상에 눕게 될 때에 왜 하필이면 그것이 나에게 닥쳤는가라고 말하는 사람이 아니다. 누군가 좋은 것을 하나님으로부터 받은 좋은 것으로 생각하지 않는 사람은 아마도 신중하게 생각해 보지도 않고 그런 질문을 입에 담을 것이다. 욥은 (그러나) 그렇게 질문할 수 있었다. 왜냐하면 그는 하나님께 대해 그 자신이 가진 관계만 살피지 않고, 그의 자녀들에 대해서도 똑같이 염려했기 때문이다(1:5). 도대체 얼마나 많은 그리스도인들이 과연 그들의 자녀의 '무ー신론적'인 삶의 태도를 타는 듯한 고통과 끔찍한 두려움으로써 받아들일까?

하나님께 좋은 것과 악한 것 모두를 신뢰하는 믿음의 사람, 그 사람만이 고난 중에 출생할 수 있다. 욥은 자신의 믿음을 잃지 않고 그것을 말할 수 있다. 고난당하지 않는 사람은 그러한 문장을 오해할 수 있다. 그러나 우리도 언젠가 그러한 때를 만나게 되어, 그것을 말할 수 있다면 좋을 것이다. 그러한 고백을 하며 축호전도46)를 하기란 불가능하다. 그 고백을 이끌어 내는 것은 매우 어렵다. 그러나 이 세 번째 대답이 악의 기원을 묻는 질문의 가장 심오한 대답이다. 악이 단지 사탄 또는 인간의 열매임이 확실하다면, 나의 전체의 삶은 악마와 그리고 나 자신과의 싸움 외에 아무것도 아닐 것이다. 그리고 이 싸움에는 단지 두 개의 가능성밖에는 없을 것이다. 내가 행운을 얻어서 악으로부터 도망할 수 있든지, 또는 그에게 패하든지. 내가 만약 사탄에게나 나 자신에게 결박된다면, 구원에 대한 희망은 도대체 어디에 있어야 하는가?

누군가 아주 곤고한 나날 가운데에서 하나님의 손으로부터 악한 것도 받아들일 수 있다면, 그는 소망 없이 주저앉을 필요가 없다. 그는 결코 악에게 완전히 예속되지 않는다. 사탄에게도 자신의 악한 본성에도 예속되지 않는다. 악의 뒤편에 여전히 그를 위해 하나님이 서 있다. 그리고 그 하나님은 욥 이야기의 독자가 이미 알고 있듯이, 삶을 원하시는 분(1:12; 2:6; 42:12~17)이다. 이 하나님으로부터 악의 세력 자체도 분리될 수 없다. 설명할 수 없는 악이 설명할 수 없는 채로 그리고 고통스럽게 머물러 있으나, 그것은 또한 제한적으로 머물러 있고, 그것이 하나님으로부터 떨어져 나올 수 없는 한, 사탄적인 것은

---

46) 역자 주: 독일어의 **hausieren**은 가가호호 방문하며 보따리 장사를 하다란 의미인데, 여기서는 아마도 집집을 방문하며 전도하는 것을 의미하는 듯하다.

그 완전성을 잃게 된다. **고난당하는 욥의 고백은 바로 이 경계선 위에서의 고백이다. 그것을 가지고 무엇인가를 처리하거나 논거를 세우려는 것이 아니다.**[47] 그러한 말은 단지 고난을 당하는 자 자신의 입으로부터 나온 것일 때만 귀 기울여 듣게 되고 존중된다. 우리에게는 무엇보다도 고난당하는 의인의 이러한 고백이, 인간이 충분히 피할 수도 있는 그런 죄와 악의성을 은폐하려는 데에, 또 우리의 죄를 하나님에게 떠넘기려는 데에 오용되는 것을 막을 의무가 있다. 욥은 만약 그에게 말할 기회가 주어진다면, 그러한 것을 말할 수 있다. 그러나 행악자의 입에서 희생이라는 고백은 (단지) 신성모독이 될 뿐일 것이다.

인간과 그의 고난

악의 기원에 대한 질문으로부터 또 하나의 질문이 도출된다. 인간은 고난에 대해서 어떤 자세를 가지는가? *게오르그 포오러(Georg Fohrer)*는 이것을 욥기의 주된 주제로 본다(Hiob, 549). 이 질문 역시 여러 가지 답변이 가능하다. 그 답변들을 통해 우리는 욥이 여러 얼굴을 지녔음을 발견하게 된다. 틀을 구성하는 이야기 속에는 하나님이 주시는 선과 악을 어떤 불평도 없이 수용하는(1:21; 2:10) 경건한 인내자가 있다. 우리는 이미 그를 고난을 당하는 인간으로서 이해하고자 했다. 그는 바로 악을 경험했을 뿐 아니라, 그것을 통해 죽음에게까지 자리를 내주었기 때문에(2:9~10), 생명의 하나님을 선과 악의

---

47) 역자 주: 독일어 원본과 달리 이 문장을 강조하는 것은 쓸데없는 신학적 논쟁을 피하고자 하는 역자의 마음을 표현하는 것이다.

틈새에 끼어 있는 그의 전(全) 존재로써 신뢰하는 사람이다.

그러나 욥을 하나의 경건한 인내자로 인정하기를 원하지 않을뿐더러, 오히려 거부할 수 있었던 주석가들이 실제로 있었다. 한 예로 *쇠렌 키르케고르(Sören Kierkegaard)*를 들 수 있다. 그는 욥이란 인물의 여러 개인적 위기 경험에 주목하였다. 그는 체념의 말(1:21) 속에 감추어진 위조되고 무장 해제된 욥을 발견했다. '아름답게 꾸며진 말' – '주가 주셨고, 주가 취하셨다' – 의 위로는 '관료주의적 위로자'의 위로이고 '형식적인 의전관'의 위로이다. 키르케고르는 교리적 체계들에 길들여진 인내자에 반대하면서 '영혼의 비통함 속에서 대담하게', 소송을 제기하고, 하나님에 대항해서 논쟁하는, '참된 증인'으로서의 욥을 법정으로 불러낸다. 그리고 그는 모든 관료주의적 위로자들로부터 고통당하는 자들에게서, 그들에게 남아 있는 유일한 위로인, "울분을 터트리고 '하나님과 다투는 것'"마저 빼앗지 말 것을 경고했다(Werke 5/6, 69). 키르케고르의 항의는 옳다. 왜냐하면 욥기의 대화록 안에는 다른 모습의 욥이 우리의 눈앞에 제시되기 때문이다. 그는 분명 더 이상 경건한 인내자가 아니며, 하나님의 옆에서 그에게 대항하여 자신의 옳음에 대해 소송을 제기하는 반란자로서의 욥이다. 욥의 탄원은 하지만 싸움을 거는 완고함 이상의 것이다. 그것은 그렇게 사느니 차라리 태어나지 않았으면 더 낫겠다고 바라는, 고난당하는 존재의 심연으로부터 솟아오르는 것이다.

> "욥이 말을 내어 가로되,
> 나의 난 날이 멸망하였었더라면,
> '남아를 배었다' 하던 그 밤도 그러하였었더라면,
> 그날이 캄캄하였었더라면,

하나님이 위에서 돌아보지 마셨더라면,
빛도 그날을 비취지 말았었더라면,
어찌하여 내가 태에서 죽어 나오지 아니하였었던가!
어찌하여 내 어미가 낳을 때에 내가 숨지지 아니하였던가!
그렇지 아니하였던들 이제는 내가 평안히 누워서 자고 쉬었을 것이니
또 부지중에 낙태한 아이 같아서 세상에 있지 않았겠고
빛을 보지 못한 아이들 같았었을 것이라.
나는 먹기 전에 탄식이 나며
나의 앓는 소리는 물이 쏟아지는 것 같구나."
욥기 3장 2~4절, 11절, 13절, 16절, 24절

고난의 심연에서 솟아나는 탄원, 그것이 무엇인지 우리가 어떻게 알 수 있는가? 우리 역시 곤경들과 우리가 원하지 않았던 삶의 환경들에 대해서 한탄하고 투덜거리는 것은 분명하다. 그러나 그것은 본래적 의미의 탄원은 아니다. 우리가 이러한 기본적인 삶의 표현을 잊었거나 투덜대기 정도로 약화시켰던 데에는 아마도 우리의 기독교 전통이 기여한 바가 컸다. 왜냐하면 탄원하는 것－그런 소리를 종종 들을 수 있는데－은 결코 기독교의 미덕이 아니다. 그러나 탄원기도는 성서의 가장 중요한 기도 형태들 중에 하나이다(시 7; 13; 22; 44; 69; 74 등등). 욥과 시편의 기도자들과 함께 우리는 다시 탄원함을 배울 수 있다. 누군가 탄원을 하는 자는 재앙에 맞선다. 그는 인간적인 삶이 그 삶의 규정에 비춰 볼 때, 재앙과 죽음에 속해 있지 않다는 확신을 놓치지 않는다. 누군가 탄원을 하는 자는 결코 잠잠히 고통과 악에게 굴복하지 않는다. 그는 그것들을 삶의 적으로 정의한다. 그렇게 함으로써 그는 곤란한 상황에서 자신을 해방시키기 시작한다. 그러한 탄원은 모든 고난당하는 자들의 가장 절박한 인권이다. 왜냐하면 그들은 그것으로 스스로 '결백을 주장하기' 때문이다. 그것은 해방

의 시작이다. "고난이 그의 자유를 질식시키지 못하고 잠잠하게도 하지 못한 것……, 그것이 욥의 위대함이다."(*S. 키르케고르*, Werke, 77)

그러나―탄원하는 욥을 이해하기 위해 결정적인 것은 이것인데―여기서 요구되는 자유는 인간적 자율권에 대한 욕망의 표현이 아니다. 욥은 독자적으로 인간의 탄원의 법에 귀속하고자 하나님으로부터 벗어나겠다고 말하지 않는다. 누군가 자신의 고통을 스스로에게(만) 탄원하는 자는 그것을 떨쳐 버릴 수 없다. 반대로 누군가 자신의 고난을 하나님께 자유로이 탄원하고 그에게 그의 계심 그대로 기대하는 사람은 그와 대화를 하게 된다. 욥의 유일한 관심은 끊어진 하나님과의 대화의 줄이 다시 연결되는 것이다.

> "오, 누군가가 거기 있어서 하나님이 나를 듣게 된다면!
> 이것이 나의 최후 진술이오니 전능자여, 내게 대답해 주소서!"
>
> 욥기 31장 35절, 27장 8~9절 참고

하나님으로부터 벗어나고자 하는 탄원이 아닌, 하나님 앞으로 달려가는, 아니 하나님을 대항해서 진술할 수 있는 탄원―

> "전능자의 화살이 내 몸에 꽂혔다.
> 나의 영이 그 독을 마셨다.
> 하나님의 두려움이 나를 대적하여 서 있다."
>
> 욥기 6장 4절

> "사람을 감찰하는 당신이여, 내가 죄를 지었나요, 내가 당신께 무엇을 했나요?
> 왜 나를 당신의 공격 목표로 삼으시고,
> 내가 당신의 짐이 되었습니까?"
>
> 욥기 7장 20절, 30장 18절 이하 참고

―이 고난당하는 반란자에게 주어질 자유의 시작이다. 욥에게서 우리는 기독교인이 단지 경건한 인내자로서만 요구되지 않음을 배울 수 있다. 고난을 당하는 자는 탄원과 반란의 권리를 가진다. 이 권리와 함께 그의 자유가 자라는데 이 자유는 하나님 앞에서 스스로를 숨길 필요가 없고, 아무것도 속일 필요도 없으며, 단지 소망을 가지고 살아서 하나님(의 음성)을 듣는 것이다!

하나님과 인간의 고난

하나님의 대답을 구하는 욥의 울부짖음은 공허하게 사라지지 않는다. 하나님은 '폭풍'(38:1) 가운데서 그에게 대답하신다. 이 대답은 고난당하는 자가 기대하던 것과는 다르게 나타난다. 욥은 하나님과 변론하기를 원한다.

> "오, 내가 그를 발견할 수 있는 곳을,
> 내가 어떻게 그 보좌 앞에 도달할 수 있는지를 알 수만 있다면!
> 내가 이 논쟁거리를 그 앞에 가지고 가서
> 내 입에 변백의 말로 가득 채우리라.
> 그가 내게 하실 대답을 내가 파악하고,
> 내게 이르시는 것을 또한 내가 들어 보리라.
> 글쎄, 그가 큰 권능으로 나를 대적하며 다투실까?
> 아니! 적어도 내 말에 귀 기울이시리라.
> 그렇다면 의인이 그와 변론할 수 있을 것이고,
> 나는 이 변론에서 이길 것이다."
>
> 욥기 23장 3~7절

욥에게 중요한 것은 자신의 의로움의 회복이다.

"내가 내 의를 굳게 잡고 놓지 아니하리라.
내 마음이 그의 날들 중 어느 한 날도 부끄러워하지 않는다."
욥기 27장 6절

하나님은 그러나 변론에, 욥의 심문하는 듯한 질문들에 관여하지 않는다. 욥의 의로움에 대한 문제, 그의 경건한 행위의 문제가 하나님에게 어떤 역할을 하지는 못한다. 인간의 옳음과 의로움은 하나님 앞에서 최종적 문제에 이르기 전 단계(vorletzt)에 해당되었다. 왜냐하면 하나님은 더 급한 것이 의로움의 회복이 아니라 삶이란 사실을 알기 때문이다! 그러므로 하나님은 오히려 욥에게 질문을 던진다.

"내가 땅의 기초를 놓을 때에 너는 도대체 어디 있었지?
네가 그리 뛰어난 통찰력을 가졌거든, 말해 보라!
누가 그(땅) 도량을 정하였지? 네가 지금 그것을 안다는 것이지 도대체.
누가 그 측량줄을 그 위에 띄웠었지?
무엇 위에 지축이 세워졌는지,
그리고 누가 그 모퉁이 돌을 놓았는지……?
바닷물이 태에서 솟아나듯 넘쳐날 때에
양문으로 그것을 막은 자가 누구지?
바닷속의 물이 솟아나는 곳에 가 보았는가?
깊은 바다의 밑바닥을 걸어보았는가?
죽음의 문들을 누군가 네게 보여 주었는가?
그리고 너는 저승의 문지기를 보았는가?
눈으로 가득 찬 창고에 가 보았는가?
우박 창고를 네가 한 번이라도 보았는가?
네가 묘성(플레이아데스성단)을 줄로 매어 놓았느냐?
삼성(오리온)의 사슬을 풀겠느냐?
네가 금성의 떠오름을 정하겠느냐?
그리고 네가 큰곰과 그의 새끼를 인도해 내겠느냐?"
욥기 38장 4~6절, 8절, 16~17절, 22절, 31~32절

하나님의 이 질문들이 고난을 당하는 인간에게 대답이 될 수 있을까? 만약 그렇다면 그것은 분명히 이 질문들의 의도를 정확히 이해했기 때문이다. 수많은 해석들에서 모두 이 하나님의 언설(38:1~42:6)이 일차원적으로 이해되어서는 안 된다는 것이 강조된다. 하나님의 반대 질문들은 특이하게 작용한다. 하나님은 "종속된 자의 제한된 이성에 대항해서 측량할 수 없이 어두우나 지혜로 가득한(finster－weisem) 정돈된 세계(Kosmos)로부터의 물리적인 한 방을 먹이며 윤리적인 문제들에 대해" 대답을 한다(*E. Bloch*, Atheismus, 154). 이 질문은 욥을 겸손하게 하고, 복종을 강요하며, 꼼짝 못하는 고난당하는 자에게 전능하신 하나님을 대비시키려는 것인가? 내가 생각하기에 하나님의 이 언설은 욥을 훈계하고 그를 한계선 안쪽으로 밀어 넣으려는 다음과 같은 순간을 담고 있다.

> "무지한 말로 이치를 어둡게 하는 자가 누구냐?
> 너는 대장부처럼 허리를 동여매고
> 내가 네게 묻는 것을 나에게 가르치라!"
>
> 욥기 38장 2~3절

하나님의 언설의 이러한 도입부에서 다음과 같은 것이 분명해진다. 하나님은 욥에게 자신을 가르칠 것을 요구한다. 그러나 인간 중에서 누가 하나님을 가르칠 스승이 될 수 있겠는가? 그러므로 욥이 마지막에 다음과 같이 고백하는 것은 놀라운 일이 아니다.

> "무지한 말로 이치를 가리는 자가 바로 저였습니다.
> 깊은 통찰 없이 내가 말하였고,
> 내게 놀라운 일을 그리고 내가 알 수 없었던 일을 말하였습니다."
>
> 욥기 42장 3절

그리고 하나님이 질문들을 집중 포화하여 또 하나의 다른 차원이 암시된다. 욥은 그의 하나님을 다시 얻는다. 침묵이 찾아온다. 그의 탄원은 공허하지 않았다. 그것은 그를 하나님과의 새로운 관계 속으로 인도하였다.

> "내가 소문으로만 당신에 대하여 알았는데,
> 이제는 내 눈이 당신을 보았습니다."
>
> 욥기 42장 5절

소문과 평판의 뒤에 숨겨져 있었던 하나님이 이제는 눈앞에 있듯이 분명하게 그에 앞에 서신다. 다시 얻어진 이 관계성 속에서 욥은 또한 그의 세계를 재발견한다. 고난의 지하 감옥은 폭파되고, 좁아진 고통의 지평선은 확 트여지고 환해졌다. 하나님은 그의 질문을 통해 욥의 손을 잡고 그로 하여금 전 우주를 둘러보게 한다. 지축으로부터 바다의 문들로, 산들의 꼭대기에서 샘들의 근원까지, 하늘의 별들로부터 땅의 야생동물들까지, 사자(38:39~40), 까마귀(38:41), 산염소(39:1), 들나귀(39:5~8), 타조(39:13~18), 하마(40:15~24). 야웨는 이스라엘의 주변 종교들에도 알려진, 절대적인 '동물들의 주'이다. 그리고 그는 반복해서 욥에게 묻는다. 그것이 지어질 때, 너는 거기에 있었느냐, 모든 것 뒤에 숨겨져 있는 신비스러운 규칙들을 너는 아느냐?(38:4, 18, 33 등등) 하나님이 욥과 함께 창조를 가로질러 거닐며 그를 고난의 굴레로부터 해방시켜 지혜롭게 정돈된 세계를 새롭게 깨닫게 하고 또 거기에 참여하게 한다. 이러한 과정 속에서 욥의 파괴된 세계가 그에게 새롭게 생성된다. 온통 뒤죽박죽이 된 그 자신의 삶 속에 또한 새로운 신뢰감이 그에게 주어질 수 있을까? 질서정연한

[그림 9] 신앗시리아의 원형인장에 새겨진, 타조와 산염소를 길들이고 있는,
'동물들의 주'에 대한 표현

세계는 고난당하는 인간을 위한 위로와 치료의 힘을 지니고 있을까?
하나님의 창조는 모든 것을 일상적으로 돌보고 다스리는 '동물들의
주'의 정원을 가로질러 거니는 것과 비교될 수 있는 치료 수단인가?

확실히 예측할 수 없는 고난과 예견할 수 없는 개인의 운명이 있
다. 그리고 욥의 삶은 하나님에 의해 의도된 전체의 한 부분이고, 창
조의 한 부분이다. 하나님은 욥에게 단지 윽박지르거나, 마치 한 소송
상대자를 대하듯 그와 끝장을 보려거나, 그를 이 세계 속의 무의미한
벌레처럼 가루로 만들어 버리려고 질문들을 던지는 것이 아니다. 이
치료의 질문들은 "연구할 수 없는 차원에 대한 인식과 동시에 자신의
창조자에게 가지는 피조물의 신뢰감을 일깨워 준다."(*V. Maag, Hiob*,
120~121)

욥은 하나님의 이 질문들을 이해했다. 그에게 있어 그 질문들은 충

분한 답이 되었다. 하나님과 함께 창조를 가로질러 거닌 것은 그에게 그의 고난으로 가득한 삶에도 불구하고 새롭게 창조자를 신뢰할 수 있도록 하기에 충분했다. 그는 창조자가 그의 앞에서 우리 삶의 의로움과 불의함에 최종적인 문제가 아닌, 구속자가 또한 될 수 있음을 경험했다. 왜냐하면 그는 선한 자와 악한 자, 의인과 악인의 위로 해가 솟아나게 하시기 때문이다(마 5:45; 잠 29:13). 그래서 욥은 책의 말미에서 더 이상 그의 의를 주장하려고 하지 않는다. 왜냐하면 그는 삶의 하나님과 그가 바로 그 하나님께 가까이 다가섰음을 새롭게 발견했기 때문이다.

그것으로써 욥의 고난이 완전히 해명되지 않는다. 그것은 꿰뚫어 볼 수 없는 한계성 안에 머물러 있다. 우리는 여전히 모든 악에 대해서 설명해 낼 수 없다. 누군가가 무엇을 설명한다면, 그는 그것을 전혀 당해 보지 못한 것이다. 모든 것을 설명해 내고자 함에 대한 단념과, 그리고 동시에 계산해 낼 수 없는 고난과 곤란도 창조자에 대한 신뢰 속에서 당해 낼 수 있고 이겨 낼 수 있다는 확신 그것을 욥은 마지막에서야 겨우 배웠다.

지혜의 사상은 욥기에서 우리로 하여금 극도의 존중을 요구하는, 신학적인 심화를 경험하게 했다. 그것은 고대의 지혜교사들의 여러 경험을 확장하고, 그것을 비판적으로 가려내고 그리고 그것을 인간의 지식과 존재의 한계선까지 끌어간다.

"모든 것이 산들바람이니……"

지혜의 한계에 대하여 다루는 전도서는 질문방식에 있어서 욥기에 매우 가까우면서도 완전히 다른 성격을 지니고 있다. 이 작은 책이 지니고 있는 다양한 면들이 여기 짧은 한 단락 안에 표현될 수 있다. 사람들은 이 책을 욥기와 연결해서 읽으며, 다음과 같은 인상을 받는다. 즉, 여기서는 고난의 심연으로부터 나오는 어떤 목소리를 들을 수 없으며, 오히려 무엇인가에 거리감을 두는 듯한 한 지성인의 이야기를 듣는데, 그는 삶이 가져다줄 수 있는(1:12~14), 모든 것을 실컷 맛본 후, 그것으로부터 좋지 않은 뒷맛만을 느꼈다고. 그러나 자세히 들여다보면 이러한 첫인상은 잘못된 것임을 알 수 있다.

전도자는 그가 사용하는 단어를 부분적으로 상인의 언어로부터 이끌어 낸다. 그의 핵심적인 질문들 중 하나는 다음과 같다.

> "사람이 해 아래서 수고하는 모든 수고가 자기에게 무엇이 유익한고?"
>
> 욥기 1장 3절

히브리어 단어 *jitron*(이익)을 통해 표현되는 것은 상인이 장사를 잘함으로써 얻게 되는 것, 즉 이문이다. 전도자는 다양한 삶의 여러 경험을 관조하며 이 매상고에 대해서(2:11, 13[48]); 3:9; 5:15; 7:12; 10:10) 질문하고, 사람이 그의 모든 지혜로운 행위와 수고로 얻게 되는 장점이 또 무엇인가를 계속해서 질문한다. 그에게 있어 삶은 하나의 '장사'이고, 그것도 아주 잘 안 되는 장사, 그러니까 나중에 가서 보면 아무것도 벌지 못하는 장사인가? 그는 반복해서 다음과 같은 결론적인 대답을 제시한다. "모든 것이 산들바람이다……!" 이것이 그의 책의 첫 문장이며 동시에 마지막 문장(1:2; 12:8)이다. *마틴 루터*(*Martin Luther*)는

---

48) 역자 주: 개역개정의 '뛰어남'은 직역하면 '유익이 있음'이다.

히브리 단어 *hebel*을 '헛된'으로 번역을 하였는데, 그에 의하면 그것은 '아무것도 아닌, 쓸데없는'의 의미였다. 거울 앞에서 쉬지 않고 몸치장을 하는, 한 우쭐대는 바보가 바로 아무것도 아니고, 쓸데없는 일을 하고 있는 것이다. 원래 *hebel*은 매우 구체적이고, 감각적이면서 물질적인 의미를 가졌다. 히브리어의 원 의미는 '산들바람', '공기의 흐름과 입김'으로 볼 수 있다. 이 단어로부터 그의 형 가인에 의해 돌에 맞아 죽임을 당한 목자(창 4:1~16), 아벨(*habel*)의 이름이 유래되었다. 아벨, 그는 바로 너무도 일찍 숨을 거둔 사람이다.

전도자는 그러므로 삶의 유익이 무엇인가라는 질문에 대해 대답한다. 그것은 산들바람! 모든 것이 공기의 흐름과 입김처럼 아무것도 아니고, 썩어 없어질 것이고, 잡을 수 없고, 다시 되돌릴 수 없는 것이고(1:14; 2:1, 11, 15, 17, 21, 23, 26; 3:19; 4:4, 8, 16 등), '바람을 잡는 것'(1:14; 2:11, 17, 26; 4:4, 16; 6:9 등)이다. 그것을 통해 전도자는 삶의 유익이 무엇인가의 물음을 통해서는 삶의 의미를 이해할 수 없다는 철저하게 고통스러운 경험을 선보인다. 누군가 무엇을 돌려받기를 원하고 이익, 수입을 양손에 거머쥐길 바라는 자는 결국 빈손이 된다.

> "저가 모태에서 나온 대로
> 벌거벗은 채로 왔던 모습 그대로 떠나가고,
> 그의 수고로 그가 가져갈 수 있는 것은,
> 어느 것도 없다."

욥기 5장 15절

왜냐하면 마지막은 죽음이고, 죽음에 이르러서는 머리를 굴리는 모든 계산들이 다 수포로 돌아가기 때문이다.

시간의 신비인 죽음

죽음의 불가사의함은 전도자의 다양한 상념들의 뒤에서 계속해서 포착된다. 서문(1:4~11)의 시작과 끝 부분에서 벌써 죽음은 암묵적 손님으로서 꾸준히 자리하고 있다.

> "한 세대는 가고 다른 세대는 오나,
> 땅은 영원히 남아 있다."
>
> 전도서 1장 4절

하나의 긴장감이 조성된다. 인간 세대의 오고 감, 땅의 지속적인 존립, 지나가 버리는 것과 머무는 것, 역동적인 것과 정적인 것, 이러한 대조는 인간에게 임의성에 대한 의구심을 일깨워 준다. 사상이나 생각 자체도 시간의 법칙에 종속되어 있는 한, 지속적으로 붙잡아 둘 수는 없다.

> "이전 세대를 기억함이 남아 있지 않은데,
> 앞으로 올 이후 세대에 대해서도 역시 그러하며,
> 그 이후 세대를 기억함이 남아 있지 않을 것이다."
>
> 전도서 1장 11절

서문의 앞과 뒤를 구성하는 틀은 전도서 지혜의 매우 고통스런 불안함을 이미 내포하고 있다. 그리고 마치 그가 그의 여러 경험과 느낀 것들이 옳은지 증명하기를 원하는 것처럼, 그는 사상(思想)의 유희(遊戲)를 시작하고, 겉으로 보기에는 그것을 극복할 희망이 없는 실험을 시작한다.

상상을 통한 실험 1번: 지혜를 획득하기!

전도자는 가상적으로 자신을 예루살렘의 왕좌에 앉힌다(1:12). 그것은 그가 왕의 위치로부터 인간이 도달할 수 있는 모든 지혜를 얻고자 함이다. 그 결과는,

> "지혜가 많으면 괴로움도 많으니,
> 지식이 많아질수록 고통도 많아진다."
>
> 전도서 1장 18절

지혜가 완전히 쓸모없지는 않으나(2:13; 7:12, 19 참고), 그것이 하나의 소유물로써 획득되지 않는다. 그것은 계속해서 인간으로부터 도망을 한다. 그가 지혜를 더 열망하면 할수록 그에게 또한 더 분명해지는 것은, 그중에 아직도 얼마나 많은 것이 그에게 숨겨져 있는가 하는 것이다.

> "내가 (속으로) 이르기를 '내가 지혜를 얻으리라!' 하였지만,
> 지혜가 나를 멀리하였다.
> 존재하는 것은 멀고 깊고 깊다!
> 누가 그것을 발견해내겠는가?"
>
> 전도서 7장 23~24절

지혜는 그러므로 인간에게 영속적인 존립을 수여하지 않는다. 지혜는 지나가는 세월과 시간을 무효화하지 못한다. 왜냐하면 지혜는 항상 손아귀에 잡히지 않기 때문이다.

상상을 통한 실험 2번: "너는 낙을 누리라!"(2:1)

전도자는 자신을 위해 그의 눈에 원하는 모든 향락을 마련한다

(2:10). 궁궐들과 정원들, 남종들과 여종들, 가축 떼, 은과 금, 남녀 가수들과 첩으로 둔 여인들을 원하는 대로(2:4~8). 이런 향락의 삶을 통한 상승의 결과는,

> "모든 것이 헛되고 바람을 잡으려는 것이며,
> 해 아래서 무익한 것이다."
>
> 전도서 2장 11절

상상을 통한 실험 3번: 지혜와 우둔함의 차이를 (저울에) 달아보기 (2:12). 이것이 전도자가 스스로 내건 마지막 과제다. 지혜로운 자는 어리석은 자와 비교해서 확실히 나은 점이 있나? 그렇다. 그는 (확실히 나은 점을) 가졌다.

> "내가 실로 보건대 지혜가 우매보다 뛰어남은
> 빛이 어두움보다 뛰어남과 같다.
> 지혜자는 눈이 그 머리에 있고,
> 우매자는 어둠 속에서 더듬으며 다닌다."
>
> 전도서 2장 13~14절

그러나 지혜자가 가진, '꿰뚫어 봄'의 장점은 시간에 예속된 장점이지 지속되는 소유물은 아니다. 둘 모두를 말하자면 동일한 운명인 죽음이 뒤쫓고 있다!

> "아, 지혜자가 우매자와 똑같이 죽는구나!"
>
> 전도서 2장 16절

정말 더 고통스러운 것은 인간에게는 심지어 짐승에 우선하는 지속적인 유익이 없다는 것이다.

"왜냐하면 인생의 운명과 짐승들의 운명
이 둘이 하나의 동일한 운명을 가진다.
이가 죽는 것같이 저 또한 죽는다.
그들 모두 동일하게 호흡을 하며,
사람에게 짐승보다 뛰어남이 없다.
실로 모든 것이 헛되다."

전도서 3장 19절

모든 상상을 통한 실험은 전도자로 하여금 지속적인 존립과 사후의 명성, 그리고 칭송받는 사상을 위한 인간의 노력들이 다 영원하지 못함을 증명해 준다. 또한 인간은 자신의 삶을 그렇게 능동적으로 손에 넣고자 하지만, 남는 것은 별로 없다(2:18~19). 지혜의 충만도, 이 세상 최고의 부(富)도, 어떤 성공적인 결과물도 그를 빠르게 흐르는 시간과 죽음 앞에서 건져 낼 수 없다. 죽음 앞에서는 어떤 속임수도 통하지 않는다. 그렇게 죽음은 시간의 한 근본적인 경험으로 머문다. 왜냐하면 시간에 종속된 것은 무엇이나 죽음을 면할 수 없는 것이기 때문이다. 죽음, 그것은 삶의 의미와 삶의 유익에 관한 가장 최종적이고 중대한 논쟁이다.

모든 언급된 것을 생각할 때, 전도자가 글의 말미에 노화와 죽음의 경험이 다시 한번 상세하게 표현되도록 한 것은 결코 놀라운 일이 아니다. 상당히 수준 높은 시적 능력을 동원해서 결코 감각의 겉 표면에만 머물지 않으면서, 삶의 마지막 단계를 육체적인 면과 심리적인 면에서 초고감도로 묘사한다. 거기에 육체적인 안락함과 여전히 남아 있는 기동력에 대한 정보를 확실히 밝히는 일은 분명 충분치 않다. 아직 체험 가능한 아름다움과 노년의 힘에 대한 노래만을 부르는 노화학(老化學)은 감히 쇠퇴의 고통을 정면으로 주시하는 용기를 주지 못한다. 어떻게 노인은 그의 힘이 스러짐과 그가 속한 세계와 주변

세계와의 접촉이 점점 멀어져 감과 행동과 경험의 반경이 점점 좁아져 감을 경험하는가? 전도자는 누구도 능가할 수 없는 문체로 모든 자기기만적인 미화에 반대하면서, 삶의 한계선 위에 놓인 삶의 고통에 저항하면서 노화와 죽음에 관한 그의 시를 노래한다.

1. "젊은 날에 너의 창조자를 기억하되,
   곤고한 날이 이르고,
   너에게 좋지 않다고 할
   해가 가까이 이르기 전에;
2. 해가 어두워지고
   그리고 빛과 달과 별들도 그리 되기 전에
   그리고 비 뒤에 구름이 다시 덮이기 전에;
3. 집의 파수꾼들이 떨고
   그리고 강인한 남정네들이 구부러질 그때,
   창밖으로 날이 어두워져서,
   맷돌을 돌리는 여인들이 더 이상 일을 하지 않는 그때,
4. 밖으로 향하는 문들이 닫히고
   그리고 시끄러운 맷돌 소리가 조용해질 그때;
   새의 시끄러운 소리가 잦아들고
   그리고 모든 노래들이 조용해질 그때;
5. 그런 자들은 언덕을 두려워하고
   그리고 두려움에 떨며 길을 가는 그때,
   그때에 편도나무가 꽃이 피우며,
   메뚜기는 배부르며,
   케이퍼 나무는 그 열매를 내는데,
   반면 사람은 자기 영원한 집으로 돌아간다!
   거리에는 이미 곡하는 여인들이 왕래한다.
6. 은줄이 끊어지고
   그리고 금 등잔이 깨져 (그 조각이) 사방으로 튀고
   그리고 샘 곁의 항아리가 박살나고
   그리고 우물 위의 수레바퀴가 부서지기 전에;
7. 그리고 흙은 원래대로 땅으로 돌아가고,
   숨은 그것을 주신 하나님께로 돌아가기 전에."

전도서 12장 1~7절

그림과 실제 사이를 미끄러지듯 교차시키며 시인은 노화와 죽음의 경험을 탁월하게 느낄 수 있도록 한다. 거기서 몸은 집에 비유가 되는데, 그 집 안은 점점 조용해지고 어두워져 간다. 파수꾼들은 떨게 되고, 힘 있는 남정네들은 구부러진다. 맷돌을 돌리는 여인네들은 그들의 일을 중지하였고(치아), 창들(눈)은 어두워져 간다(3절). 문들(귀)이 닫히고 새의 노랫소리가 잦아든다(4절). 인간은 마치 잠겨 있는 집에 있는 것처럼 몸속에 잡혀 있고 갇혀 있다. 그러다 갑자기 비유적 언어가 마치 하늘의 구름이 걷히듯 사라지고 백발의 노인이 실제의 모습 그대로 우리의 앞에 나타난다. 그는 높은 곳을 오르길 두려워하고, 길에서 놀란다(5절). 이제 시인은 우리를 그와 함께 생동감 넘치는 자연으로, 활짝 핀 편도나무로부터 배부르게 먹은 메뚜기와 터질 듯이 꽉 찬 케이퍼 나무 열매로 묘사된, 눈부신 봄의 어느 날 속으로 데리고 간다. 자연의 생장과 팽팽한 생명력은 노인의 쇠약해져 감과 애처로운 대조를 형성한다. 이 모든 것 속에 하나의 관념이 만들어지는데, 그것은 그것이 마지막 단계일 수 있음을, 어디론가 힘들게 움직여감과 초조해함, 즉 자신의 무덤으로 향하는 길에 서 있는 사람에 관한 것이다(5절). 이미 곡하는 여인들이 이리저리 왕래하고 있다. 한계선에 도달했다. 맨 마지막에 와서야 시인은 담대히 이 경계선을 넘어 가고자 한다!? 몸은 다시 땅의 먼지에 의해 수용되나, 숨은 하나님에 의해 흡입된다. 단 하나의 입김, 그것이 인간의 생명이나, 그것은 하나님의 입김이다. 죽음의 경계에서 겪는 고통은 머물러 있다. 은줄이 끊어지고, 항아리가 박살 나며(6절), 다시 되돌릴 수 없는 것이 사라져 간다. 그러나 죽음 가운데도 역시 한 지식이 남는데, 그것은 나는 나 자신에게 속해 있지 않다는 것, 그리고 하나님과 땅이 나에 대한 권리를 가지고 있다는 사실이다.

그러므로 역시 죽음이 최종적인 권한을 가지는 것 아닌가? 죽음이 거부할 수 없는 그의 시간성을 가지고 인간을 대면하므로, 그것이 시간의 최종적인 비밀인가? 지금까지 그것에게서 모든 삶의 실험들과 또 상상의 실험들이 수포로 돌아가지 않았던가? 만약 그것에 의해 지속이란 개념이 허용되지 않는다면, 과연 인간에게 남는 것은 무엇일까?

삶의 선물인 순간

전도자는 그의 실험들에서 몇 가지의 위대한 과제들을 계획했었다. 그것의 성취를 통해서 그는 지속되는 명성을 기대했다. 그러나 그가 주체적으로 성취한 것의 결과는 우울하게 하는 것이었다.

> "도대체, 사람의 모든 수고로부터 그에게 남는 것이 무엇이고,
> 그리고 그가 해 아래서 고생하며 좇는 욕망에 남는 것은 무엇인가?
> 참으로, 그의 일평생 …… 고통의 가득이며,
> 그가 행하는 것이 …… 분노일 뿐이다.
> 밤에도 역시 그의 마음이 쉼을 얻지 못한다.
> 이것 역시도 헛되다."
>
> 전도서 2장 22~23절

실패의 순간들에 삶은 잠을 이룰 수 없는 밤들 속으로 소멸되는데, 그때에 전도자는 삶의 선물과 그것을 선사하는 자를 발견한다. 아마도 그에게 지속의 개념은 허용되지 않는다. 그러나 그는 이 한계성 속에서도 순간의 유익함을 발견한다.

“사람에게 먹고 마시고
그의 수고 가운데 기쁨을 가지는 것보다
더 나은 것이 없다.
왜냐하면 이것 역시도 내가 파악하기론
하나님의 손에서 온 것이기 때문이다.”

전도서 2장 24절

이미 겪은 여러 경험을 기초로 전도자는 그의 독자들에게, 삶의 유익과 의미를 창조로부터 주어진 좋은 것들의 모습 속에서 발견할 것과 그것에 감사하며 기뻐할 것(3:12~13, 22; 5:18; 8:15; 9:7~10)을 반복해서 교훈한다. 먹는 것과 마시는 것, 빵과 포도주, 흰 옷, 머리의 기름과 아내와 나누는 사랑, 이것들은 하나님께서 해 아래서 너에게 주신 것(9:9)인데, 이것이 바로 인간에게 배당된 삶에서의 몫이다. 항상 그리고 영원한 것은 아니지만, 그러나 때때로 그리고 각각 그의 시간에 인간에게 기쁨으로 주어진다. 그렇기 때문에 적절한 시기를 놓치지 않는 것이 중요하다.

“네 손에 맡겨진 모든 것,
네가 할 수 있는 한 그것을 하라.
왜냐하면 네가 장차 들어갈 스올에는
일도 없고 계획도 없고
지식도 없고 지혜도 없기 때문이다.”

전도서 9장 10절

인간은 생성과 소멸이란 시간의 법칙들에 종속되었기 때문에, 그가 항상 시간을 속이려고 하거나 죽음의 경계 저편의 유익을 어떻게든 한 번 값싸게 구입하려고 한다면, 그는 삶의 기쁨을 잃게 된다. 지혜와 업적을 통해서 죽음을 초월하는 지속성을 그의 삶에 실현시킬

수 있다는 허영 대신에, 전도자는 적절한 순간에 대해 더 겸손하게
주의를 기울일 것을 권고한다. 그는 그것을 오늘날 우리나라(역자 주:
독일)의 록음악에 이르기까지 가지를 뻗은 문학적 영향사를 보여 주
는, 하나의 위대한 시로써 보여 준다.

주제

1. "천하에
   모든 것이 그것의 시간을 지니고 있고,
   모든 계획에 (정해진) 때가 있다."

전개

2. "날 때와
   죽을 때,
   심을 때와
   심긴 것을 뽑아낼 때,

3. 죽일 때와
   치료할 때,
   헐어 버릴 때와
   세울 때,

4. 울 때와
   웃을 때,
   슬퍼할 때와
   춤출 때,

5. 돌을 던져 버릴 때와
   돌을 모을 때,
   껴안을 때와
   껴안는 일을 절제할 때,

6. 찾을 때와
   잃을 때,
   잘 보관해야 할 때와
   던져 버릴 때,

7. 찢을 때와
   꿰맬 때,

　　침묵해야 할 때와
　　말을 해야 할 때,
8. 사랑할 때와
　　미워해야 할 때,
　　전쟁할 때와
　　평화할 때."

교훈적 질문

9. "일하는 사람이 그의 수고로부터
　　얻는 것이 무엇인가?"

전도서 3장 1~9절

시인은 첫 머리의 전제(1절)에서 모든 행위와 모든 경험에는 정해져서 주어진 시간이 존재함을 기억하게 한다. 이 정해진 시간은 확실히 인간의 모든 경우들에 대해 일일이 규정되지는 않는다. 14개의 반대개념의 쌍(2~8절)을 가지고 전도자는 독자들에게 이것을 보여 준다. 반대개념의 쌍들의 수는 아마도 우연이 아닌 것 같다. 7은 단지 고대 이스라엘에서만 상징적인 숫자가 아니었다. 일주일도 칠일이다. 하나님은 7일째 되는 날 창조를 완성하였고, 그날을 안식일로 정했다(창 2:2). 7은 전체성, 즉 완결된 단위의 의미를 갖는다. 진술을 강조하기 위해 사람들은 드물지 않게 배수 값(2×7=14)을 사용한다. 두 겹(줄)은 확실히 오래 버틴다. 시인은 그가 제시한 반대개념의 쌍들의 수를 가지고, 정말 모든 것에 그 때와 시간이 정해져 있고, 어느 것도 이 경험(지식)에서 예외적이지 않으며, 일상의 하나하나의 일들이 그 나름대로 계속 진행될 수 있음을 이미 암시하고자 했던 것인가?

시를 지배하고 있는 또 하나의 중요 개념은 히브리어 명사 et(=때)인데, 그 단어는 변함없이 모든 행에 반복된다. 그것은 주제를 제시하고 있지만, 동시에 끊임없는 반복을 통해 어떤 인간도 이렇게 저렇게 정해진 시간의 그물로부터 벗어날 수 없다는 인상을 주고 있다.

어떤 사람도 자신의 출생과 죽음의 때를 스스로 고를 수 없다. 그것은 정해지는 것이다. 동일하게 식물의 생장의 리듬을 통해 미리 정해진, 심음과 거둠의 때도 마찬가지다. 예전의 누가 스스로 울음과 웃음, 사랑함과 미워함에 대해서 자유롭게 결정을 했었던가? 누가 자신이 고의로 무엇인가를 잃어버렸기 때문에 그것을 다시 찾고자 하겠는가? 그리고 인간의 주도성과 행위 의지 없이 추론될 수 없는, 그러한 반대개념의 쌍들 자체 안에는 인간의 행위가 적절한, 그리고 (누군가로부터) 주어진 순간에 예속되어서 행하여진다는 사실이 눈에 띈다. 인간은 자신의 옷이 더 이상 필요하지 않거나, 자신의 친척의 하나가 죽었을 때, 그 슬픔의 표시로(욥 1:20), 옷을 찢는다. 그는 그 시간이 언제인지 아는가? 그는 그 (옷에 정해진) 시간이 이르기 전에 (역자 주: 즉, 아직도 쓸만한데) 찢었다거나, 또는 정해져 있는 애도의 기간이 지나면 다시 꿰맨다. 그는 그 순간(찢고 꿰매는?)을 스스로 고른 것인가? 또는 침묵해야 할 때와 말을 해야 할 때는 어떤가? 확실히 인간은 원칙적으로 자신의 입을 열어야 할지 그렇지 말아야 할지를 스스로 결정할 수 있다. 그러나 우리의 입이 굳어 있어서, 모든 말하고자 하는 것이 저절로 막히는 순간이 있음을 우리 모두는 경험으로 알고 있다. 심각한 고난(욥 2:13), 그리고 엄청난 공포는 말이 막히게 만든다. 다른 한편에 우리가 말을 해야만 하는 때가 있다. "마음의 가득한 것을 입으로 말함이니라."(눅 6:45)

전도자는 그러므로 정해진 때는 (우리의) 자주성에 대해 분명한 한 계선을 둔다는 경험을 하게 한다. 인간은 출생과 죽음, 행운과 불행, 시작과 기다림에 대해서 자유롭게 권한을 행사할 수 없다. 그는 오히

려 그에게 쓸 수 있도록 허락된 시간을 수용해야 하고, 적당한, 주어
진 순간을 인식하는 것을 배워야 한다. 그래서 그는 그의 시의 말미
에서 다시 한번 삶의 유익에 대한 교훈적 질문을 던진다(9절). 이것은
분명 쉼 없는 인간의 노고를 통해 자기 자신의 행복을 스스로 책임지
고자 하는 자기 독단적인 밀어붙임 식의 실험 행위 안에서는 이해되
지 않는다. 그가 시간을 손에 쥐고 있는 것이 아니라, 시간이 그를 쥐
고 있다. 그리고 이 시간은 비어 있는, 변함없는 흐름이 아니다. 오히
려 이 시간은 인간이 쉽게 무시할 수 없는 가장 다양한 지침들로 가
득 차 있다. 그는 자신의 행위와 그 각각의 시간의 지침들을 조화롭
게 맞추어 나가야 한다. 그것은 전도자가 수동적인 라모리안쯔
(Lamorianz), 즉 모든 것이 이미 결정돼 있고 인간은 삶의 진행과 시
간의 흐름에 있어서 전혀 아무것도 변화시키지 못하므로, 세계와 삶
의 모든 형편에 체념적으로 굴복해야 함에 대해서 말하고 있다는 뜻
이 아니다. 반대개념의 쌍들 자체 중 몇몇 쌍들은 이미 그것에 반대
하고 있다. 그것(반대개념의 쌍들)은 주어진 시점을 놓치지 말 것이
아니라, 그때에 요구되는 것을 할 것을 독자들에게 철저히 주장하고
있다. 만약 심어야 할 때가 온다면, 그러면 심는 것을 위해 그 때를 사
용하는 것이 바로 생사가 걸릴 만큼 시급한 것이다. 거두는 것, 허무는
것과 세우는 것, 침묵하는 것과 말하는 것에도 똑같은 것이 요구된다.
전도자에 의해 제시된 지혜는 스스로에게 해가 되는 인간에 관한 예
들로 가득한데, 그들은 게으름과 우둔함을 통해 각각 주어진 시점을
놓치는 자들이다(잠 6:6~11; 10:5; 20:4; 전 4:5; 5:2, 4; 7:8~9). 그리고
전도자 자신이 아주 힘주어 행함에 대해서 강조하며(9:10; 11:4~6), 스
스로 재난으로부터 움츠려들지 말도록 용기를 준다. 시간의 지침들이

인간을 공공연히 전체적으로 결정짓지 않는다. 그가 모든 삶의 영역들에서 일어나는 일을 수동적으로 수용하는 것으로 판단된다는 의미로는 더군다나 그렇지 않다. 그는 결정과 영향을 끼칠 공간을 확보하고 있다. 인간이 주의 깊고 영리한 행위로서 주어진 환경에 맞출 수 있는 삶과 행위의 영역, 시간적 공간이 존재한다. 랍비 아키바(Akiba, 주 후 2세기)가 표현한 다음의 문장이 그것을 대변한다.

> "모든 것이 예정되었으나, 그러나 자유의지도 주어졌다."
>
> Abot III, 19

인간은 언제나 풍부하게 주어지는 시간의 지침들을 받아들일 것인지 또는 거부할 것인지를 스스로 결정하고, 그것들을 영리하게 이용하든지 또는 바보같이 무시하든지 할 수 있는 가능성을 지니고 있음이 분명하다. 그렇기 때문에 시를 마무리 짓는 교훈적 질문(9절)은 일종의 진짜 질문이다. 주어진 시간들에 대한 인지 속에 또한 유익이 숨겨져 있을 수 있는가? 아니면 이것은 인간을 단지 꼭두각시로 전락시킬 뿐인가?

먼저 주어진 시간에 대한 경험과 인지는 확실히 위로의 면을 가지며, 짐을 덜어 주는 효과를 또한 줄 수 있다. 계절의 순환 속에서 나는 겨울에 이어 여름이 옴(창 8:22)과 밤에 이어 새로운 아침이 옴(창 1:14~18)에 대해서 확신을 할 수 있다. 이 정해진 순환이 나로 하여금 언제 무엇을 해야만 하는지에 대해 끊임없이 스스로 결정해야만 하는 수고로부터 해방시켜 준다. 그리고 엄격한 순환에 대해 알지 못하는 시간들, 즉 병듦과 회복함, 행복과 불행, 자체도 사람이 그것들을 수용하는 것을 배운다면, 가끔은 더 쉽게 이겨 낼 수 있다. 왜냐하면 인간에게는 자신의 행위로 일어나지 않게 할 수 없는, 피할 수 없는 고난과 불행이 있기 때문이다. 그것을 안고 살아가는 법을 그는 배워야만 한다. 그것에 대항해 끊임없이 반항하는 것은 아마도 그를 이 고난에 더욱 견고하게 고정시킬 것이다. 그러므로 전도자는 다음과 같이 권고할 수 있다.

> "좋은 날에는 기뻐하고
> 좋지 않은 날에는 생각해 보라.
> 하나님이 이것뿐 아니라 저것 또한 만드셨음을,
> 그럼으로써 사람이 자신의 뒤에 오는 것의 어느 것도 알지 못하도록 하셨다."
>
> 전도서 7장 14절

여기에 하나님의 행하심의 여지가 마련된다(때가 도래한다). 그는 여러 때를 정해 놓으시고, 그 각각의 때를 좋은 것과 나쁜 것으로 채우신다. 전도자는 하나님께, 인간의 통찰력이 거부된다 할지라도 그에게 옳게 보이는 것을 행하시도록 하는 자유를 갖게 한다. 전도자가 그의 때에 대한 위대한 시에 연결시키는 신학적 명상에서 그는 이러한 견해를 피력한다.

> "하나님이 인생들에게 지우셔서,
> 고통당하게 하신 괴로움을 내가 보았다.
> 하나님이 모든 것을 지었고 그때에 딱 맞게 하셨다.
> 그가 사람에게 시간의 흐름에 대한 전체적인 조망을 하게 하셨는데,
> 그러나 하나님의 완성하시는 일을
> 사람에게 처음부터 끝까지 다 파악할 수 있게 하지 않았다."
>
> 전도서 3장 10~11절

인생들의 노고와 하나님의 창조적인 행위가 여기서 나란히 배열된다. 얼버무릴 것이 전혀 없다. 인간의 행위는 심히 고통스러운 것이다. 그것은 심지어 하나님으로부터 온 곤고이고 노고이다. 그러나 이것은 하나님의 행위에 자리를 내준다. 하나님은 모든 것을 탁월하게 그 시간에 맞게 만드셨다. 세심하게 주의를 기울이는 독자는 곧 창조의 이야기를 기억할 것이다. 거기에 하나님의 하루하루의 작품들은 항상 반복되며 다음의 확인을 거쳐 앞으로 진행되어 간다: "그리고 보시기에 좋았더라."(창 1:4, 10, 12)

그러나 인간에게는 그에게 좋은 것에 대한 통찰에도 한계가 존재한다. 아마도 하나님은 그에게 시간의 전체에 대해 아는 것을 마음에 선물하신 듯하다. 그러나 하나님의 전체 일하심을 실제로 꿰뚫어 보는 것은 그에게 불가능하다. "하나님은 우리 마음보다 크시다."(요일 3:20). 이 경험이 지혜로운 전도자에게는 이미 확실한 것이었다. 하나님의 자유로운 행함에서 인간의 지혜로운 인식은 자신의 한계를 발견한다. 인간은 그것에 대해 어렴풋이 안다. 그는 그것을 각각 그때그때 주어진 순간 속에서 경험한다. 그러나 전체는 그에게 숨겨진 채로 있다. 이 한계에 대해 앎은 고통과 해방을 동시에 의미한다. 고통이라면 그것은 나에게 매일매일의 수고의 의미가 너무나 자주 숨겨져 있기 때문이고, 삶의 성공은 계속 반복해서 나의 손으로부터 미끄러져 나가기 때문이다. 해방이라면 나에게 모든 것에 대한, 나의 날들에 대한 의미와 성공에 대한 부담과 책임이 요구되지 않기 때문이다. 나는 다가오는 나의 몫과 순간들 속에 주어진 행복에 기뻐할 수 있다. 이것은 그 자체로 가치가 있다. 순간 속에 주어진 행복은 확실히 모든 것을 걸었다가 날려 버리게 되도 괜찮을 만큼 귀중한 가치가 있다!

“그러므로 내 소견에는 사람이 자기 일에 즐거워하는 것보다
나은 것이 없는데, 왜냐하면 이것이 그의 보상이기 때문이다.
도대체 누가, 그의 이후에 무엇이 일어날지 알아보려고
저를 저기로(저승으로) 이르게 하겠는가?”

전도서 3장 22절

7장

갈릴리에서 온 지혜자

7장 갈릴리에서 온 지혜자

지금까지 살펴본 이스라엘의 지혜는 구약 이후의 시기에도 지속적으로 영향을 주었다. 지혜는 초기 유대교와 초기 기독교 안에서 집중적으로 발전되어 갔다. 그것에 관해서 일일이 설명하는 것은 이 책의 범위를 넘어서는 일이다. 그러나 적어도 지혜의 교훈이 어떻게 살아남았고 발전해 나갔는지를 조망함으로써 지혜에 대한 우리의 고찰을 끝내야만 한다.

지혜와 토라

초기 유대교의 교훈 지혜에 있어 가장 의미심장한 신학적 발전은 '지혜'와 '토라'를 동일 선상에 놓고 생각하는 경향이 점점 증가되었다는 것이다. 초기 기독교의 지혜 역시도 이런 현상의 연장선상에서 이해할 수 있다. 토라는 거기서 신적인, 모세를 통해 전달된, 시내산의 명령으로, 무엇보다도 일명 다섯 두루마리의 책(Pentateuch), 즉 모세의 다섯 책 속에 기록되었다. 히브리 성서가 그리스어로 번역(칠십인역, Septuaginta)되는 과정에서 히브리어 단어 *torah*(=명령)를 그리스어 단어 *nomos*(=율법)로 대체하는 것은 통례가 되었다. 그것을 통해서 토라가 무엇인가에 대한 이해가 매우 협소해졌다. 말하자면 그것은 오늘날의 의미에서의 율법책만은 결코 아니다. 그것은 모세의 다섯 책을 읽는 사람들 모두에게 분명해진다. 이 다섯 책은 율법적 명령들 이상의 훨씬 폭넓은 것을 포함한다. 이 다섯 책에는 위로와 희망을 일깨우고, 용기와 자유를 갖게 해 주는 이야기들로 가득 차 있다. 사람들은 모세의 두 번째 책에서 단지 이스라엘의 이집트로부터의 해방 이야기만을 생각할 것이다. 이 모든 것이 토라, 즉 그의 백성 이스라엘에 대한 야웨의 명령이다. 히브리어 명사 *torah*는 동사 *jarah*에서 유래되었는데 '보여주다, 가르치다'라는 의미를 갖는다. 동일한 어근에서 *moräh*(=선생)란 명사가 유래되는데, 그 단어를 우리는 지혜문학에서 만나게 된다(잠 5:13; 욥 36:22). 그래서 *torah*라는 명사는 잠언에서 부모나 선생으로부터 아이들에게 주어지는 지혜로운 훈계로 반복해서 표시된다(잠 1:8; 6:20; 13:14; 28:7, 9). 시내산에서의 모세의 명령과 부모나 선생을 통해 아이들에게 주어지는 훈계는 물론 서로 동일시되지는 못할 것이다. 본래적 의미의 토라는 유대인에게 있어 모세의 토라이다. 그러나 그는 지혜로운 가르침의 과정을 표현함에 있어서도 동일한 단어를 사용한다. 모세의 토라와 지혜의 토라, 둘 모두는 하나의 교훈적 행위를 나타낸다.

모세의 토라는 일차적으로 백성에 대한 가르침으로서 생각되었다. 그러므로 그 안에는 이스라엘의 민족적 역사들(족장들, 출애굽, 땅 정복)에 대한 기본적인 정보들이 또한 삽입되었다. 지혜의 토라는 그 시초에 확실히 가족 안에서의 가르침이었는데, 그것은 민족의 존립에 대한 것이라기보다는 오히려 가족적이고 개인적인 안녕에 대한 문제에 관심을 두는 것이었다. 두 영역은 당연히 서로 완전히 구분되는 것은 아니다. 거기에는 겹치는 것과 유사한 것이 있었다. 그러나 사람들은 그 둘을 구별하는 것을 배워야 한다. 이미 구약성서의 시대에 일명 모세의 백성을 위한 토라가 지혜의 가족 내에서의 토라의 요소들과 연결되었던 확실한 징후들이 발견된다.

모세의 다섯 번째 책은 야웨-이스라엘의 관계를 지혜문학의 본보기를 따라 아버지-아들 또는 선생-제자의 관계로 표시한다(1:31; 8:5; 32:6~7). 그리고 계명을 지키는 것에, 마치 지혜에서 가르침에 귀를 기울이는 것에 그런 것같이, 장수와 행복한 삶이 약속된다(4:40; 5:29; 6:2, 24). 그것은 곧바로 백성을 위한 토라의 주제들을 가정의 토라 안에 적용한(6:4~13, 20~25) '가정교리학습'의 형태로 발전된다. 그리고 하나님을 경외함은 지혜의 고전적 주제로써 계속해서 발견된다(6:2, 13, 24; 8:6; 10:12, 20; 13:4 등). 시편 역시도 이러한 민족적인 것과 지혜적 사상의 연결을 보여 준다(시 1; 2; 14; 111; 119).

만약 시내산의 모세의 토라가 고전적 지혜에 직접적인 관련이 없었다면, 그것은 교육적인 면에서 각각의 문서들이 사용되었던 다양한 영역들이 있었을 것이다. 그러나 두 단위가 구약성서 시대에 이미 전혀 관계없이 병존(並存)하지는 않았음이 지금까지의 몇몇 암시들을 통해 보인다. 이미 지혜의 자리에 대한 사회학적 추론에서 이스라엘에 이미 오래전부터 지혜의 관습과 모세의 토라에 문서화된 법의 관습이 서로 밀접하게 연결됨이 분명하게 드러날 수 있었다.

전도서의 발행자도 역시 지혜와 율법이 서로 완전히 분리되지 않음을 공공연히 역설하였다.

전도서 12장 12~13절

아마도 그는 이 후기를 통해서 전도자의 올바른 경건함을 대변하려고 했던 것 같다. 책에서 지혜를 얻고 하나님을 경외하나, 계명을 행하는 것과 상관없다면, 그것은 삶을 진정으로 안전하게 보장할 수 없을 것이다. 아마도 전도자를 향해 다음과 같은 질책이 있었을 것이다. 거기에 서술된 것은 과연 이스라엘적이고 유대적인 믿음이었나? 전도자가 설교한 것은 일반적인 종교성의 한 형태일 뿐이지 않나? 그는 그 나름의 방식대로 신과 세계를 사고한 것인가, 아니면 이미 오래전에 헬레니즘의 통속철학의 광야 속으로 이주한 것은 아닌가? 그가 말하는 것은 여전히 이스라엘의 하나님, 야웨인지? 그러한 비판적인 질문들에 대해 발행자는 다음과 같은 논거로 반박하고자 한다. 전도자의 지혜, 그것은 여러 책들 중에 단지 한 권의 책에 불과하고, 그것은 당연히 이스라엘의 젊은 세대들이 배우고 무엇보다도 행하여야 할 모든 것이 결코 아닐 수 있다. 전도자의 교훈 옆에 시내산에서의 모세의 토라가 있고, 책들을 연구함 옆에 계명의 행함이 있다.

그 후 오래지 않아 주전 2세기에 외경인 예수 시락서는 이제 모세의 토라를 지혜와 동일시하는 사상을 다시 한번 보여 준다.

집회서 19장 20절

시락서에서 반복적으로 만나게 되는 지혜와 토라의 일치성에 대한 이러한 사상(1:26; 6:37; 32:14~16)은 그에 의해서 자신의 지혜 노래 속에 전개된다(24:23 이하). 그래서 이후의 시기에서는 지혜와 율법이 더 이상 서로에게서 분리되지 않는다. 율법에 대해 충실한 유대인이 진정한 지혜자가 된다! 의인에게는-우리가 또 하나의 다른 외경서에서 볼 수 있는 대로(에스드라 2서[49])-지혜를 포함한 모든 은사가 주어진다.

> "왜냐하면 너희에게
> 낙원이 열려 있고,
> 생명나무가 심겨 있고;
> 장래의 영원의 시간이 준비되어 있고,
> 복락이 예정되어 있고;
> 도시가 건설되어 있고,
> 본향이 선택되어 있고;
> 좋은 것이 창조되어 있고,
> 지혜가 준비되어 있다."

에스드라 2서 8장 52절

우리가 초기 유대교와 신약성서에서 지혜의 흔적을 찾는다면, 이제부터는 지혜와 토라의 이 연결성을 항상 주목하는 것이 중요하다. 무엇이 두 성서 사이의 시기에 토라가 지혜 속으로 이렇게 강력하게 통합되도록 하였는가를 질문하는 것은 흥미로운 일일 것이다. 위협적인 헬레니즘으로 인한 유대교의 변질과 점점 증가하는 가족 내에서의 디아스포라의 여러 경험에 직면하여 민족적 교훈의 전수에 대한

---

49) 역자 주: 또는 제4에스라서로 지칭되기도 함. 이유는 구약성서의 정경에 속하는 에스라, 느헤미야를 각각 제1, 제2에스라서로 보고, 보통 외경으로 통용되는 에스드라 1서와 2서를 제3, 제4에스라서로 칭하기도 한다.

중요성이 현저히 증가된 것인가? 또는 학교 설립의 붐을 통해서 가정적-지혜적인 그리고 민족적-종교적인 전통이 강하게 융합된 새로운 교육 제도가 생겨났던 것인가? 어떻든지 간에 그것은 이제부터 지혜와 토라, 삶과 가르침의 일치가 항상 새로운 변형형태들 가운데 발전된, 랍비적 유대교의 기반들에 속하게 되었다. 그래서 예수의 동년배인 랍비 힐렐(Hillel)은 다음과 같이 가르쳤다.

> "좀 더 많은 토라, 좀 더 많은 삶;
> 좀 더 많은 학교, 좀 더 많은 지혜;
> 좀 더 많은 충고, 좀 더 많은 지식;
> 좀 더 많은 선행, 좀 더 많은 평화."

Abot II, 8

그리고 확연하게 이 연결은 글과 사상의 연결에 관한 것만이 아니었음이 분명해진다. 그것은 오히려 하나님을 경외함과 행함의 일치에 관한 것이었으며, 지혜적 삶의 실천과 모세 율법에의 순종에 의한 것이었다.

> "한 번은 랍비 타르폰(Tarphon)과 장로들이 루트(Lud)의 니차(Nitsa)의 집 다락방에 모였다. 거기서 그들 가운데 다음의 질문이 제기되었다. 학문이 중요한가, 아니면 행함이 중요한가? 랍비 타르폰이 대답했다. 행함이 중요하다. 랍비 아키바(Akiba)는 대답했다. 학문이 중요하다. 그러자 모든 사람들이 대답했다. 학문이 중요하다. 왜냐하면 학문은 행함으로 인도하기 때문이다."

Qiddushim 40b

지혜와 동일시되는 토라에 대한 연구는 그러므로 행함, 즉 의도적인 삶의 실천을 목표로 하고 있다. 그래서 초기 유대교에서 토라에 정통한 사람, 서기관, 정상적인 랍비가 지혜자가 되었다. 랍비들은 지혜와 토라 경외심을 오늘날에 이르기까지 유대교에 새겨져 있는, 삶에서의 실천 속으로 녹아 들어가게 하였다.

나사렛에서 온 랍비

복음서 기자 마가는 베드로가 예수와 야고보 그리고 요한과 함께 변화산에 올라갔을 때 다음과 같이 말했다고 우리에게 설명한다.

> "랍비여, 우리가 여기 있는 것이 좋습니다."
>
> 마가복음 9장 5절

이 짧은 장면에서 알 수 있는 것은 예수가 랍비로 불렸다는 것(마 26:25, 49; 막 11:21; 10:51; 요 1:38; 4:31 참고)과 그가 제자들을 거느렸었다는 것(마 5:1; 13:10; 14:15; 10:1; 막 4:34 등)이다. 이것은 이 랍비 예수가 회당에서 가르쳤다는 증거들(막 1:21 이하; 눅 4:15, 44)과 정확히 일치한다. 그의 '전기 작가들' 중 어떤 이는 심지어 어렸을 때의 지혜가 이미 성전의 선생들에게 인정받았음에 대해서 설명하기도 했다.

> "그에게 들은 모든 사람들이 그의 이해력과 그의 대답에 깜짝 놀랐다."
>
> 누가복음 2장 47절

예수가 지혜로운 한 랍비의 모습으로 그려지는 복음서의 그러한 기억을 불신할 근거가 많지 않다. 예수의 시대에 사람들은 특별히 그 것을 위해 교육을 받고 임명된 서기관만을 '랍비'로 칭하지 않았다. 성서를 잘 아는 '평신도-교사'와 '평신도-설교자'도 역시 '랍비'로 칭함을 받았다. 라이너 리즈너(*Rainer Riesner*)는 '교사로서의 예수'라 는 위대한 연구를 통해서 다음과 같은 결론에 도달한다. "예수는 '고 차원적'인 서기관 교육과정을 이수하지 않았다. 그러나 무엇보다도 경건하고 다윗 가문적이며 제사장적 전통에 깃들어 있는 그의 가정, 나사렛과 그 주변의 회당 방문 그리고 정기적인 예루살렘으로의 순 례가 그에게 성서에 대한 뛰어난 지식을 갖게 할 수 있었다."(244) 지 혜로운 랍비 예수에 대해 믿을 만한 이러한 전통들과 기억들을 염두 에 두고 그의 가르침에 대한 질문이 던져진다.

구약성서와 신구약 중간사 시대의 지혜교사들로부터 쓰인 지혜문 서들이 존재한다. 그런데 왜 신약성서에는 그러한 지혜문서의 성격을 지닌 책이 발견되지 않는가? 약간 틀에 박힌 표현으로 대답하면, 왜냐 하면 신약성서 전체는 '예수의 지혜'가 아니라, 오히려 이 예수 자신을 한 인물로서 그리고 그를 인격화된 지혜로서, 선포하려는 의도를 가졌 기 때문이다. 이 대답 속에는 질문함에 있어서의 어려움이 암시되어 있다. 왜냐하면 이 예수라는 인물을 그의 '가르침'으로부터 분리시키 기가 어렵기 때문이다. 이런 이유 때문에 아마도 이미 예수의 생존 시 부터, 그의 추종자들에 가운데는 그의 가르침을 익히고, 기억시키고, 보존하기 시작하였다. 예수 자신은 확실히 구약성서적인 잠언시인의 생생한 전통을 따랐다. 그는 그의 '지혜'를 짧고, 함축성이 있으며, 암 기하기 좋은 요약적 가르침과 메샬림(=잠언)으로 표현했다.

이제 신약성서 연구는 예수의 죽음 이후 오래지 않아 이 지혜적 가르침의 자료가 이른바 '언행자료'(Spruchquelle; Q) 안에 수집이 되었고 문서화되었음을 밝힌다. 즉, 초대교회의 공동체들에는 '예수의 잠언서', 즉 공동체 내에서의 교육에 사용되었던, '어록자료'(Logienquelle)가 있었다. 이 어록자료의 형태와 분량은 마태와 누가복음으로부터 어렵지 않게 재구성된다. 이것으로써 예수 전승의 초기에 구약성서와 초기 유대교적인 지혜문학서들과 많은 부분에 있어서 비슷한 문서가 존재한다.

몇 개의 예들만으로 이것을 설명할 것이다. 지혜문학서로부터 우리는 이미 대조적 평행문구법의 언어형태를 알고 있다. 예수는 그 형태를 반복해서 사용했다.

"너의 눈이 건강하면 온몸이 밝을 것이다.
그러나 너의 눈이 나쁘면 온몸이 어두울 것이다."

마태복음 6장 22~23절

"추수할 것은 많은데,
일꾼은 적다."

마태복음 9장 37절

"내가 이 땅에 평화를 주러 왔다고 믿지 마라.
나는 이 땅에 평화를 주려고 온 것이 아니라, 칼을 주러 왔다."

마태복음 10장 34절

"자신의 생명을 얻고자 하는 사람은 그것을 잃을 것이며,
나 때문에 자신의 생명을 잃는 사람은 그것을 얻을 것이다."

마태복음 10장 39절

이전에 어록자료에 속하였던 전승 속에서 이러한 대조적 평행법이

백 개 이상이나 발견되었다.

역시 지혜문학으로부터 잘 알려진 언어형태인 '팔복(八福)'50)이 있다. 지혜문학에서 지혜자와 의인이 복이 있다고 칭송을 받는 것같이(잠 3:13; 8:32, 34; 20:7; 28:14; 시 1:1 등), 예수는 산 위의 그의 청중들을 그렇게 맞는다.

> "심령이 가난한 사람은 복되니, 천국이 저희 것이기 때문이다.
> 슬퍼하는 사람은 복되니, 저들이 위로를 받을 것이기 때문이다.
> 온유한 사람은 복되니, 저들이 땅을 차지하게 될 것이기 때문이다……."
>
> 마태복음 5장 3절 이하, 누가복음 6장 20절 이하 참고

이것은 지혜 교훈의 언어형태가 어떻게 예수의 선포에까지 살아남았는지에 대한 단 두 개의 예일 뿐이다.

예수는 그러나 지혜의 언어와 교훈의 형태만을 전수받지는 않았다. 그는 성서를 익숙히 아는 랍비로서 또한 그 내용들을 알았고, 그것을 인용할 줄도 알았다. 그는 그 예로 어떤 왕의 (아들을 위한) 혼인 잔치의 비유(마 22:1~14)에 지혜가 벌인 잔치에 대한 전승(잠 9:1~6)을 참고하였고, 새로운 형태로 변형하였다(마 7:8과 잠 8:17; 마 25:40과 잠 19:17 비교). 다른 곳에서 예수는 솔로몬 왕의 지혜에 관해 암시한다.

> "심판 때에 남방 여왕이 이 세대 사람과 함께 등장해 그들을 심판할 것이다. 왜냐하면 그녀가 솔로몬의 지혜로운 말을 들으려고 땅끝에서부터 왔었는데, 여기에 솔로몬보다 더 큰 이가 있기 때문이다."
>
> 마태복음 12장 42절

---

50) 역자 주: 가톨릭에서는 진복팔단(眞福八端)이라고도 하는 Seligpreisungen.

예수는 열왕기상 10장 1~10절을 인용하면서 솔로몬의 지혜와 자신을 연관시킨다. 또 마태복음 6장 29절도 시바 여왕이 솔로몬을 방문한 것에 대한 암시를 품고 있다. 이 예들은 예수가 그의 백성 이스라엘의 지혜 전통을 알고 있었고, 그 가운데서 살았고 그리고 그 전통을 그의 가르치는 사역 가운데서 계속 유지했음을 분명하게 해 주기에 충분할 것이다.

무엇보다도 그는 당연히 지혜와 율법의 연결을 받아들였고 그것을 그의 아주 독특한 율법해석의 기초로 삼았다. 이것은 이른바 산상수훈의 안티테제(Antithese)[51)]에서 가장 분명해진다.

> "옛 사람에게 말한 바를 너희가 들었다.
> '살인하지 마라.' 살인하는 사람은 심판을 받아야 한다.
> 그러나 나는 너희에게 추가로 말한다. 형제에게 노하는 자는 누구
> 나 심판을 받게 된다……."
>
> 마태복음 5장 21~22절

이러한 예수의 율법해석은 항상 이스라엘의 지혜에 대한, 무엇보다도 예수 시락서에 대한, 암시를 포함한다. 살인 금지에 대한 해석에서 예수는 집회서 10장 6절과 28장 2절을 참고하고 잠언 17장 14절로 돌아간다. 간음 금지에 대한 해석에서 나사렛에서 온 랍비는 그의 청중들 더 엄하게 가르친다.

> "음욕을 품고 여자를 쳐다보는 사람은 누구나 이미 마음에 간음하
> 였다."
>
> 마태복음 5장 28절

---

51) 역자 주: 독일어 음역. 모순명제(矛盾命題) 또는 반명제(反命題)로 번역할 수 있다.

어떻게 거기서 욥의 순결맹세나—

"내가 내 눈과 언약을 맺었으니,
처녀를 결코 음탕한 눈으로 쳐다보지 않겠다."

욥기 31장 1절

—또는 예수 시락서의 경고를 떠올리지 않겠는가?

"처녀에게 한눈을 팔지 마라.
그러면 그 여자와 함께 벌을 받지 않을 것이다."

집회서 9장 5절

랍비 예수는 우리 기독교인들에게 있어 이스라엘의 지혜와 신약성서 그리고 초대교회 공동체의 지혜 사이에 놓인 다리이다.

지혜가 그 처음 시작부터 나사렛 출신의 랍비의 교훈적 잠언에 이르기까지 많은 급진적 변화를 겪었다는 사실에는 의심의 여지가 없을 것이다. 이런 과정에서 미리 주어진 교훈명제(욥, 전도서)와 비판적인 논쟁의 단계가 있었다. 다른 종류의 전승자료들과의 연결시도는 강화되었다(토라). 그러나 지혜의 옛 정신의 무엇, 즉 질서를 확립하고, 이웃과의 일상적 교제에 있어서의 규칙을 찾아내고, 행위 화복 관계를 시야에서 놓치지 않으려는 시도는 항상 생생하게 살아남아 있었다.

"사람들이 너에게 해 주기를 원하는 모든 것,
그것을 너도 또한 그들에게 해 주어라. 왜냐하면 그것이 율법이고
선지자이기 때문이다."

마태복음 7장 12절

"청하라, 그러면 너희에게 주어질 것이다.
찾으라, 그러면 너희가 찾을 것이다.
문을 두드려라, 그러면 너희에게 열릴 것이다."

마태복음 7장 7절

영리함과 한계에 대한 지식, 즉 삶의 불예견성(不豫見性)과 어둡고 해명될 수 없는 현상에 대한 인식, 그리고 창조자에 대한 의존과 같은 사상도 남아 있다.

"바람이 임의로 불며, 너는 그 소리를 듣지만,
그러나 그것이 어디로부터 와서 어디로 가는지 너는 알지 못한다."

요한복음 3장 8절, 전도서 11장 5절 비교

"그러므로 내일에 관해서 염려하지 마라.
왜냐하면 내일이 그 스스로를 위해 염려할 것이다.
모든 날들은 각각 그날에 충분한 괴로움을 지니고 있다."

마태복음 6장 34절

예수 – 메시아적인 지혜의 교사

우리가 만일 나사렛에서 온 랍비의 지혜를 단지 이스라엘 지혜와의 연속성 안에서만 그려 낸다면, 그것은 결코 적절한 판단이 아니다. 그 연속성과 관련하여 지혜교사 예수를 익숙하지 않은 빛 가운데로 밀어 넣게 되기도 한다. 게다가 그가 스스로를 이 특별한 빛의 조명 아래에 두었는지 또는 그것은 그의 신실한 추종자들이 그의 죽음과 부활 이후에 그를 그 안에서 빛나도록 한 광채인지의 여부가 항상 드러나지는 않는다.

아마도 그것은 신중한 독자들에게는 마태복음이, 시바 여왕이 솔로몬을 방문한 것을 인용하는 맥락에서 이미 분명해졌을 것이다. 거기에 이런 문장이 있다. "보라, 여기 솔로몬보다 더 큰 이가 있다."(마 12:42) 이 진술은 우리에게 전도자를 기억하게 한다. 그도 똑같이 스스로 주장하길, 그 이전의 어떤 사람보다 더 많은 지혜를 얻었다고 했다(전 1:16). 어떻게 예수는, 그리고 어떻게 그의 제자들은 지혜로우며 이스라엘에서 최고로 추앙받는 솔로몬의 자부심을 능가한다고 할 수 있었나?

복음서의 다른 맥락에서 이 랍비는 그의 제자들에게 묻는다.

> "이 세대의 사람을 내가 누구와 비교하여야 할까? 그들이 누구와 같을까? 그들은 시장에 앉아 서로 다음과 같이 외치는 아이들과 같다. 우리가 너희에게 (춤추도록) 음악을 연주해도 너희가 춤을 추지 않는다. 우리가 (울도록) 애곡을 해도 너희가 울지를 않는다. 왜냐하면 세례 요한이 와서 빵도 먹지 않고 포도주도 마시지 않자, 너희가 '그가 귀신이 들렸다'고 말하더니, 인자는 와서 먹고 마시자, 너희가 '보라, 먹기를 탐하고 포도주를 즐기는 사람이며, 세리와 죄인의 친구다!'라고 말한다.
> 지혜는 자기의 모든 자녀들로부터 옳다 인정을 받았다."
>
> 누가복음 7장 31~35절, 마태복음 11장 16~19절 참조

이 텍스트는 많은 질문을 던진다. 예수는 그와 동시대 사람들을 반목(反目)하고 무기력한 사회로 묘사한다. 한 일상의 모습 속으로 그는 ―경험 지혜와 정확히 일치하듯― 우리를 아이들이 놀고 있는 고대의 어느 시장으로 인도한다. 이 아이들은 일종의 거리공연을 꾸미고 있다. 그들은 다른 아이들을 그들의 놀이에 끌어들일 생각으로 음악을 연주한다. 그러나 어느 누구도 그들과 함께 춤을 추지 않는다. 다른 아이들은 '결혼식'보다는 오히려 '장례식' 놀이를 원한다. 그들은 애

가를 부르기 시작한다. 그러나 어느 누구도 함께 애가를 부르지도 않는다. 그것은 장광설(長廣舌)52)에 머문다. 놀이에 대한 유혹은 아이들의 무관심과 흥미 없음보다 약하다.

갑자기 화자는 일상적인 그림의 영역으로부터 하나님이 인간을 다루는 역사의 영역으로 건너뛴다. 하나님은 금욕주의자인 세례 요한을 보냈다. 그러나 어느 누구도 그의 돌이키게 하는 '놀이'에 참여하지 않았다. 당대에 있어 그는 귀신들린 멍청이였다. 그는 세리와 죄인의 친구인, 인자(人子)를 보냈다. 이 세대에 있어 그는 탐식가요, 술꾼이었다. 하나님이 행한 것은 다름이 아니라, 그가 세례 요한을 통해 애가를 부르게 하여 돌아오라고 외쳤던 것이거나 또는 예수를 통해 잃어버린 자들을 찾아가서 그들을 혼인잔치에 초대하였던 것인데, 하나님은 자신의 '놀이'에 함께하지 않는, 흥미 없고 무관심한 '아이들'을 맞닥뜨린 것이다. 하나님이 그렇게 진지하게 인간과 함께 하고 싶어 하는 놀이의 지혜는 대부분의 사람들에 의해 이해되지 않는다. 이들은 단지 "그는 귀신 들린 자다; 그는 탐식가요, 술고래다"라고 악평하는 어리석음에만 능하다. 하나님의 지혜는 언제나 흥미 없음과 어리석음에 의해 희생된다. 그러나 또한 '지혜의 자녀들', 즉 하나님의 역사에 참여하는 사람들도 있다. 그들은 요한과 함께 (하나님께로) 돌아온다. 그들은 인자(人子)에 의한, 세리들과 죄인들의 잔치 자리에로의 초대에 응한다. 그에게서, 즉 예수에게서 그들은 하나님의 지혜가 인간들이 그 속에서 헤매는 어리석음보다 위대함을 경험한다. 지혜의 자녀들은 재미없어서 한옆으로 밀쳐진 하나님의 지혜의 놀이에 매혹

---

52) 역자 주: 독일어, 영어의 **Palaver**로 이것은 아프리카 부족들 간의 자문회의를 말하는데, 부정적 의미로 소모적 논쟁이 끝없이 반복되는 지루한 회의나 협상을 이름.

되고, 이 지혜가 옳다고 인정하는 사람들이다. 여기서 예수가 우리에게 소개되는 인자(人子)라는 칭호에서 이 하나님의 지혜의 소망이 번쩍인다. 왜냐하면 '인자(人子)'라는 칭호는 종종 '의인화된 지혜'에 대한 대용어로 사용되기 때문이다(R. Riesner, Jesus, 334).

예수의, 즉 인자의 지혜는 여기서 이제 아주 주목할 만한 주장과 연결된다. 한편으로 그것은 위대한 솔로몬의 지혜보다 더 크다고 주장한다. 다른 한편으로 그것의 '더 큼', 그것의 '풍성함'은 작은 자들과 낮은 자들, 즉 세리들과 죄인들을 돌아봄에서 드러난다. 예수의 지혜를 듣고 받아들이는 백성은 언제나 율법에 무지한 시골의 백성, 즉 사람들이 제일 나중에나 기대를 걸었었을, 바로 그런 사람들이었다. 가난한 자들, 슬퍼하는 자들 그리고 평화로운 자들이고, 그들은 의에 주리고 목마른 자들이고, 긍휼히 여기는 자들(마 5:3 이하)인데, 그들에게 하나님의 지혜가 허락된다. '직업적인 지혜자들'에게가 아니라 이런 자들에게 하나님이 갈릴리에서 온 랍비의 지혜를 계시하신다.

> "하늘과 땅의 주, 아버지, 당신께서,
> 이것을 지혜롭고 슬기로운 자들에게는 숨기시고,
> 어린아이들에게는 드러내심을 칭송합니다.
> 그렇습니다, 아버지, 그것이 당신의 기뻐하시는 일이었습니다."
>
> 마태복음 11장 25~26절

예수의 지혜는 무시할 수 없을 정도로 아래로 향한 성향을 지녔다고 규정할 수 있다. 그 안에서 작은 자들과 잃은 자들에 대한 주의 깊은 사랑이 깨어난다.

이 모든 텍스트들을 우리는 예수의 '하나님 나라 선포'의 배경에서 이해하여야 한다. 예수 자신이, 작은 자들이 존경받는, 하나님 나라의 지혜교사로서 인식되었다. 산상 설교가로서 그는 이 나라의 문턱에 서서 그리로 나아오는 자들을 복되다고 칭송한다. 그는 "나는 그러나 너희에게 말하노니……"라고 말하면서 그들을 하나님 나라의 의(義) 와 지혜 가운데로 들여보낸다. 그는 가난한 자들을 영접한다.

> "목마른 사람은 나에게로 와서 마셔라. 나를 믿는 사람은 성경에
> 말하는 대로, 그 배에서부터 생수의 강이 흘러날 것이다."
>
> 요한복음 7장 37~38절

이전에 지혜가 마치 시장 아줌마 같이 자신에게 주의를 기울여 줄 것을 소리쳤다(잠 9:5). 그와 같이 예수도 역시 그의 공동체에게 하나 님 나라의 지혜에 대한 목마름을 해갈할 것을 외쳤다. 이런 초대를 통해 그는 자신을 이사야 55장 1~2절과 연결시킨다. 이러한 초대의 지혜적 성격은 그러나 우리가 그것을, 요한복음에서 구세주를 생명수 로서 언급하는 것과 아주 밀접한 연관성을 보여 주는 초기 유대교 문 서의 배경에서 이해할 때에야 비로소 알게 된다. 그렇게 에티오피아 의 에녹서의 메시아적 환상들 중 하나가 그와 같이 기록하고 있다.

> "저곳에서 나는 의(義)의 샘을 보았다.
> 그것은 결코 마르지 않는 것이었고,
> 그 주변에는 수많은 지혜의 샘들이 있었다.
> 모든 목마른 사람들이 그것으로부터 마셨고 그리고
> 지혜로 충만하였다."
>
> 에티오피아의 에녹서 48장 1절

메시아 왕국의 생명수 강은 의(義)와 지혜의 샘들이다. 예수가 한

인물로서 이 나라에로의 초청을 하는 것이라면, 그래서 그가 그 자신에게로 초청을 한다면, 그것은 그의 인격과 연결이 되고 그렇다면 그 특별한 주장인, 이 사람 "……여기 (이 사람이) 그러나 솔로몬보다 더 크다"가 분명해진다. 예수는 메시아적 지혜교사의 모습 속에서 훨씬 더 분명하게 드러난다. 그의 옆에서 하나님 나라의 지혜는 생수의 강이 되었다. 그의 제자들은 언제나 그렇게 경험을 하였고 그리고 그렇게 그를 믿었다. 아마도 감추어지거나, 간접적인 방법으로만 그의 메시아성이 암시되었다. 그러나 텍스트들이 손가락으로 가리키는 것들은 이런 방향으로 이해되길 원한다. 그에게 귀를 기울이는 사람은 누구나 놀랐고 물었다.

> "그가 어디에서 그것을 얻었지?
> (그로부터) 전달되는 그런 종류의 지혜는 도대체 무엇인가?"
> 마가복음 6장 2절

그로부터 감동을 받은 무리들과 그의 제자들 가운데에 이 놀람과 지혜는 그치지 않았다. 메시아적인 교사는 우리를 또한 민족들 가운데로부터 이스라엘의 지혜 속으로 끌어들였다. 그 자신이 스스로를 시내산과 골고다 언덕의 하나님의 지혜로서 우리에게 계시하였다. 그러므로 역시 그에게서 우리 지혜의 한계를 발견한다.

> "그러나 너희는 스스로를 랍비라 칭하도록 하지 마라. 왜냐하면 너희 스승은 한 분이며, 너희는 모두 형제이기 때문이다."
> 마태복음 23장 8절

이 한계가 살게 한다. 왜냐하면 예수에게서, 즉 이스라엘 출신의 메시아적 지혜교사에게서 우리는 인간이 삶을 위해 필요한 모든 것을 갖기 때문이다. 그는 우리의 유일한 선생이다. 왜냐하면 그를 통하여 이스라엘의 선생들이 또한 우리의 선생들이 되기 때문이다. 그는 그의 사도들을 이스라엘 가운데로 그리고 민족들 가운데로 보냈고 친히 그의 제자들의 모임, 배움의 공동체를 불러 모았다. 사도 바울에게 이스라엘과 교회의 이 배움의 공동체는 하나님의 지혜의 최종적인 그리고 가장 심오한 비밀이었는데, 그것은 또한 그리고 바로 이 배움의 공동체가 오늘날까지 나눠진 각자의 독자적인 길을 가기 때문이다.

> "오, 그 깊은 하나님의 지혜와 지식의 부요함이여!
> 그의 판단은 어찌 그리 측량하지 못할 정도이며 그의 길은 추적 불가능한가!"
>
> 로마서 11장 33절

8장

지혜가
결여된
과학?

8장 지혜가 결여된 과학?

이제 이스라엘의 지혜를 두루 살펴보았으므로 첫 장에서 던진 질문에 대해 다시 한번 생각해 보자. 우리는 여전히 지혜의 외침을 들을 준비가 되었는가?

이스라엘의 지혜자들은 믿음의 비밀들을 다루듯이 일상의 문제들에도 확실히 관심을 가지고 있었다.

> 인간의 행위는 어떻게 예상 가능한가?
> 누가 우주만물에 질서와 구조를 정해 주었는가?
> 왜 하나님의 선한 창조 속에서도 의인은 고난을 당하는가?
> 죽음의 그림자가 드리워져 있는 삶에서 얻는 유익과 의미는 무엇인가?
> 누가 민족들에 있어서 지혜의 교사인가?

존재하는 모든 것이 지혜자들에게 사고의 대상으로 주어졌다. 어떤 것도 의미 없는 것이 없었다. 그는 일상도 소홀히 보지 않았다. 그러나 그는 또한 일상적인 것에 매여 있지도 않았다. 지혜는 일상을 기반으로 삼는다. 그리고 바로 그것을 통해서 지혜는 일상을 넘어서고, 일반적인 것과 특별한 것, 확실한 것과 불확실한 것, 인식 가능한 것과 숨겨져 있는 것, 필수 불가결한 것과 기호에 따라 선택할 수 있는 것 사이의 관계성들을 정립한다.

과학이 우리의 일상에 강한 영향을 주므로 그것이 지혜의 유업을 계승하였는지 그리고 어떤 면에서 그것이 지혜를 공존하는 파트너로서 그 옆에 둘 필요성을 가지는지의 여부를 묻는 일이 필요하다.

낯설어진 자매들

지혜와 과학은 그 근원상 아주 밀접하게 함께 살고 있었다(21쪽과 54쪽 이하를 보라). 그것은 근동의 목록학에 대한 단락에서 분명하게 밝혀졌다. 외경인 솔로몬의 지혜서에서 솔로몬은 우리에게 고대 학자의 전형적인 인물로 소개된다.

> "그분(하나님)은 나에게 만물에 대한 틀림없는 지식을 주셔서,
> 내가 세계의 구조와
> (그것의) 구성요소들의 효율성에 대해 이해하게 되었다.
> 시간의 시작과 끝과 중간,
> 동지, 하지의 변화와
> 계절의 변화와
> 한 해가 저물어 가는 것과
> 별자리들과
> 동물들의 습성과
> 맹수들의 본능과
> 영계(靈界)의 힘과
> 인간의 사고,
> 각종 식물들의 구분과
> 그 뿌리들의 약효를 알게 해 주셨다."
>
> 지혜서 7장 17~20절

지혜자가 섭렵한 과학의 팔레트는 다음과 같이 보일 것이다. 천문학, 연대학, 동물학, 귀신학, 심리학, 식물학 그리고 약학. 결정적인 의미는 그러나 이 단락이 지혜를 모든 과학의 근원으로서 자랑하고 있다는 사실이다.

> "숨겨져 있는 것과 보이는 것을 나는 알았다.
> 왜냐하면 모든 만물을 예술작품으로 조성한 분(역자 주: 여성에 유의!)인,
> 지혜가 나를 가르쳤기 때문이다."
>
> 지혜서 7장 21절

우리에게는 과학과 지혜 사이의 깊은 연관성이 더 이상 주어지지 않는다. 둘 사이에는 프리드리히 니체(*Friedrich Nietzsche*)가 의문을 제기했던 골이 생겼다.

> "지혜는 무엇인가? 과학의 반대말……
> 현재 지혜에 대한 갈급함이 있기는 한가? 아니!
> 지혜에 대한 갈급함은 필요한가, 그럴 필요가 있기는 한가?
> 없다. 그러나 아마도 언젠가 곧 필요성이 생길 것이다.
> 언제? ……"
>
> *F. Nietzsche*, Werke VII, 32

니체는 이 일기장의 메모에서 아마도 모든 민족과 문화의 사상에 깃들어 있고, 성서의 지혜뿐 아니라 철학에도 연결되어 있는, 지혜 전통을 염두에 두고 있었던 것 같다. 그러나 민족들과 문화들의 이 지혜에서 우리는 사고와 언어의, 그리고 삶의 태도를 만나는데 이것은 우리가 가지고 있는 현대적 지식문화의 사고와 언어의 그리고 삶의 습성들과는 뚜렷이 구별된다. 이 태도는 우리에게서 사라져 버렸나?

과학은 자신의 옛 자매인 지혜를 낯선 곳에서 잃어버렸나? 귀환은 있을 것인가? 어쨌든 옛 자매를 잃어버린 것은 우리를 더 피폐하게 만들었다.

누군가가 우리의 지식문화의 부족분을 피력하더라도, 우리가 삶의 질에 있어서 엄청난 유익을 과학으로부터 얻었음을 간과해서는 안된다. 만약 심장마비가 어떤 사람을 익숙한 삶의 행로에서 끌어내린다면, 누가 과연 현대의학의 업적들을 일괄하여 거부할 수 있겠는가? 그리고 우리는 과연 저개발국들의 기아나 생태학적 위협의 도전들에 대해 우리의 모든 과학적 예지(叡智)의 힘을 빌리지 않고 견뎌 낼 방도가 있을까?

그러나 동시에 현대적 원자력공학, 우주공학, 유전공학 그리고 컴퓨터공학으로 인해 시급하게 조처를 취하지 않으면 안되는 행동 영역이 증가하는 추세에 있음도 알게 된다. 과학 지식만으로는 더 이상 이 행동 영역들에 접근할 수 없다. 그것이 식료품 생산에 관한 것뿐만이 아니라 공정한 분배, 우리의 자연환경 보존, 자연적으로 진행하는(werdende) 인간의 삶, 즉 살만큼 살고 존엄한 죽음을 맞이하는 것의 보존에 관한 것이라면, 도처에 과학만으로는 납득할 만한 대답들과 삶에 대한 만족스런 도움들을 구하지 못하게 되는 곳이 있다. 우리는 새로운 사상과 행동의 문턱에 서 있다. 문턱에 서 있다는 이 의식이 과학이 지혜를 통한 시급히 보충되어야 한다는 느낌을 강하게 만든다.

지금이 과학에 그 위험한 결과에 대한 책임을 물을 수 있는 좋은 기회로 보이기 때문이 아니라 단지 이 이유 때문에 과학의 몇몇 부족분들이 언급되어야만 한다. 신중한 학자들은 그들의 행위에 어떤 문제가 있는지를 스스로 안다. 왜냐하면 다음의 질문에 대해 아직도 명확한 판단을 내릴 수 없기 때문이다. 즉, "우리 세계의 구조와 능력에 대해 예측할 수 없을 정도로, 또 숨 쉴 새도 없을 만큼 빠른 속도로 쌓여 가는 지식이 과연 인간을 행복으로 또는 불행으로, 그리고 그를 해방으로 또는 노예화로 만드는 데에 기여할 것인가?"(W. Bernhard, Wissenschaft, 26)

진보에 대한 신념과 현실에의 친밀성

모든 과학적인 작업들은 당연히 진보와 성장에 대한 요구로 특징 지어진다. 그것은 미래로 향해 있는 '시간의 화살'을 품고 있다. 날마다 쏟아져 나오는 지식에 대한 증가로 인해 (그 지식들을) 점점 더 통찰할 수 없게 되고, 제어할 수도 없게 된다. 그러므로 과학에는 좀 더 나은 미래와 지식의 극대화를 위해 과학적 행위가 현재에 초래하는 결과들을 소홀히 하는 잠재적 위험이 도사려 있다. "모든 새로운 비밀들과 우리가 자연으로부터 얻어 낸 모든 힘들은 우리가 원하지 않았지만 인간에게 위협적인 것으로 사용될 수 있다. 누가 연구를 통해 미래에 성취될 진보들이 실제적으로 적용될 때, 긍정적인 것이 부정적인 것보다 훨씬 더 많을 것인지의 여부를 결정할 수 있단 말인가?"(*W. Bernhard*, Wissenschaft, 30) 더 나아질 것이라 추정되는 미래에 현실이 자리를 내주어야만 하는 바로 그곳에서 현실감에 대한 상실이 생겨날 위험이 크다.

이스라엘의 지혜자들은 우리에게 현실에의 친밀성을 일깨워 줄 선생들이 될 수 있다. 그들이 제시하는 방법론은 자신의 행위의 결과를 염두에 두는 것이었다. 그들은 미래를 위해 현실을 희생시키지 않았다. 그럼으로써 그들은 학생들로 하여금 시간의 매우 복합적인 현상들에 대해 민감하게 만들었다.

이스라엘의 지혜자들은 선동적인 미래상이나 혁명적인 프로그램을 자제하고 카이로스(Kairos)[53]에 대한 인식, 즉 적절한 때에 꼭 부합하는 행위(전 3:1~9)에 대한 인식에 대해 길을 열어 놓았다. 그들은 순간의 때에 주의를 기울임으로써 추정 가능한 것과 가능성이 있는 것의 포로가 되지 않았다. 오히려 그들은 할 수 있는 것, 실제적인 것 그리고 꼭 필요한 것을 가리켜 보여 주었다.

> "너는 아침에 씨앗을 뿌리고
> 저녁까지 너의 손을 쉬게 하지 마라.
> 왜냐하면 이것이 성공을 거둘지 또는 저것이 그러할지
> 아니면 둘 다 똑같이 잘될는지를 네가 알지 못하기 때문이다."
> 전도서 11장 6절

이것은 우리의 행위를 거기에 맞추고 목표로 삼을 수 있는 미래상들과 유용한 프로그램들이 우리에게 전혀 필요하지 않다는 의미로 해석되어서는 안 된다. 하지만 이러한 미래상들과 프로그램들에는 너무나 종종 현실적인 것을 과소평가하거나 소홀히 하는 위험성이 내포되어 있다.

다른 한편으로 지혜자들은 행위-결과-사상[54]에 미래도 제외시

---

53) 역자 주: 그리스어 원뜻은 '가장 적절한 때'인데, 이것은 고대 그리스인의 사상을 따르면 인간에게 운명과 같이 다가오는 때이며 그때를 인간은 적절히 이용할 수 있다고 한다. 그러나 분명한 것은 이때를 인간이 임의로 설정할 수 없다는 것이다. 신약성서에서는 그리스도의 오심으로 인해 펼쳐지는 구원의 시간을 표시하는 데 사용된다.

54) 역자 주: 독일어 Tat-Folge-Denken을 그대로 옮긴 것으로 행위의 결과가 그대로 발생한다는 사상.

키지 않았다. 왜냐하면 인간의 모든 행위는 바로 그 결과를 통해 미래를 규정짓는 데에 관계되기 때문이다. 한 행위는 그 행위자 자신뿐만 아니라, 장래의 세대를 또한 그들의 생존 가능성들에 있어서 풍부하게 하든지 또는 빈곤하게 할 수 있음이 반드시 고려되어야 한다.

> "벌 받을 일이 없도록 행하는 의인
> 그의 자녀들은 잘될 것이다."
>
> 잠언 20장 7절

> "이것이 악한 사람이 하나님께 얻을 분깃이고,
> 폭력을 휘두르는 사람이 가장 높으신 자로부터 받을 유업이다.
> 즉, 그 자손이 수도 없이 많아지나, 칼을 위하여 그렇게 될 것이고,
> 그 후손은 빵에 배부르지 못할 것이다."
>
> 욥기 27장 13~14절

지혜자의 이런 견해가 잊혀서는 안 된다. 왜냐하면 우리의 미래를 위한 프로그램들은 이미 숲과 초원, 동물과 인간이 죽어 가는 그런 프로그램들이 아니던가? 그리고 왜냐하면 우리의 현재의 행위가 우리의 자녀들과 손주들의 생존 가능성들을 침해하고, 그들이 사용할 토지들과 바다들을 위험한 수준까지 오염시키는 그런 행위가 아니던가?

지식의 극대화와 삶에의 친밀성

시간의 영역뿐 아니라, 시간과 공간이 교차되는 곳, 양(量)과 관계되는 곳에도 과학은 극대화의 경향을 가지고 있다. 과학은 가장 먼 미래(미래학)와 가장 미지의 상태로 남아 있는 과거(고생물학)에 대

해 연구한다. 연구 가능한 시간 영역의 한계는 과학에 의해 계속해서 넓어져 갔다. 과학은 우주의 가장 먼 곳까지 손을 뻗쳤고 지구의 가장 미세한 구성요소까지 접근했다. 전자현미경과 위성망원경은 그들의 상징이다. 이렇게 함으로써 과학은 가까이에 있는 것, 즉 인간이 살아가는 삶의 공간을 둘러보는 것을 잠재적으로 잊는 위험에 처해 있다. 인간에게 어렵지 않게 눈에 뜨이지만 종종 간과되는 것인 그가 살아가는 세계, 자연 친화적인 환경, 인간미 넘치는 사회, 일상적 삶의 고향을 말이다. 이미 속담처럼 사용되고 있는 '정신 나간 교수'는 극도로 복잡한 수학적 추론을 근사하게 터득하고 로켓을 우주로 쏘아 올리나, 한낱 자신의 외투 단추조차 제대로 잠그지 못하는 사람을 의미한다. 그가 바로 삶에 대한 친밀성을 잃어버렸지만, 무해(無害)하고 (여전히) 호감이 가는 사람을 상징하는데, 사실 그것(삶에 대한 친밀성을 잃어버린 것)은 지극히 위험한 행태(行態)로 드러날 가능성이 있다. 끝없이 "과대포장과 과대망상을 지향하는 외적 성장은 사물의 본성에 반(反)하는 것이다. 그러나 내적 성장의 가능성은 모든 사람에게 무한하고, 한계가 설정되어 있지 않다."(*W. Bernhard*, Wissenschaft, 36)

이스라엘의 지혜교사는 인간이 자신의 분에 넘치는 삶을 살면, 관계 단절의 상태로 전락하게 된다는 것을 끊임없이 지적한다. 그들은 명성을 얻고자 하는 욕망과 성장제일주의55)에 대해서 경고한다(전 2:1~11 참고). 욥기 28장의 지혜의 노래에서 우리는 참으로 이런 사람을 만나게 되는데, 그는 지혜를 추구함에 있어서 그의 가능한 한 모든 가능성들을 다 소진시키며 감춰진 세계로 파고든다. 이 노래의 말미는 지혜에 대한 그러한 행위와 연구는 언제나 헛됨이라는 쓸쓸한

---

55) 역자 주: 독일어의 Wachstumsfetischismus로 성장을 우상화하는 사상.

뒷맛을 남긴다는 경험을 확고히 밝히고 있다.

> "하나님만이 그것(지혜)에 이르는 길을 아시며,
> 그가 그것을 발견할 수 있는 곳을 아신다."
>
> 욥기 28장 23절

전도자가 아래의 결론에 도달한다면 누가 놀라겠는가.

> "지혜가 넘치는 곳엔 근심이 가득하며,
> 지식을 더하는 사람은 고통을 더한다."
>
> 전도서 1장 18절

우리는 분명 창조 때 주어진 자랑스러운 명령과 함께 산다.

> "……그것(땅)을 정복하고 바다의 고기와 하늘의 새와 땅 위에서 움
> 직이는 짐승과 모든 동물을 다스리라."
>
> 창세기 1장 28절

그러나 이 통치 명령은 황제로서 군림하라는 특허장과는 완전히 다른 것이다. 인간에게 주어진 왕의 임무는 그에게 그를 의지하는 땅과 그와 함께 지어진 다른 피조물에 대한 책임감을 또한 지운다. '땅의 정복'은 '그것을 갈고 보존하는' 의무와 분리되지 않는다(창 2:15).

인간은 항상 양(量)에 대한 욕심만으로는 삶의 질의 향상에 반드시 도달할 수 없고, 또한 경제적 문제도 역시 해결할 수 없다는 경험을 한다.

> "돈을 사랑하는 사람은 결코 돈으로 배부르지 못하고,
> 부(富)를 사랑하는 사람은 그것의 소득으로 (만족하지) 못한다."
>
> 전도서 5장 10절

이런 열병과 같이 번지는 부가가치의 창출에 대한 열망과 성장률 그리고 지식의 극대화에 대한 욕망에 반대해 지혜자는 적절한 수준과 삶에 집착하는 욕심에 대한 절제의 윤리를 제시한다.

> "적게 가졌어도 여호와를 경외하는 것이
> 엄청난 보물을 가졌으나 번뇌가 함께 있는 것보다 낫다.
> 채소밖에는 못 먹지만 사랑이 있는 것이
> 살진 소를 먹으나 증오가 가득한 것보다 낫다."
>
> 잠언 15장 16~17절

> "의로운 적은 소득이
> 불의한 많은 소득보다 낫다."
>
> 잠언 16장 8절

소유물과 넘쳐나는 지식이 삶에 언제나 도움이 되는 것은 아니다. 우리에게서 억제와 절제의 능력이 사라질 때, 바로 그때 삶은 위험에 처한다.

인간이 다른 모든 피조물들에 비해 두드러지는 것은 인간이 스스로에게 *homo sapiens*(지혜로운 인간)라는 명예로운 칭호를 부여했다는 점이다. 철학자 한스 요나스(*Hans Jonas*)는 우리에게 기술문명의 시대에는 *homo faber*(만드는 인간)가 *homo sapiens*를 능가했음에 대해 말해 준다(*H. Jonas, Prinzip*, 31~32). 상품들과 지식들을 생산해내는 세계가 지배하는 일상이 되어 버렸다. 그런 가운데 우리는 종종 우리가 자연 환경과 사회뿐 아니라 우리 자신, 즉 인간의 '내적 생태계'까지도 얼마나 변질시키는지를 전혀 깨닫지 못한다. 누군가 스스로를 외적인 것에 최우선해서 생산성이 지속적으로 성장하고 개선되도록 한다면, 그는 그의 내면적 현실의 많은 부분을 잃게 되는 위험에 빠지게 된다. 자아 억제가 모든 자기실현적 이상의 지배자가 되어야 한다. 그리고 이것은 단지 사적이고, 개인적인 삶의 과정에뿐 아니라, 인간 스스로의 행위로 비롯된 인류에 대해 위협에 직시하며, 인류 전체의 과제로서 그렇게 되어야 한다(*H. Jonas*, Prinzip, 338~339 참조).

과학의 실제와 관계의 힘

과학적 작업의 실제와 실용성은 오늘날에도 여전히 주체–객체–분할로서 정의된다. 그것에 대해 유효한 철학적인 표현으로써 이것이 르네 데카르트(*René Descartes*, 1596~1650)에게서 발견된다. 그는 사고하고 연구하는 주체(*res cogitans*), 즉 연구자와 연구되는 객체(*res extensa*), 즉 연구 대상물 사이를 구분했다. 그사이 어떤 방법으로 이 주체–객체–분할이 '과학의 권력구조'에 적용되었는지에 대해서 설득력 있게 설명되었다(*C. F. v. Weizsäcker*, Garten, 108). 생각하는 주체인 '인간'은 연구되는 객체인 '자연'을 분리하고 격리하고 또 고정시킴을 통해서 자신에게 종속시켰다. 과학적 작업은 이렇게 함으로써 자연을 억압하고, 그것을 강탈하고 그리고 단지 *res cogitans*, 즉 사고하고 소비하는 인간을 위한 소용 효과에만 관심을 두는 위험을 안고 있다. 거기서는 항상 연구 대상물이 그 속에 얽혀 있는 관계의 그물망이 눈부심 때문에 가려지게 되고, 인간–자연–관계성에 항상 영향을 주는 감정적이고 미적인 면들도 역시 가려진다. 자연이 인간을 위해 가진 효용성을 훨씬 초월하는, 자연 그 자체가 지닌 존귀한 가치가 있지는 않은지에 대한 진정 어린 질문이 가려진다.

과학적 방법론에 인간–자연–관계성들의 윤리적이고 시적인 차원이 이런 눈부심의 현상으로 인해 더 이상 볼 수 없게 될 때, 관계에 대한 상실이 엄습한다. 자신의 실험을 위해서 백여 마리의 쥐들에게 치사(致死)적인 혈청을 주사하는 학자는 그에 의해 죽음을 선고받는 피조물에 대해 여전히 연민, 동정심의 느낌을 가질 자유가 있는가? 그것이 과연 허용되는 것인가?

이스라엘의 지혜는 이미 언어적 수단의 선택을 통해서 거기에서 관계성의 정립이 얼마나 중요시되는지를 드러낸다. 평행문구법의 도움으로 지혜는 그에 의해서 추론된 현상들을 전체적으로 서술하려고 노력하였다(78쪽 이하를 보라). 외형상 함께 속하지 않은 것이 나란히 배열되었고 공통적인 것이 무엇인가 추론되었다.

> "우유를 흔들어 대면(stoßen[56]) 버터가 만들어지고,
> 코를 때리면(stoßen) 피가 나며,
> 분노를 격동하면(stoßen) 다툼이 일어난다."

잠언 30장 33절

우유, 코 그리고 분노는 서로 어떤 공통점이 있는가? 전혀 없다. 그러나 하나의 동일한 행위의 측면의 관계 속에 놓이면, 하나의 놀라운 의미가 생긴다. 가정 경제에서든, 주먹다짐 또는 논쟁에서든, 경제학, 생리학 또는 심리학에서든 어디에서나 비교 가능한 행위는 그 독특한 숨겨진 의미를 갖는다.

관계들의 그물망, 즉 외형상 관계가 없는 것들 사이를 연결하는 지혜의 사상은 단순한 상상게임 이상이다. 관계성이 만들어지면서 동시

---

56) 역자 주: 독일어 동사로 '슈토센'으로 발음하며, '치다', '때리다', '서로 부딪히게 하다' 등의 다양한 뜻을 가지고 있는데, 위의 잠언에서는 우유와 코와 분노라는 서로 다른 개념을 이 동사 하나로 묶어 나열하면서 잠언의 전체적인 의미를 만들어 낸다.

에 의미가 부여된다. 지혜는 인간의 삶의 의미를 확장하고, 인간의 행위, 사용, 소비와 연구를 두루 거쳐서 인지(Wahrnehmung)의 예술에까지 나아간다. 인지(Wahrnehmung), 그것은 단어의 원의미상 단지 객관적인 사고 이상이다. 'wahr'[57]란 단어는 고대와 중세 표준 독일어의 언어사용에 있어서 본래 한 사람 또는 사물에 '진실하게 연결되어 있음'의 의미를 지녔었다. 누군가가 무엇을 인지한다 함은 이것에 진지하게 애착을 갖고, '검증'의 차원에서 관계를 맺는 것이다. 과학과 기술에 깊게 영향을 받은 우리 세대는 인간 이외의 모든 피조물들을 객관적이고 거리감을 두는 사고와 주관적 입장에서의 변혁을 주로 하여 대하는데, 이런 모습이 인지의 예술을 통해 풍부해지도록 하는 일에 최선을 다해야 한다.

욥기에 나오는 하나님의 연설을 지은 시인은 아마도 동물의 세계에 대해 어떤 관계를 가졌었을까? 동물들의 이 세계는 그에게 지식의 대상 이상이었다. 오히려 그는 이 세계의 놀라운 이국성(異國性)에 대해 인지하면서 스스로 깨닫기를,

> "누가 얼룩말을 풀어 놓아 달리게 하였는가?
> 누가 야생 나귀 묶었던 것을 풀었는가?
> 내가 그것이 머물 곳으로 들판을 정하여 주었고,
> 소금의 땅을 그것의 거주처로 정하여 주었다.
> 그것이 성읍의 소란스러움을 비웃고,
> 모는 자들의 고함을 듣지 않으며,
> 산, 즉 그를 위한 초원을 두루 다니며,
> 모든 푸른 것을 찾는다."

욥기 39장 5~8절

---

57) 역자 주: 독일어로 '봐 - 르'로 발음함.

이 같은 묘사와 또 들소와 말에 대한, 독수리와 매에 대한, 타조에 대한, 하마와 악어에 대한 묘사(욥 39:9~30과 40:15~41:34[58]) 속에는, 항상 인간과 그의 행위에 대해 대등한 피조물로서의 자유가 또한 강하게 제기된다. 하나님이 동물들에게 그들을 다스릴 주(역자 주: 인간)가 있게 한 것은 그들이 (인간에게) 단순한 복종의 대상물로 전락하도록 한 것이 아니다. 인간은 동물들에게서 오히려 자신의 한계를 발견한다. 거기에는 결코 인간의 힘과 능력의 한계뿐만이 아니라, 그의 삶의 방식의 한계에 관해서도 언급된다. 자유로운 야생 나귀는 성읍 거주자의 왁자지껄함을 비웃는다. 피조물의 제한받지 않는 삶에 대해 인지함으로써 인간은 자신을 문명으로써 옭아매고 있는 사슬을 인식하게 된다. 인간의 명성을 드높여 준 가치 있는 것들, 즉 도시문화와 문명(창 11:1~9 참조)은 피조물의 자유로움 앞에서 상대화된다. 이러한 방법으로 인지의 예술 안에서는 인간의 세계와 동물의 세계 사이에 하나의 관계가 정립되는데, 이 관계는 우리에게 피조물의 자유에 대한 의미를 새롭게 하고, 동시에 우리 자신의 행위의 진정성에 대해서 질문하게 한다.

성서의 지혜는 그것이 우리를 잔치의 여주인으로서 만나는 바로 그곳(18쪽 이하를 보라)에서 예시적으로 알려지는 그러한 관계 지식으로 우리를 이끌어 가고자 한다. 지혜는 실로 자발적으로 자신의 '사랑하는 자들'에게 돌아섰고 그들을 그녀의 집으로 초대했다(잠언 9장). 이미 이 비유는 지혜가 관계 형성을 통하여 이해가 됨을 깨닫게 한다. 사람들은 지혜가 베풀어 놓은 상에 자리를 잡고 앉아야 한다. 삶을 추구하는 지혜는 사람들을 행복한 관계들 안에 서게 한다. 그렇

---

58) 역자 주: 공동번역은 장절 구분을 히브리성서에 따르므로 40:15~41:26을 참조하라.

다면 어떤 장면이 사람이 함께 먹고, 떠들고, 생각하고 그리고 교제하는 흥겨운 잔치의 자리보다 더 적절하겠는가?

과학윤리와 행동능력

기초과학과 응용과학 또는 기술과학(공학)의 구분은 끊임없는 지식의 축적에 방향이 설정된 지식에 대한 욕망이 '운신할 수 있는 공간'을 필요로 한다는 점과 그 공간 안에서 그 욕망은 연구로부터 초래될 결과에 대해 괘념치 않고, 무엇보다도 순수한 목적으로 연구하는 것이 허용되어야 한다는 점에서 분명해진다. 이 기초분야 연구는 응용과학과 기술과학(공학), 효율성을 겨냥하는 과학의 중요한 혁신을 위한 것이란 점에는 논쟁의 여지가 전혀 없다. 그러나 적어도 히로시마(Hiroshima)와 나가사키(Nagasaki)에 투하된 원자탄을 보며 기초분야 연구도 역시 그 연구로 초래될 만한 결과가 무엇일까에 대한 질문을 더 이상 피할 수는 없다는 확신이 생긴다. 칼 프리드리히 폰 바이체커(Carl Friedrich von Weizscäker)는 거기서 학자들의 윤리적 의무감뿐만이 아니라, 종교적 요청이 필요함을 또한 직시한다. "종교는, 적어도 내가 보기에는 과학을 통해 생겨난 중립성의 기미(機微)에 대해 잠잠하면 안 된다. 종교는 반드시 학자들에게 이렇게 질문해야 한다: 당신 말이야, 당신이 지금 도대체 무엇을 하고 있는지 알기나 하는가?"(C. F. v. Weizsäcker, Deutlichkeit, 164)

과학에 있어서의 가치중립성에 대한 강조와 예측 불가능한 지식 축적은 윤리적인 행동능력에 대한 상실의 위험을 불러일으킬 수 있다: 한편으로 인간은 우주의 상상조차 못했던 먼 곳까지 모험할 수 있는 능력을 지니고 있다. 다른 한편으로 그는 지구상의 문제들(인구 폭발, 기근, 환경파괴)을 놓치는 위험 속으로 점점 더 자신을 이끌어 가기도 한다.

한편으로 인간은 그 생명의 시작에 대해 이전까지에 비해 결코 그 렇게 많이 알지 못했다. 다른 한편으로 그는 이 시작들(산아 제한, 우 생학, 유전자 조작)에 대해서 어떻게 대처할 것인가의 문제에 있어서 이전까지에 비해 결코 그렇게 대책이 없었던 적도 없었다.

한편으로 인간은 현대의학을 통해 인간생명을 보존하고 연장하는 일에 이전까지에 비해 결코 그렇게 많은 가능성들을 소유하지 못했 다. 다른 한편으로 그는 늙고 보살핌이 필요한 사람들의 숫자가 계속 해서 증가되는 추세에 직면하여서 노화, 삶 그리고 죽음의 의미가 무 엇인가의 질문에 대해 이전에는 결코 이같이 중대한 범위까지 고민 해 본 적이 없다.

이러한 예들을 어려움 없이 더 많이 들 수 있다. 그 예들은 우리의 행위에 동반되고 이끌어 줄 새로운 과학윤리의 절박성을 알게 한다. 이스라엘의 지혜자들은 순수한 실용주의자도 삶을 등한시하는 지성 인들도 아니었다. 그들이 전수하여 준 삶의 지혜는 일상적으로 일어 나는 어려움들을 극복하고 적절하게 행동하는 방법을 익히도록 하는 것이었다. 그리고 그들은 외형적 실용주의 이상의 것을 전수하였다. 그들은 서두르고 신중하지 않은 행위에 대해 경고하였다. 그래서 '유 혹하는 자들은 피를 흘리는 것을 서두르고'(잠 1:16) 그리고 음녀에게 유혹된 자들은 '그물로 급히 날아 들어가는 새와 같이'(잠 7:23) 잡혔 다. 서두름과 급함은 확실히 지혜자가 기피하는 삶의 자세들이다.

"믿을 만한 사람은 복을 가득히 받으나,
부유하기를 서두르는 사람은 죄 없이 머물지 못한다."

잠언 28장 20절

그는 행동하기 이전에 신중히 생각해야 했다.

"신중하지 않고 '거룩하다' 외치고
그제야 서원에 대해서 고민한다면,
그것이 그 사람에게 덫이 된다."

잠언 20장 25절

이런 이유에서 지혜는 중대한 책임을 맡고 있는 모든 사람들에게 진지하게 자문을 구하라고 충고한다(잠 1:5; 13:10; 전 4:13).

"숙고함이 없으면 백성이 망하나,
모사가가 많으면 도움이 된다."

잠언 11장 14절

그러므로 모든 행위에 있어서 진지하게 생각하고 좋은 충고를 받아야 한다.

그러므로 탈무드의 지혜자들이 (토라의) 행함과 연구함 중에 무엇이 진정 큰 것인가에 관해 논쟁하는 것은 이상한 것이 아니다.

"한번은 랍비 타르폰(Tarphon)과 장로들이 루트(Lud)의 니차(Nitsa)의 집 다락방에 모였다. 거기서 그들 가운데 다음의 질문이 제기되었다: 학문이 중요한가, 아니면 행함이 중요한가? 랍비 타르폰이 대답했다. 행함이 중요하다. 랍비 아키바는 대답했다. 학문이 중요하다. 그러자 모든 사람들이 대답하며 말했다. 학문이 중요하다. 왜냐하면 학문은 행함으로 인도하기 때문이다."

Qiddushin 40b

랍비들의 논쟁에는 이론과 실제 중 어느 것의 가치가 더 무거운지를 달아 보는 것 이상의 것이 숨겨 있다. 아마도 이론과 실제 간의 상호 의존성이 여기서 이미 드러날 것이다. 순수한 연구, 순수과학은 허구적 개념일 뿐이다. 그것은 언제나 특정한 실제를 향해 움직여 간다. 그것은 삶의 자세와 행동방식을 고취시킨다. 그러나 인간의 행위 역시도 본능에 의해서만 조종되는 자세 이상의 것이다. 바로 토라 연구, 종교적이며 도덕적인 지식을 획득하는 능력과 연관하여 인간의 행위는 동물적 태도로부터 구분된다.

지혜는 교훈, 연구 그리고 사고를 높이 평가하는 것이 분명하기에 지식과 과학의 적은 확실히 아니다. 지혜는 오히려 인간의 행위와 태도에 대한 그것(지식과 과학)의 가치에 대해서 알고 있다. 지혜는 그러나 동시에 행동능력은 선행하는 과학적 지식과 신중한 계획만으로는 이끌어 낼 수 없음에 대해 분명히 한다. 지식을 탐구하고 연구하는 인간의 능력 옆에는 행하는 인간의 능력이 함께 서야 한다. 삶을 위해 제공된 것을 행할 때에 능력이 주어진다. 이런 이유에서 지혜자는 모든 연구 외에 단순한 수공예 일에도 마음을 두는 것이 매우 가치 있는 일로 생각하였다.

> "랍비 예후다(Jehuda)의 아들, 지도자 랍반 가말리엘(Rabban Gamaliel[59])
> 은 말한다: 율법을 연구하며 직업을 갖는 것은 좋은 일이다. 왜냐
> 하면 이 두 가지 일에 몰두하면 빚질 일이 없다. 그러나 수공일 없
> 이 오로지 율법만을 배우면 결국 아무것도 아닌 것이 되고 빚만 지
> 게 된다."
>
> Abot II, 2

---

59) 역자 주: 주후 3세기의 유대교 수장(Patriarch)이었던 가말리엘 3세를 이름.

행위와 지식, 학문과 삶의 실제, 기초과학과 기술과학(공학) 또는 응용과학 간의 이러한 필수 불가결한 결합 자체는 여전히 인간에게 삶을 보존하는 데에 필수적인 행동능력을 갖추어 주지 않는다. 이것은 최종적으로 인식들과 지식들이 학자 자신들뿐만 아니라 사회의 다른 모든 구성원들도 동일하게 당연히 그래야 한다고 알고 있는 공통된 가치척도 안에서 연결되는 곳에서만 얻어진다. 이스라엘의 지혜자들은 언제나 그들의 지식을 그러한 가치척도에 연결시켰다. 그것은 지혜와 토라를 동일시하게 된 곳에서 더 강화된 수준에서 인정된다(207쪽 이하를 보라). 그들뿐 아니라 그들의 제자들도 인정하는 최상의 가치로서 그들이 제시한 것은 야웨에 대한 경외감이었다.

> "야웨를 경외함이 지식의 시작인데,
> 미련한 사람은 지혜와 훈계를 멸시한다."
> 잠언 1장 7절, 8장 13절, 9장 10절, 욥기 28장 28절 등

여기서 말하는 야웨를 경외함은 모든 행위에 대해 그것에 꼭 맞는 보응이 있게 하는 신에 대한 단순한 두려움으로 이해돼선 안 된다. 그것은 오히려 존경심으로 가득한 삶의 자세, 즉 인간이 그의 행위와 사역에 대해 자신과 자신의 함께 지어진 피조물뿐 아니라 창조자 앞에서도 책임 있게 행동할 줄 아는 자세이다.

한스 요나스는 오늘날 필수 불가결한 과학윤리를 위해 하나의 새로운 범주의 명령문을 만드는 시도를 하였다: "너의 행동의 영향이 이 땅에서의 참 인간적인 삶의 영속과 잘 맞도록 행동하라"(*H. Jonas, Prinzip*, 36). 미래에 대해 완벽하고 전체적으로 보존돼야 하는 '인류 존속'의 가능성이 요나스에 있어서는 오늘날의 인간들을 위한 '첫째

계명'이다(186 이하). 이 점에 있어서 우리 세기의 이 지혜자는 똑같이 삶의 보존에 관심을 두었던(잠 3:2, 18; 4:13; 8:35~36; 10:17; 11:19 등) 이스라엘의 지혜자들과 전적으로 일치한다. 성서의 지혜교사들은 그러나 추가적으로 인간의 책임에 대한 이 기본적인 계명이 자신의 신에 대한 배타적 관계성과 다른 모든 이방적 신들에 대한 거부를 내용으로 담고 있는 '이스라엘의 첫째 계명'과 항상 연결되어 있다는 점을 분명히 하였다. 한 신에 대한 관계성을 말하는 이 계명은 이집트의 노역의 현장으로부터의 해방의 경험에 기초하고 있다.

"나는 너를 이집트 땅, 종 되었던 집에서 이끌어 인도하여 낸
야웨, 너의 하나님이다.
너는 내 앞에 어떤 다른 신들도 가져서는 안 된다."
출애굽기 20장 2~3절

이스라엘의 하나님은 지혜자들에게 있어 모든 인간의 창조자고 그의 백성을 해방하여 참 인간적 삶을 살 수 있도록 하셨으므로, 이스라엘의 지혜자들은 인간의 삶의 영속 자체뿐만 아니라, 이 삶을 주신 자에 대한 의무가 또한 있음을 알았다. '생명에 대한 존엄'(*Albert Schweitzer*)은 야웨 경외감으로 표현되었고, 야웨 경외감은 생명에 대한 존엄에 전혀 다르지 않은 개념으로 연결될 수 있다. 현대의 과학 윤리에 요구되는 행동능력은 우리의 매일매일의 행위의 문제들이 우리를 우리 자신과 인류 공동체 그리고 하나님 앞에서 가져야 할 인간의 최종적인 책임감의 문제에 대해 눈멀게 하지 않는 곳에서만 얻어진다.

과학언어와 의사소통능력

현실을 더 상세하고 더 세분화하여 인지하고 서술하기 위해 학자들은 또한 항상 좀 더 세분화된 언어, 그래서 결국 숙련된 전문가들만 습득하고 이해하게 되는 언어를 사용한다. 이러한 위험성에 빠지지 않으려고 노력하는 것은 얇은 책 하나를 쓰면서도 얼마나 힘든지 모른다. 그것은 한편의 학자들과 다른 한편의 학자가 아닌 사람들 사이의 의사소통이 갈수록 더 어려워지는 결과를 초래하였다. 그러나 원칙적으로는 학자가 아닌 사람들의 대부분이 과학적 결과를 받아들이고 함께 비용을 대고 또 정치적 책임을 지어야 한다. 과학언어(전문용어)를 소위 일반적으로 이해할 수 있는 언어로 풀어서 쓰면 대개 정밀성이 떨어지고 정확한 정보를 전달할 수 없게 된다. 과학언어(전문용어)들이 따로따로 표류하도록 내버려 두면 그것은 때때로 사회 내적인 의사소통의 가능성을 상실할 위험을 불러일으킨다. 이것이 바로 사회에 속한 모든 그룹들이 참여해서 이성적인 해결책을 시급히 모색하여야 할 그런 문제들에 포함된다. 예를 들어, 학자들 스스로가 합의에 이르지 못하는 현대 유전공학에 대한 판단을 학자가 아닌 사람들이 그것의 유익성과 위험성에 대해서 함께 결정할 역량을 가지길 바라겠는가?

만약 언어를 이해의 도구로써만이 아니라 이해시킴의 도구로도 생각한다면, 학자들이 지혜자의 학교에 가는 것이 잘하는 일이다(51쪽 이하를 보라). 그들의 언어구사능력은 민속속담에서 이전에 이루어진 교훈적 대담에 이르기까지 다양한 형태들을 통달했음에서 증명되었다. 그들도 그들 나름의 방식으로, 즉 짧으면서도 신중하게 지어진 잠언에 대한 선호에서 드러나는 언어의 정밀성을 중시하였다. 그러나 지혜자들은 무엇보다도 그들이 인식한 현실을 가능한 한 정확하게 그려내고 객관적으로 서술하는 언어에만 만족하지 않았다. 오히려 그들은 항상 그들이 관찰하고 경험한 것을 정확히 서술하는 데에 관계의 언어를 사용하였는데, 이것은 자신들이 이 인지의 과정에 직접 참여하는 것이 특징이다.

> "부드러운 대답은 격분을 가라앉히고,
> 과격한 말은 분노를 일으킨다."
>
> 잠언 15장 1절

이 잠언은 다른 것도 마찬가지지만(잠 10:21; 12:18; 16:24 등), 언어의 심리적 기제(機制)에 관해서만 아는 것이 아니다. 이 잠언은 언어를 통해 도대체 어떻게 관계들이 확립되기도 하고 영향을 받게 되는지에 대해 주목한다. 그러나 그것이 단지 서술되기만 하지는 않는다. 잠언 시인은 한 발 더 나아가 이 지식에 그 자신이 관계되어 있음을 알게 한다. 자세하게 말할 필요도 없이, 그는 격분을 가라앉히는 부드러운 대답을 추천한다. (무엇인가를) 서술함에는 항상 하나의 추천이 이미 포함되어 있다.

그러나 지혜자 자신도 이러한 관계언어의 한계를 알고 있다. 그래서 그들이 현실의 내외적인 면 전체를 언어적으로 다루려는 망상에 빠지지 않았다.

> "모든 말들이 다 피곤하게 하니,
> (그것을) 다 표현해 낼 사람이 없다."
>
> 전도서 1장 8절 상반절

언어의 전체는 전체 현실이 그렇듯이 인간과 그의 능력보다 항상 크다. 그러므로 인간이 사용하는 과학언어에도 동일한 한계가 있다는 것을 분명하게 인식하고 그 한계가 무엇인지 명시하는 것은 잘하는 일이다. 과학언어 역시도 항상 현실의 부분적인 것들과 개별적 측면만을 포착한다. 이런 이유에서 과학언어에는 지혜의 관계언어를 통해 보충되고 통역될 필요가 있다. 지혜의 관계언어는 그 분명함과 시적임, 그 간결함과 그림과 같은 명료함이 있으므로, 지식의 집에서 과학의 여러 문들을 열어젖혀 생명이 담긴 옆방들과 통하게 하고, 그 방안에서 또한 많은 것을 발견하도록 하는 능력이 있다.

이 장에서 과학에 결핍되는 것을 하나하나 지적한 것들은 내가 그것을 자연과학만 염두에 두고 한 것과 같은 인상을 남긴다. 정직하게 말하면 정신과학과 사회과학도 이러한 위험성을 가지고 있다. 비양심적이며 스스로에게 무비판적인 철학 또는 사회 이론도 동일하게 황폐하게 만들고 소모적인 삶의 자세를 만들어 낼 수 있다. 인간이 생각하는 것과 추구하는 것은 언제나 그것을 통해 참으로 오랫동안 영향을 받아 왔다. 인간을 무시하는 국가 사회주의적 이념, 남아프리카의 범죄적인 인종차별 제도 또는 스탈린 같은 야비한 독재자들은 분명하게 말한다. 그들 모두는 그들이 실행하는 것을 이른바 학문적 이론들과 세계관들을 가지고 정당화하려고 시도한다.

신학 역시도 그러한 감염성에서 자유롭지 않았고 지금도 그렇다. 약 50여 년 전60)에 독일민족이 유대민족에게 자행한 일에 핵심적인 기여를 한 것은 결국 수세기 동안 신학에 의해 장려되고 신학이 연대 책임을 지고 있는 반유대주의였다.

---

60) 역자 주: 이 책이 쓰인 1991년을 기준으로 하여, 대략 1941년경.

－현실에의 친밀성 상실
－삶에의 친밀성 상실
－관계의 힘 상실
－윤리적 행동능력 상실
－의사소통 능력 상실

여기서 우리의 과학문명에 결핍이 발생되었다는 느낌은 지혜로의 새로운 부름(초청)을 더욱더 강하게 한다. 우리는 이 문화로부터 쉽사리 이주해 나갈 수 없을 것이다. 그러나 우리는 반드시 이 문화 속에서 경험해 본 물질적 풍요를 정신적이고 인간적인 빈곤을 대가로 하여 얻지는 않도록 사는 법을 배워야 한다. 이 세계와 우리의 삶에 숨겨진 신비로움이 과학에 숨겨진 신비로움보다 훨씬 크다는 사실은 지혜로부터 새롭게 배울 만한 가치가 있는 것이다. 그것을 깨달았던 사람이 바로 사다고라의 랍비 아브라함 야아콥(*Abraham Jaakob von Sadagora*)이었다(19세기):

현대의 발견에 대해서

"모든 것으로부터 사람은 배울 수 있다", 사다고라의 랍비가 언젠가 그의 카시딤(경건한 사람들)에게 말했다. "모든 것은 우리를 가르칠 수 있다. 하나님이 창조한 것뿐만이 아니라, 인간이 만든 것 모두도 역시 우리를 가르칠 수 있다."
"우리가 무엇을", 한 카시드(경건한 사람)가 의심스러운 듯 물었다, "기차에서 배울 수 있습니까?" "사람이 한순간 때문에 모든 것을 놓칠 수 있다는 것." "그러면 전보로부터는?" "모든 글자가 세어지고 그리고 계산된다는 것." "그러면 전화로부터?" "우리가 여기서 말하는 것을 사람이 거기서 듣는다는 것."

M. Buber, Werke III, 463

전도서와 예수 –
두 개의 설교문

9장 전도서와 예수—두 개의 설교문

많은 설교자들이 성서의 지혜에 담겨 있는 보물을 거의 필요로 하지 않는다. 그것(성서의 지혜)은 '중심에 놓이기에 적절치 않은 것' 같고, 성서적 신앙의 '핵심적인 것'을 소홀히 다루며 종종 부엌, 집 그리고 골목길의 '당연한 이치'에 관해서만 관심을 갖는 것 같아 보인다. 이 책의 말미에는 설교단 위에서조차 침묵하지 않는 성서의 지혜에 관한 두 편의 설교가 제시될 것이다. 첫 번째 것은 나움부엌(Naumburg)의 신학 준비과정[61] 졸업반 종강예배에서 한 것(1986)이고, 두 번째 것은 할레(Halle)의 개신교 대학생교회의 예배에서 한 것(1981)이다. 이 두 편의 설교는 가능한 많은 설교자들에 의해 계속 발전되기를 바라는 시도이다. 아마도 그들이 지혜에 관해서 듣는 동안 때때로 우리 예배에서 배제되어 버리는 '텍스트에의 재미'(*Roland Barthes*)와 삶에의 기쁨을 경험하게 될 것이다.

---

61) 역자 주: Kirchliches Proseminar. 이것은 신학을 본격적으로 공부하기 이전의 기초과정에 해당하며, 졸업 시험(Abitur)을 통해 본격적으로 신학을 수업하는 과정에 입학할 자격을 얻는다.

인간은 무엇으로 사는가?

사랑하는 졸업생 여러분, 부모님들 그리고 선생님들이여!

리가 출신의 독일 국적 유대인 작가 마크 라줌니(*Mark Rasumny*)는 그의 일상성에 대한 짧은 에피소드를 통해 우리 세기의 위대한 지혜자에 속합니다. 연로했던 그는 낡은 히브리어 타자기와 많은 책을 가지고, 리가 구 시가지의 한 층짜리 집에서 많은 세입자들과 함께 살고 있습니다. 그는 거리를 지나고 광장들을 거닐며 시장의 아주머니들과 울고 웃는 아이들, 장기를 두는 아저씨들과 이야기를 합니다. 삶에 대한 많은 중요한 것을 그는 그들에게서, 풀이 자라나는 성벽과 지붕에서, 거리의 나무와 돌멩이에서, 분수의 졸졸대는 물소리에서 경험합니다. 그들 모두가 그의 선생입니다. 그가 보는 것은 어느 것도 무의미하지 않았고, 전하는 메시지가 없지도 않았습니다. 삶에서 그렇게 단순해 보이는 모든 것의 뒤에는 심오한 배경이 숨어 있습니다. 라줌니는 그의 눈과 사고를 가지고 모든 날들을 깊이 들여다봅니다. 그는 아버지의 손에 대한 기억을 다음과 같이 설명합니다:

"내가 어린아이였을 때 저는 아버지의 거친 손을 좋아했습니다. 그것은 아마도 그 손에서 금방 구운 빵 냄새가 난다고 생각했기 때문이었습니다. 그리고 저는 종종 그 손을 만지길 갈망했습니다. 마치 우리 온 가족이 집에서 찾아보기 쉽지 않았던 빵을 갈망하듯 말입니다. 한 번은 아버지에게 이 냄새의 출처에 대해서 물었습니다. 그는 어깨를 움츠리며 슬픈 듯이 말했습니다: 얘, 저리 가라, 네가 냄새 맡는 것이 다 그렇지 뭐! 내가 어디서 나서 빵을 만진단 말이냐? 그러자 어머니가 말했습니다: 놀랄 것도 없지 뭐, 빵에 굶주렸으니 뭣에서든지 빵 냄새만 맡는 것을……. 그때 저는 아버지의 손에, 그렇게 열심히 일을 해도 빵 한 조각 집에 가져오지 못하는 그 손에 빵 냄새가 배어 있다는 것이 왜 놀랄 일이 아닌지 이해하지 못했습니다. 그 이후 나중에서야 성실함의 향기가 금방 구운 빵 냄새에 비교될 수 있음을 깨달았을 때, 저는 아버지의 손에서 정말 어떤 냄새가 나는지를 알았습니다.”

자신의 이야기를 통해서 마크 라줌니는 이런 질문을 던집니다: “인간은 무엇으로 사는가?”

- 날마다의 빵을 위한 수고와 노동으로 사는가?
- 어린아이의 질문처럼, 그로 하여금 자신의 삶을 통찰하게 하는 지혜로 사는가?
- 자신의 세계를 형성해가는 지식으로 사는가?
- 아버지의 빈손만으로도 배고픔을 달래는 아이의 ‘순수한’ 감사로 사는가?

인간은 무엇으로 사는가? 진지하게 생각하고 숙고하는 자의 문제! 라줌니는 낡은 성벽과 때가 낀 창에게, 비로 생긴 개울과 시든 잎에게, 아이들과 고생한 흔적이 역력한 얼굴에 묻습니다. 그들 모두는 다음의 질문에 대답을 줍니다: “인간은 무엇으로 사는가?”

내가 생각하기에 리가의 이 지혜자는 그의 민족의 다른 지혜자, 즉 전도자 솔로몬과 통하는 데가 있었습니다. 이 사람 역시도 작은 것에서 그리고 우연한 것에서 (무엇인가를) 읽어 낼 줄 알았습니다. 그도 그를 둘러싸고 있고 그에게 몰려드는 세계를 향해 질문했습니다: 인간은 무엇으로 살고 그의 모든 수고를 통해 무슨 유익을 얻는가?

“하나님이 인간들에게 주신 일을 보았다.
그들이 그것으로 애를 먹는다.

그가 모든 것을 때에 맞추어 아름답게 지으셨고,
또 사람의 마음속에 영원을 놓아두셨다.
단 인간이 파악할 수 없는 것은
하나님이 행하는 일인데, 처음도 끝도 알지 못한다.
거기서 내가 깨달은 것은 그것보다 더 나은 것이 없음인데,
그것은 그의 삶에서 기뻐하며 선을 행하는 것이다.
왜냐하면 사람이 먹고 마시고
그리고 그의 수고함을 좋게 여기는 것이
하나님의 선물이기 때문이다."

전도서 3장 10~13절

I

인간은 그의 노동으로 사는가? 그가 자신의 손으로 모든 것을 이룰 수 있는가? 들판의 곡식, 방금 구운 빵, 자비로운 눈, 명쾌한 웃음? 지혜자는 알게 합니다: 누군가 스스로 모든 것을 해결할 수 있다고 믿는 자, 누군가 노동을 예찬하고 신격화하여 신뢰하는 자, 그 사람은 단지 겉으로 드러나는 것만을 봅니다. 그는 인간 행위의 심오한 뒷면을 보지 못합니다. 그는 스스로 눈치채기도 전에 그와 같은 미신(노동에 대한 과신)에 사로잡혀 버립니다. 지혜자는 인간이 자신의 손의 노동만으로 살 수 없음을 기억시킵니다. 지혜자는 거칠고 빈, 그렇지만 그에게 배고픔을 달래 주던, 아버지의 손을 잊지 않습니다. 그는 아버지를 통해 그가 무엇인가를 하기 전에 이미 거기에 이루어져 있었고, 아버지는 이미 이전에 다른 손을 통해 이루어져 있던 것을 단지 손에 취하기만 했음을 느낍니다. 다른 손의 그분이 모든 것을 그의 때에 맞추어 아름답게 만드셨습니다. 하나님께서는 우리 인간이 손을 움직일 수 있었던 때 이전부터 행동하십니다. 그는 공기와 물을 주셨고, 어머니의 모태와 땅의 소산인 빵을 주셨습니다. 여러분의 손과 여러분의 정신을

활동하기 전에 그는 이미 활동을 하고 있었습니다. 그는 창조자와 이 땅의 보존자로서 모든 것을 그의 때에 따라 좋게 만드셨습니다. 그렇다면 인간은 무엇으로 삽니까? 자신의 손의 노동으로? 예, 그렇습니다. 그러나 그것이 삶에 충분하지 않음을 지혜자는 조용히 알려 주고 있습니다. 우리 앞에는 항상 다른 존재가 활동하고 있었습니다. 그것에 우리는 놀랄 수 있었고 그리고 세계를 떠안을 수 있었습니다.

II

인간은 자신의 지혜로 사는가? 깊은 사고와 열심히 공부함으로, 졸업시험으로, 노인들의 삶의 지혜로, 농부들의 사려 깊은 통찰력으로? 인간은 자신의 머리로 사는가? 우리는 우리의 영리함과 우리의 지식 덕분에 사는가? 마크 라줌니와 전도자 솔로몬에게서 우리는 다음을 배울 수 있습니다: 많이 아는 자는 이미 지혜롭지 못하다. 누군가 열병적으로 세계를 그림이나 법, 규칙, 컴퓨터 프로그램, 또는 어떤 공식 안에 가두고 살고자 하는 사람, 누군가 그렇게 해서 시간의 흐름(즉, 삶의 진행)에 근접할 수 있다고 믿는 사람은 환상 속에서 사는 사람입니다: "단지 인간이 발견해 낼 수 없는 것은 하나님께서 처음부터 끝까지 행하시는 그의 행위이다." 모든 지식과 모든 지혜에는 한계가 있습니다. 아마도 졸업생 여러분들은 그것을 지난 시험에서 고통스럽게 체험했을 것입니다. 아마도 여러분들이 앞두고 있는 삶의 시험들을 위해 필요한 지혜가 갖고 있는 한계는 더 고통스러운 것이 될 것입니다. 언젠가 일(노동)로 무엇이든 이룰 수 있다는 미신적 신념뿐 아니라 과학에 대한 미신적 신념에 희생되고, 끝을 모르는 과학/지식에 대한 추구가 정당하다고 생각될 때에, 전도자 솔로몬에게 귀

를 기울이십시오: "존재하는 모든 것, 그것은 멀고 깊다. 누가 그것을 알아내겠는가?" 지식의 저주와 복을 간파한 지혜자의 말이 이것입니다: "왜냐하면 지혜가 많은 곳에, 거기에 상심이 많고, 그리고 많이 배운 사람은 많이 고통을 당해야 한다." 신학 준비과정의 학생보다 누가 그것을 더 잘 이해하겠습니까? 지혜자는 성실한 자세를 유지합니다. 빵뿐만 아니라 죽음의 강을, 똑똑한 기계뿐만 아니라 정신적으로 불구된 인간을 양산하는 과학의 복과 저주가 우리에게 공공연하게 알려질 때, 우리는 정직함의 향기를 잃지 않습니다. 이미 인간의 행위에 대해서도 파악할 수 없게 된 사람이 하나님의 행하심에 대해 깨달을 수 있겠습니까? 누가 우리에게 주어진 시간의 흐름, 그분이 우리의 마음속에 선사한 영원에 대해서 깨달을 수 있겠습니까? 그러므로 다시 한번 묻습니다: 인간은 무엇으로 삽니까? 지혜와 지식으로? 예, 역시 그러합니다만, 이미 오래전에 그것만으로는 안 된다는 것을 잘 알고 있습니다. 왜냐하면 우리가 우리의 지혜에만 의존하고 있었다면, 우리의 삶은 제대로 유지되지 못했을 것입니다.

III

인간은 빈손을 내밀어 감사히 받음으로, 삶을 선사받는 기술로써 살아갑니다. 그는 좋은 것과 그를 위해 준비된 재물에 대한 기쁨으로 살아갑니다. 그것은 자신의 손이나 머리를 써서 그것을 위해 어떤 수고도 직접 하지 않았음에도 이미 그를 위해 마련된 것입니다. 선사된 것을 손을 뻗어 잡고, 우리 앞에 놓인, 괴롭게 하고 시련을 주는 시간을 자유로운 시간으로, 삶을 위한 시간으로 즐기고, 지식을 추구하는 자로서 지혜로워지고, 게다가 알려지지 않는 것에 대해서도 앎으로써

인간은 살아갑니다: 즉, 단순히 하나님으로부터 주어진 것으로부터 살아가는 것입니다.

전도자 솔로몬, 성서 전체, 마크 라줌니, 또한 이 도시의 낡은 성벽과 거리들, 이 교회의 자랑스러운 종탑들, 그들 모두는 마치 한 손가락과 같이 그를, 즉 모든 주어진 것을 주신 자를 가리킵니다. 모든 것들이 우리에게 하나의 메시지를 전하고자 합니다. 노동을 즐거이 하고 지혜롭게 되라. 너의 손에 이 세계의 부요함으로 가득 채워라. 왜냐하면 모든 사람이 먹고 마시고 자신의 모든 수고에서 좋은 것을 보는 것, 그것은 하나님의 선물이다.

그리고 나는 여러분의 '선생'이 아니고 '설교자'이므로 이 설교를 감히 전도서(전도자 솔로몬)의 결론이기도 한 말로 맺어도 될 것으로 생각합니다. "내 아들(제자들)아, 이 모든 것에 대해서 경고를 들어라; 책을 많이 쓰는 것으로 치면 끝이 없고 많이 공부하는 것은 몸을 지치게 한다." 이것으로 맺겠습니다. 즐거운 방학이 여러분들을 위한 시간이 되고, 삶을 위한 시간이 되기를 바랍니다. 아멘.

계산의 끝 – 삶의 시작

사랑하는 학생교회 회중 여러분!

초막은 유대 민족에게 광야 유랑과 동시에 안식의 상징과 같습니다. 만약 유대력에 따라 축제가 선포되면, 이스라엘의 뜰과 정원들에 초막들이 세워집니다. 집 식구들은 즐거운 만찬을 위해 모입니다. 휴식을 위해 숨을 돌리고, 구원의 분위기, 새로운 삶에 대한 희미한 빛이 즐거움으로 가득한 초막 위로 새어 나옵니다. 그러나 그들은 또한

알고 있습니다: 아직 목적지에 이른 것은 아니다! 아침이 되면 초막을 다시 걷고, 우리는 곧 세기에서 세기로 펼쳐져 있는 광야를 통해 다시 유랑을 하게 될 것이다. 잎으로 만든 지붕을 통해서, 축제의 공동체로 하여금 이것은 단지 하나의 경유지요, 시간 속에서 잠시 멈춤이요, 지나간 것에 대한 기억임을 잊지 않도록 하는 '아름다운 빛'인 하늘이 빛납니다.

이스라엘의 초막은 춤과 노래와 축제를 통해, 삶의 광야에서 하나님의 과거와 미래를 밝혀 주는 민족의 상징입니다.

I

모든 축제는 그 고유의 후렴(종결의식)을 가지고 있습니다. 마치 일요일 다음에 평일이 따르고 멈춤 다음에 출발이 따르듯이 말입니다. 축제가 시들해지기 전, 안식일의 저녁 첫 별이 초막의 지붕을 통해서 반짝이면, 이스라엘의 경건한 조상들은 책 중의 책을 손에 들고 초막절에 솔로몬의 전도서의 구절을 읽습니다:

> "바람을 의식하는 사람은 씨를 뿌리러 가지 않으며,
> 구름을 살피는 사람은 거두러 가지 않는다.
> 바람의 길이 어떠할지 그리고 아이를 가진 여인의 몸속의 비밀을
> 네가 알지 못함같이,
> 모든 일이 일어나게 하시는 하나님의 다스리심도 역시 네가 알지
> 못한다.
> 아침에 씨를 뿌리고 저녁때까지 너의 손을 쉽게 하지 마라; 이것이
> 잘 되는지, 저것이 잘 되는지, 혹은 둘 모두가 다 잘 되는지를 네가
> 알지 못한다.
> 빛은 실로 아름다우며, 해를 본다는 것은 눈에 좋은 것이다."
>
> 전도서 11장 4~7절

초막에서의 지혜는 궁정에서의 지혜와 같지 않습니다. 출발을 위한 말은 안일한 정착의 말과 같지 않습니다! 여러분을 축제에 연연하지 않게 하십시오! 초막을 허물고, 출발하십시오, 바람을 겁내지 마십시오! 이스라엘의 이름 모르는 한 지혜자의 말! 우리의 교회들에서 이미 오래전에 잊힌 말! 많이 칭송은 되나 드물게 낭독되고, 그리고 거의 설교되지 않는 성서의 한 책을 발굴해 내는 것! 도대체 왜 교회는 솔로몬의 전도서로부터 배우기를 원하지 않는 것입니까?

우리는 의사표현이 차단되고 묵살되는 사람들이 자유로이 의사표현을 할 수 있도록 부단히 애를 씁니다. 때때로 이런 노력을 하면서도 우리는 흙먼지가 가득한 죽은 자의 입 역시도 그것이 삶의 미래에 관한 것이라면 기꺼이 함께 말할 권리가 있다는 사실을 잊습니다. 내뱉어진 그리고 기록된 말에 대한 검열과 자아 검열에 대한 걱정이 종종 우리로 하여금 쉬지 않고 움직이는 망각의 빨간 펜에 대해 눈멀게 만듭니다. 그것은 마음에 내키지 않는 죽은 자들(의 말)을 다시 한번 희생시킵니다. 거기에 전도자 솔로몬이 포함됩니다. 우리 기독교인들도 역시 성서적인 '유업의 수용'이라는 문제점을 안고 있습니다. 이미 마틴 루터가 비텐베르크의 그의 강의실에서 다음과 같이 탄식을 했습니다:

"빌어먹을! 신학교 말고는 어느 누구도 이 책에 대한 필요성을 느끼지 않습니다."
그리고 그는 우리에게 심각하게 경고합니다:
"그러므로 나는 하나님의 사랑받는 형제들에게 이, 나의 솔로몬의 전도서를 추천합니다."

우리 하나님의 사랑을 받는 형제자매 여러분! 우리는 그 경고를 듣지 않았습니까? 솔로몬의 전도서는 교회로부터 잊힌 책입니까? 우리 교회 공동체와 예배를 떠났습니까? 그것은 교회에 작별인사를 고하고 '문학적인 그리고 철학적인 미식가들' 가운데서 자신을 인정해 주는 사람들을 찾아 나선 것입니까? 그래서 마티아스 클라우디우스(Matthisa Claudius), 볼테르(Voltaire), 포이히트방거(Feuchtwanger), 헉슬리(Huxley) 또는 사르트르(Sartre)와 같은 다양한 사상가들이 이 책을 선호하는 공동체에 속하게 되었는데 - 그런데 우리는? 솔로몬의 전도서는 요한 브람스의 '엄숙한 노래들'(Ernste Gesänge)과 또 독일의 록그룹의 영화음악을 통해서 혼령처럼 떠돕니다. 그들 모두에게 그것은 말할 것이 아주 많은데 - 그런데 우리에게는? 그의 유산을 상속하지 않으려는 사람은 상속권을 박탈당해도 놀랄 필요가 없을 것입니다.

II

또는 우리가 이 책을 거의 설교하지 않는 것이 무지함 때문이 아니라 그보다 더 깊은 어떤 다른 이유가 혹시 있겠습니까? 예수 그리스도의 공동체가 끊임없는 유랑에 지쳐서 초막 대신에 견고한 집을 짓고, 화려한 돔을 지어서, 그래서 정착한 결과는 아닙니까? 우리는 시온에서 있을 하나님의 성대한 종말론적 순례자들의 축제에 대한 믿음을 포기하고, 우리 삶의 과도 상태인 초막에 우리 자신을 안주시키고 있는 것입니까?

우리는 불확실한 미래로의 유랑보다 겉으로 보기에 안전하고 그리고 계산할 수 있는 현재에 있는 자아 만족적인 안식을 더 선호하고 있지는 않습니까?

우리는 미래에 대해 피곤해하는 세대입니까? 그래서 현재의 순간을 위해 미래에 대한 전망을 희생하는 것입니까? 저는 잘 알지 못하지만 전도자 솔로몬은 저로 하여금 그러한 질문을 던지게 합니다. 우리에게 그는, 이스라엘의 이 지혜자는, 휴식과 출발 사이의 문턱에서 그의 말을 통해 요구하고 있습니다.

"바람을 의식하는 사람은 씨를 뿌리러 가지 않으며, 구름을 살피는 사람은 거두러 가지 않는다. 바람의 길이 어떠할지 그리고 아이를 가진 여인의 몸속의 비밀을 네가 알지 못함같이……."

우리 세대와 같은 세대에서, 아니 수치와 계산에 매혹되어 살아가는 모든 문화에서, 그러한 말을 입에 담아서는 안 됩니다. 마치 금송아지를 둘러싸고 뛰는 춤처럼 수치들을 싸고도는 춤이 우리 삶의 리듬감을 정해 줍니다. 수치들─그것은 진보의 거룩한 문자입니다. 누군가 하나를 말하면 벌써 둘을 생각합니다. 그리고 누군가 둘을 가진 사람은 셋이 그의 머릿속에서 떠나지 않습니다. 경제지표들, 계획지표들, 생산성 지수들, 국민 총생산, 평균적인 삶의 기대치, 환자 통계, 예배 참석자의 통계, 사망자 수, 출생률 수치…… 그것은 모든 것들의 척도입니다. 모든 것은 계산이 가능하고, 계획이 가능하고, 할 수 있을 것 같고, 꿰뚫어 볼 수 있는 것처럼 보입니다. 우리의 하루하루의 진행을 지배하고 있는 것은 어두움과 빛이 아닙니다. 결코 그것이 아니라 기계와 공장에 필연적인 시계의 숫자들입니다. 수치, 그것은 거룩한 암소이고, 관철시키는 논거이고, 기술 지상주의자들의 경전이고 성서입니다. 더 이상 예언자들이 아니라, 수치들이 우리에게 미래를 예언하고, 계산 가능한 삶에 대한 허영을 일깨워 줍니다. 이제 저는 스스로 질문해 봅니다. 얼마나 더 오랫동안 수치들을 위한 우리의 희생이 감수될 것인가라고.

제가 솔로몬의 전도서를 읽은 이래로, 저는 많은 수치들의 의미에 대해 의심하기 시작했습니다. 어리석은 질문들이 머리에 떠오릅니다: 오늘날도 여전히 똑같은 무게의 공포로 보복(das Gleichgewicht des Schreckens)[62]하고자 그리도 신중하게 계산하는 사람들, 삶과 죽음을 결정지을 경계와 같은 줄 위를 걷는 곡예사와 같은 이 사람들이 내일은 또 (핵 공격으로) 죽은 사람들의 명부를 파악하는 일을 하게 될까? 죽음은 벌써부터 언제나 운명적으로 관료주의적 경향을 가졌었습니다! 오늘날도 여전히 칼을 위해 지출하는 돈이 우리에게 이제 내일 쟁기들을 위해 쓰고자 할 때 모자라진 않겠습니까? 핵탄두 로켓과 원자로에 관해 계산된 안전성에 어떤 계산착오도 포함되지 않았다고 누가 우리에게 보장할 수 있겠습니까? 수치를 신봉하는 사람들이 있다는 것을 믿으십시오. 그런데 그들은 수치를 현실에 맞추는 것이 아니라, 대신 현실을 수치에 맞추는 사람들입니다. 숫자의 매력, 계산이 가능한 삶에 대한 매력, 계산(예측)이 가능한 미래와 안전은 흔들리기 시작했습니다. 영리한 정치가들은 다시 수치상만으로는 표현해 낼 수 없는 신념에 대해 말하기 시작했습니다. 지혜로운 전도자는 이미 그렇게 충고를 합니다: 바람을 의식하는 사람은 씨를 뿌리러 가지 않으며, 구름을 살피는 사람은 거두러 가지 않는다. 왜냐하면 수치상 볼 때 도저히 될 것 같지 않고, 바람이 그것을 땅의 도처로 날려 흩어 버렸어도, 이미 그렇게 많은 신념의 씨가 싹이 나서 자라고 있기 때문

---

62) 역자 주: 미국과 소련 간의 냉전시대에 나온 개념으로 한쪽이 핵공격을 했을 경우, 똑같은 비중의 핵공격으로 보복한다는 주의로 영어 약자로 MAD(Mutual assured Destruction)라고 함.

입니다. "바람의 길이 어떠할지 그리고 아이를 가진 여인의 몸속의 비밀을 네가 알지 못함같이……" 비록 힘의 균형에 대한 싸움이 우리 살아 있는 사람들에게서 숨 쉬는 것조차 강탈해 가지만, 그렇게 많은 아이들이 모태에서 호흡을 시작하고, 그와 더불어 희망이 자라납니다.

"……모든 일이 일어나게 하시는 하나님의 다스리심도 역시 네가 알지 못한다."

삶의 하나님은 계산의 하나님이 아니며 또한 관료주의자들의 개인 수호신도 아닙니다. 삶은 단지 계산으로부터 자라지 않고, 삶은 사랑으로부터 자라납니다. 삶을 구해 내고, 생기 있게 하시는 하나님께서는 계산을 통해서 생명을 주시지 않고, 계산되지 않는 사랑을 통해서 그렇게 하십니다. 여러분은 그분께서 행하시는 모든 것을 알고 있습니까? 여러분의 계산방식으로 그것을 파악할 수 있습니까?

"그가 모든 것을 때에 맞추어 아름답게 지으셨고"(전 3:11)

나는 한 날을 소망합니다. 그날에 그 많은 숫자의 계산을 맹신하는 교만에 대한 종말이 오고, 그리고 조롱당하고 몰락했던 말인 '삶의 겸손'이 그 권리를 회복하는 날을 말입니다.

저는 한 날을 소망합니다. 그날에 우리의 계산적인 안전의 벙커들이 기쁨으로 가득한 초막들에게 길을 비켜 주는 날 말입니다. 보호가 없는—그러나 축제의 장소이고, 참된 삶을 예감할 수 있고, 계산이 불가능한 바로 그곳에게 말입니다.

나는 한 날을 소망합니다. 그날에 나는 일어나서, 시계의 바늘이 나를 몰아붙여서가 아니라, 나에게 무엇과도 비교할 수 없는 맛이 내 혀에 있기 때문에, 아침부터 저녁까지 내 일에 전념하는 날 말입니다.

"빛은 달콤한 것이고, 해를 보는 것은 눈에 좋은 것이다."

나는 한 날을 소망합니다. 그날에 많은 수치들의 비이성적인 것들이 이성적인 꿈들에게 자리를 내주는 날을 말입니다.

Ⅲ

이런 소망과 꿈을 가지고 살았던, 한 사람을 나는 알고 있습니다. 그는 나사렛에서 예루살렘까지의 계산(예측)이 불가능한 길을 여행하였습니다. 그의 삶은 정주하고 계산하는 것이 아니었고, 떠돌고 만나는 삶이었습니다.

> "여우도 굴이 있고 공중의 새도 둥지가 있다. 그러나 인자는 어디
> 에 자신의 머리를 둘 수 있는 곳도 없다."(마 8:20)

종종 이스라엘의 이 두 선생, 예수와 이름 모르는 전도자가 서로 만났었더라면 하는 생각에 저는 매료됩니다. 그들이 아마도 아래의 말을 숙고했겠습니까:

"바람을 의식하는 사람은 씨를 뿌리러 가지 않으며, 구름을 살피는 사람은 거두러 가지 않는다?"

그리고 다른 한 사람은 아마도 아래의 말을 추가했겠죠:

> "손에 쟁기를 잡고 뒤를 돌아보는 사람은 하나님의 나라에 합당하
> 지 않다?"
>
> 눅 9:62

둘은 아마도 밭을 갊과 씨 뿌림의 차이는 있으나, 마치 어린아이와

같이 단순한 것, 일상적인 것에 대해 기뻐했을까요? "빛은 실로 달콤한 것……."

전도자 솔로몬, 삶의 계산 가능성에 대한 회의자 나사렛 예수, 모든 계산들을 친히 만나는 사랑으로 부숴 버린 자. 그들의 지혜는 우리의 수치들과 계산들보다 훨씬 더 부요합니다. 그들이 또한 우리가 가진 꿈들의 교사가 될 수는 없겠습니까? 아멘.

약어표

구약성서, 외경 및 위경

창	창세기
출	출애굽기
레	레위기
민	민수기
신	신명기
삿	사사기
삼상	사무엘상
삼하	사무엘하
왕상	열왕기상
왕하	열왕기하
대상	역대상
대하	역대하
스	에스라
욥	욥기
시	시편
잠	잠언
전	전도서

사	이사야
렘	예레미야
애	예레미야애가
겔	에스겔
암	아모스
옵	오바댜
슥	스가랴
단	다니엘

신약성서

마	마태복음
막	마가복음
눅	누가복음
요	요한복음
롬	로마서
요일	요한일서
약	야고보서

참고문헌

Assmann, J., Ma'at. Gerechtigkeit und Unsterblichkeit im Alten Ägypten, München 1990.

Baumgartner, W., Israelitische und altorientalische Weisheit, Tübingen 1933.

Bernhard, W., Wissenschaft in einer menschlichen Welt, in: Nova Acta Leopoldina 222/43, Halle [3]1978, S. 25~36.

Bloch, E., Atheismus im Christentum, Frankfurt a. M. 1969.

Braun, R., Kohelet und die frühhellenistische Popularphilosophie, BZAW 130, Berlin/New York 1973.

Brunner, H., Altägyptische Weisheit, Lehren für das Leben, Darmstadt 1988.

Buber, M., Werke II und III, München 1963/64.

Delitzsch, F., Hoheslied und Kohelt, BC IV/4, Leipzig 1875.

Doll, P., Menschenschöpfung und Weltschöpfung in der alttestamentlichen Weisheit, SBS 117, Stuttgart 1985.

Dürr, L., Das Erziehungswesen im Alten Testament und im antiken Orient, Leipzig 1932.

Falkenstein, A., Der »Sohn des Tafelhauses«, WO 1948, 172~186.

Fichtner, J., Die altorientalische Weisheit in ihrer israelitisch - jüdischen Ausprägung, BZAW 62, Gießen 1933.

Fohrer, G., Das Buch Hiob, KAT, Berlin 1967.

Forher, G., Studien zum Buche Hiob, (1965~1979), BZAW 159, Berlin/New York [2]1983.

Galling, K., Der Perdiger, Die fünf Megilloth, HAT I/18, Tübingen [2]1969.

Gemser, B., Sprüche Salomos, HAT 16, Tübingen [2]1963.

Gerstenberger, E., Zur alttestamentlichen Weisheit, VF 14, 1969, S. 28~44.

Gerstenberger, E., Wesen und Herkunft des ›apodiktischen Rechts‹, WMANT 20, Neukirchen - Vluyn 1965.

Gese, H., Lehre und Wirklichkeit in der alten Weisheit, Tübingen 1958.

Golka, F. W., Die Königs - und Hofsprüche und der Ursprung der israelitischen

Weisheit, VT XXXVI, 1986, S. 13~36.

Golka, F. W., Die israelitische Weisheitsschule oder ›des Kaisers neue Kleider‹, VT XXXIII, 1983, S. 257~270.

Grapow, H., Wörterbucher, Repertorien, Schülerhandschriften, HO I, 2, S. 187~193.

Greßmann, H., Altorientalische Texte zum Alten Testament, Berlin/Leipzig 1926.

Grimm, J. u. W., Deutsches Wörterbuch XIV 1, 1, Leipzig 1955.

Grundmann, W., Weisheit im Horizont des Reiches Gottes, Stuttgart 1988.

Hengel, M., Jesus als messianischer Lehrer der Weisheit und die Anfänge der Christologie, in: Sagesse et religion, Paris 1979, S. 148 bis 188.

Herder, J. G., Werke 11, Berlin 1967.

Hermisson, H. J., Studien zur israelitischen Spruchweisheit, WMANT 28, Neukirchen - Vluyn 1968.

Hertzberg, H. W., Der Perdiger, KAT, Berlin 1972.

Hesse, F., Hiob, ZBK 14, Zürich 1978.

Jonas, H., Prinzip Verantwortung, Frankfurt a. M. 1989.

Jung, C. G., Antwort auf Hiob, Zürich [4]1967.

Kaiser, O., Der Mensch unter dem Schicksal, Studien zur Geschichte, Theologie und Gegenwartsbedeutung der Weisheit, BZAW 161, Berlin/New York 1985.

Kayatz, Chr., Studien zu Proverbien 1~9, WMANT 22, Neukirchen - Vluyn 1966.

Bauer - Kayatz, Chr., Einführung in die alttestamentliche Weisheit, BSt 55, Neukirchen - Vluyn 1969.

Keel, O., Jahwes Entgegnung an Ijob, FRLANT 121, Göttingen 1978.

Kierkegaard, S., Werke 5./6. Abteilung, Gütersloh 1980.

Koch, K., Gibt es ein Vergeltungsdogma im Alten Testament?, ZThK 52, 1955, 1~42.

Kroeber, R., Der Prediger, SQAW 13, Berlin 1963.

Kutsch, E., Hiob: leidender Gerechter - leidender Mensch, in: ders., Kleine Schriften zum Alten Testament, BZAW 168, 1986, S. 290~307.

Landmann, S., Der jüdische Witz, Freiburg i. Br. [6]1968.

Lang, B., Die weisheitliche Lehrrede, SBS 54, Stuttgart 1972.

Lang, B., Schule und Unterricht im alten Israel, in: ders., Wie wird man Prophet in Israel?, Düsseldorf 1980, S. 104~119.

Lang, B., Frau Weisheit, Düsseldorf 1975.

Lauha, A., Kohelet, BK. AT XIX, Neukirchen - Vluyn 1978.

Lohfink, N., Kohelt, NEB Leipzig 1986.

Loretz, O., Qohelet und der Alte Orient, Freiburg i. Br. 1964.

Lux, R., ›Die ungepredigte Bibel‹, Überlegungen zum theologischen Ort der Weisheit Israels in der christlichen Verkündigung, PTh 79, S. 524~544.

Lux, R., ›Ich, Kohelet, bin König ......‹, Die Fiktion als Schlüssel zur Wirklichkeit in Kohelet 1, 12 - 2, 26, EvTh 50, 1990, S. 331~342.

Lux, R., Der ›Lebenskompromiß‹ - ein Wesenszug im Denken Kohelets?, in: H. - J. Zobel - J. Hausmann (Hg.), Alttestamentlicher Glaube und Biblisch Theologie, FS H. D. Preuß, Stuttgart/Berlin/Köln 1992, S. 267~278.

Maag, V., Hiob, FRLANT 128, Göttingen 1982.

Meinhold, A., Die Sprüche I. und II, ZB 16, 1/2, Zürich 1991.

Merkel, F., Die Predigt weisheitlicher Texte als homiletisches Problem, ThViat X, 1965/66, S. 196~212.

Michel, D., Qohelet, EdF 258, Darmstadt 1988.

Michel, D., Untersuchungen zur Eigenart des Buches Qohelet, BZAW 183, 1989.

Müller, H. - P., Neige der hebräischen ›Weisheit‹. Zum Denken Qohäläts, ZAW 90, 1978, S. 238~264.

Müller, H. - P., Wie sprach Qohelet von Gott?, VT XVIII, 1968, S. 507~521.

Nietzsche, F., Gesammelte Werke VII, München 1922.

Plöger, O., Sprüche Salomos (Proverbien), BK. AT XVII, Neukirchen - Vluyn 1984.

Preuß, H. D., Einführung in die alttestamentliche Weisheitsliteratur, Stuttgart/Berlin/Köln/Mainz 1987.

Preuß, H. D., Alttestamentliche Weisheit in christlicher Theologie?, BEThL 33, 1974, S. 165~181.

von Rad, G., Weisheit in Israel, Neukrichen - Vluyn 1970.

von Rad, G., Christliche Weisheit?, In: ders., Gesammelte Studien zum Alten Testament II, TB 48, München 1973.

Rendtorff, R., Geschichtliches und weisheitliches Denken im Alten Testament, in: Donner, H. u. a. (Hg.), Beiträge zur alttestamentlichen Theologie, FS W. Zimmerli, Göttingen/Zürich 1977, S. 344 bis 353.

Richter, W., Recht und Ethos, Versuch einer Ortung des weisheitlichen Mahnspruches, StANT 15, München 1966.

Riesner, R., Jesus als Lehrer, WUNT 2/7, Tübingen 1981.

Schimanowski, G., Weisheit und Messias, Die jüdischen Voraussetzungen der urchristlichen Präexistenzchristologie, WUNT 2/17, Tübingen 1985.

Schmid, H. H., Altorientalische Welt in der alttestamentlichen Theologie, Zürisch 1974.

Schmid, H. H., Wesen und Geschichte der Weisheit, BZAW 101, Berlin/New York 1966.

Schmid, H. H., Gerechtigkeit als Weltordnung. Hintergrund und Geschichte des alttestamentlichen Gerechtigkeitsbegriffes, BHTh 40, Tübingen 1968.

Schubert, M., Schöpfungstheologie bei Kohelt, BEATAJ 15, Frankfurt a. M./Bern/New York/Paris 1989.

Skladny, U., Die ältesten Spruchsammlungen in Israel, Berlin 1961.

Timm, H., Evangelische Weisheit. Zur Kritik der ökotheologischen Apokalyptik, ZThK 84, 1987, S. 345~370.

von Weizsäcker, C. F., Deutlichkeit. Beiträge zu politischen und religiösen Gegenwartsfragen, München/Wien 1978.

von Weizsäcker, C. F., Der Garten des Menschlichen, Beiträge zur geschichtlichen Anthropologie, München/Wien [7]1980.

Westermann, C., Der Aufbau des Buches Hiob, Stuttgart [2]1977.

Westermann, C., Weisheit im Sprichwort, in: ders., Forschungen am Alten Testament, Gesammelte Studien II, TB 55, München 1974, S. 149~161.

Westermann, C., Schöpfung, ThTh 12, Stuttgart 1971.

Westermann, C., Wurzeln der Weisheit, Die ältensten Sprüche Israels und anderer Völker, Göttingen 1990.

Zeller, D., Die weisheitlichen Mahnsprüche bei den Synoptikern, fzb 17, Würzburg 1977.

Zimmerli, W., Das Buch des Predigers Salomo, ATD 16/1, 2, Göttingen [3]1980.

Zimmerli, W., Zur Struktur der alttestamentlichen Weisheit, ZAW 51, 1933, S. 177~204.

Zimmerli, W., Ort und Grenze der Weisheit im Rahmen der alttestamentlichen Theologie, in: ders., Gottes Offenbarung, Gesammelte Aufsätze, TB 19, München 1963.

Zimmerli, W., Grundriß der alttestamentlichen Theologie, Stuttgart/Berlin/ Köln/Mainz 1972.

1:16   97, 244
1:19   69, 97
1:20-21   19, 72
1:20-33   70
1:21   95
1:28   71
1:29   146
1:32   72
2:1-22   32, 67
2:4   144
2:5   146
2:16 이하   91, 97
2:16-17   80
2:16-19   154
3:1-12   32, 67
3:2   69, 248
3:5   145
3:11   103
3:11-12   90
3:13   216
3:14-15   144
3:18   248
3:21-35   32, 68
3:22   69
3:27-21   66
3:29   66
3:30   97
3:35   154
4   32
4:1   90, 103
4:1 이하   92
4:1-9   68, 69
4:3   69
4:4   53
4:6   147
4:8-9   147
4:10   69
4:10-19   67
4:13   69, 248
4:18-19   154

4:20-22   53
4:20-27   67
4:22   69
5   76
5:1-23   32, 67
5:3 이하   91, 97
5:3-6   154
5:5   69
5:6   69
5:13   208
6:1   103
6:1-3   97
6:6   90
6:6-11   154, 199
6:16-19   65
6:17   97
6:19   97
6:20   90, 208
6:20-35   32, 68
6:24 이하   91, 97, 154
6:24-26   80
7:1-27   32, 68
7:5 이하   91, 154
7:22   156
7:23   244
7:27   69
8   32, 147
8:1-3   19
8:1-11   70
8:2-3   95
8:4-5   19
8:6-7   97
8:11   71
8:12-21   70, 147
8:13   146, 247
8:15   106
8:17   216
8:19   71, 144
8:22 이하   71, 159
8:22-31   70, 147, 148

14:20　　154
14:21　　138
14:23　　53
14:25　　97
14:26–27　　146
14:27　　126
14:28　　63, 106, 157
14:30　　64, 121
14:31　　97, 138
14:35　　63, 108, 154
15:1　250
15:2　　97
15:3　　131
15:6　　97
15:9　　126
15:11　　131
15:13　　121
15:16–17　　238
15:17　　155
15:18　　91, 154
15:19　　64, 90, 154
15:23　　97, 98
15:25　　97
15:27　　82, 97
15:30　　61, 121
15:31–32　　124
16:1　130
16:1–2　　129
16:3　　108
16:5　　126
16:8　　97, 121, 238
16:9　　63, 76
16:10　　63, 106, 159
16:11　　91, 97
16:12　　63, 106
16:12–13　　159
16:13　　127, 129
16:13–14　　108
16:13–15　　64
16:16　　144

16:19　　62
16:21　　97
16:23–24　　97
16:24　　250
16:25　　119
17:2　　154
17:7　　97
17:8　　97, 121
17:14　　91, 154, 217
17:15　　97
17:21　　121
17:22　　78, 121
17:23　　82, 97
17:25　　121
17:26　　97
17:27　　98
18:5　　97
18:6　　53, 97
18:8　　97
18:16　　97
18:21　　97
18:22　　80
18:23　　154
19:1　　97
19:4　　154
19:5　　97
19:7　　53
19:9　　97
19:10　　154
19:12　　108, 157
19:13　　83
19:14　　78
19:15　　138
19:17　　138
19:18　　90
19:20　　107
19:22　　138
19:24　　86, 154
19:28　　97
20:1　　90

뤼디거 룩스(Rüdiger Lux)

1947. 예나(Jena)에서 출생
1965~70. 할레(Halle)와 그라이프스발트(Greifswald)대학교 개신교학부에서 수학
1977. 라이프치히(Leipzig)대학교 박사(Dr. theol.)
1982~85. 할레(Halle/Saale)대학교에서 교목 역임
1985~93. 나움부르크(Naumburg)신학대학에서 교목 역임
1989~90. 나움부르크(Naumburg)신학대학 학장 역임
1992. 마틴루터대학교 할레(Halle)/비텐베르크(Wittenberg)에서 교수자격논문(Habil.)
1992~93. 빌레펠트(Bielefeld)대학교 초청교수
1993. 에르푸르트(Erfurt) - 뮐하우젠(Mühlhausen) 교육대학 교수
1995~ 라이프치히(Leipzig)대학교 교수

Die Väterverheißungen. Literarische, soziologische und religionsgeschichtliche Untersuchungen zu den Verheißungen von Nachkommenschaft und Landbesitz an die Erzväter in Israel, Diss. Leipzig 1977
Jona - Prophet zwischen »Verweigerung« und »Gehorsam«. Eine erzählanalytische Studie(Habil.Schrift Halle 1992), FRLANT 162, Göttingen 1994
Josef. Der Auserwählte unter seinen Brüdern, BG 1, Leipzig 2001
Jenseits des Paradieses. Vorträge und Bibelarbeiten zum Alten Testament, Leipzig 2003
Prophetie und Zweiter Tempel. Studien zu Haggai und Sacharja, FAT 65, Tübingen 2009
Lux, R./Micheel, R./Wolf, W., Und dann ist alles anders. Sieben Abschnitte aus den Jakoberzählungen, Neukirchen-Vluyn 2009
외 다량의 논문과 설교묵상자료집이 있으며, 편집자로서도 왕성한 활동을 하고 있다.

구자용(역자)

1996. 총신대학교 신학과 졸업(B.A.)
2004. 독일 라인 프리드리히 - 빌헬름스본대학교 개신교학부 석사(Mag. theol.)
2009. 독일 라인 프리드리히 - 빌헬름스본대학교 개신교학부 박사(Dr. theol.)
현) 총신대학교, 명지대학교, 안양대학교 등 출강(구약학)

Weisheit in der Thronfolgegeschichte Davids. Eine literarkritische und literaturwissenschaftliche Untersuchung der Weisheitsdarstellung unter besonderer Berücksichtigung ihrer Ironisierung, KAANT 9, Kamen 2009(박사학위논문)
"삼하 11장 - 아이러니화된 왕의 지혜", 『구약논단』 35 (2010), 119-140.
"현실과 이상에서의 지혜의 서술 방식으로서의 HOKMAT ORMA", 『구약논집』 6 (2010), 11-32.
"죽음에 대응하는 이성(理性)으로서의 지혜 - 사무엘하 12장과 전도서 9장의 '미 요데아'와 '에인 요데아 하아담'을 중심으로", 『Canon & Culture』 9 (2011), 173-201.
"메멘토 모리(Memento Mori), 카르페 디엠(Carpe Diem)-전도서 이해의 열쇠로서의 죽음에 대한 고찰", 『구약논단』 43 (2012), 82-104.
""보라, 이 사람이 선과 악을 아는 일에 우리 중 하나같이 되었다."-창 3:22a 아이러니적 사용?", 구자용 외 엮음, 『성서의 세계: 김두연목사 회갑기념논문집』 (군포: 아람성경원어연구원, 2012), 28-48.

이스라엘의 지혜

초판인쇄 ㅣ 2012년 9월 14일
초판발행 ㅣ 2012년 9월 14일

지 은 이 ㅣ 뤼디거 룩스
옮 긴 이 ㅣ 구자용
펴 낸 이 ㅣ 채종준
펴 낸 곳 ㅣ 한국학술정보㈜
주   소 ㅣ 경기도 파주시 문발동 파주출판문화정보산업단지 513-5
전   화 ㅣ 031) 908-3181(대표)
팩   스 ㅣ 031) 908-3189
홈페이지 ㅣ http://ebook.kstudy.com
E-mail ㅣ 출판사업부 publish@kstudy.com
등   록 ㅣ 제일산-115호(2000. 6. 19)

ISBN   978-89-268-3801-3 93230 (Paper Book)
          978-89-268-3802-0 95230 (e-Book)

내일을여는지식 ■ 은 시대와 시대의 지식을 이어 갑니다.